自由人的平等政治

周保松 著

生活·讀書·新知 三联书店

Copyright © 2017 by SDX Joint Publishing Company.
All Rights Reserved.

本作品版权由生活·读书·新知三联书店所有。
未经许可，不得翻印。

图书在版编目（CIP）数据

自由人的平等政治／周保松著． —2版． —北京：生活·读书·新知三联书店，2017.1 （2023.7重印）
ISBN 978 - 7 - 108 - 05810 - 2

Ⅰ．①自…　Ⅱ．①周…　Ⅲ．①平等－研究　Ⅳ．①D081

中国版本图书馆CIP数据核字（2016）第220849号

特邀编辑	李艳玲
责任编辑	曾　诚
装帧设计	蔡立国
责任印制	董　欢
出版发行	生活·讀書·新知 三联书店 （北京市东城区美术馆东街22号 100010）
网　　址	www.sdxjpc.com
经　　销	新华书店
印　　刷	河北鹏润印刷有限公司
版　　次	2013年5月北京第1版 2017年1月北京第2版 2023年7月北京第4次印刷
开　　本	880毫米×1230毫米　1/32　印张12.125
字　　数	267千字
印　　数	12,001-15,000册
定　　价	55.00元

（印装查询：01064002715；邮购查询：01084010542）

献给我的老师
石元康、John Charvet

目录

序　政治哲学作为道德实践 …………………… 钱永祥　i
自序　重视社会正义 ……………………………………… ix
新版自序 ………………………………………………… xix
《正义论》引用说明 …………………………………… xxii

第一章　契约、公平与社会正义 ………………………… 1
第二章　道德平等与差异原则 ………………………… 38
第三章　资本主义最能促进自由吗？ ………………… 88
第四章　自由主义、宽容与虚无主义 ………………… 113
第五章　稳定性与正当性 ……………………………… 163
第六章　正义感的优先性与契合论 …………………… 198
第七章　康德、永久和平及国家主权 ………………… 234
结　语　什么是自由主义？ …………………………… 262

　跋　　行于所当行 …………………………………… 272
　附录一　罗尔斯的问题意识 ………………………… 317
　附录二　自由之为好 ………………………………… 339
　参考书目 ……………………………………………… 350

序　政治哲学作为道德实践

钱永祥

周保松先生这本文集题为《自由人的平等政治》，书名的含义便值得思索。面对"自由"与"平等"这样的字眼，今人多少会感到空泛而疲倦，对于个人如何享有自由或者政治如何追求平等，可能既少关心也乏期待。进一步言，由于这两个概念带有浓厚的道德理想色彩，却又主要涉及政治领域，便更显得讽刺：大家会说，政治只关心权力，岂谈得上道德的理想？而道德至多属于个人的良知范围，又岂有可能去过问政治秩序或国家制度？在当代，**政治的去道德化**与**道德的非政治化**不仅是现实趋势，并且被视为政治与道德两个领域的自主性所寄。政治与道德必须分离，以免相互滥用造成灾难性的后果。基于这类考虑，如果读者对于本书的主题存有怀疑，似乎也不足为异。

不过我认为（相信也是保松先生选这个书名时的用意），在今天，值此政治只过问强弱和输赢、而道德趋向于犬儒与媚俗的时代，用道德性的理想要求于政治原则，以及用政治原则协助社会体现公共性的道德理想，正足以纠正政治的虚无与道德的蹈空。这件工作首先是一种知识性的探索，想要确定政治这回事的前提与条件，同时却也旨在肯定"道德的理想主义"并非空洞高调。周保松先生这本书是典型的政治哲学著作，而政治哲学正是一种同时着眼在**政治现实**与**道德理想**两个面向的**学术工作**。读本书，您会领会到政治理性与道德关怀如何借助于哲学分析相互启发、相互激荡。

那么，政治哲学是如何结合政治与道德的？

在台湾、大陆以及香港，政治哲学都是 1980 年代后期才出现的新生学问。在此之前，中国学者研究中西政治思想以及思想史，至少已经有一百多年的历史[1]，也留下了一些可以传世的著作。不过，严格意义下的政治哲学，在中国始终隐晦不彰。为什么会有这种现象，在此不论。而政治哲学为什么恰好在 1980 年代后期在中文世界萌芽、这个时间点对于中文政治哲学的性格又留下了什么胎记，也尚待研究。无论如何，在周保松先生这册大作出版之时，"政治哲学"有什么特色（也就是读者面对这本书的时候需要掌握的问题意识），仍然值得略作说明。

人类思考政治问题，往往各种观点、意见、理想、立场纷列杂陈，其间社会脉络、历史脉络，以及个人的偏好倾向，当然都会有或大或小的影响。不过不同于知识社会学的功能取向与思想史的脉络取向，政治哲学则特别关心政治观念与政治理想的是非对错，并且不是从国家、政党、政治人物的利害得失看是非对错，而是从社会成员的角度看**道德意义上的是非对错**。

要在政治领域评定是非对错，**首先**显然需要问：这种是非对错的标准是什么？在西方历史中，历来各家的政治哲学之间有差异，往往是因为所提供的评价原则大相径庭。哲学家经营各种"价值之源"，例如宇宙自在的秩序、神的旨意、某种人性假定、社会演进的规律、历史的目的等等，想要借此找出理由，证明某些政治构想或原则是正确的、好的、有价值的。从古典时期直到近代，政治评价的直接依据往往由形上学、神学、历史哲学、人性论，以及公共效益的理论来提供。但是逐渐地，一个根本上不同的方向浮现：评价的依据，转向追问一项政治理想或原则是不是能获得政治共同体成员的认同接受（而不再问是否符合某一种形上学、历史目的论、人性论，或者宗教的要求）。**其次**，为了要说明这种认同接受的**理由**何在，我们要认清政治带有一项无所回避的基本现实：政治必然影响人们的命运，也就是政治必定给相关的无数个人带来福祉与伤害。因此，政治哲学关于是非对错的问题意识，会集中到"当事人将受到什么样的待遇"这个问题上：当事人在该项政治原则之下可望受到的待遇如果合理，他才有合理的理由去认可、接受该项原则。于是近代政治哲学的主要工作，集中在探讨"政治共同体的成员们合理而言应该受到什么样的待遇"这个问题。这里，"合理"的意思已经不再直接由形上学、宗教、社会理论或者历史哲学来界定，而要诉诸人们对于自身权利与利益的思考。**第三**，由于这里所思考的乃是政治共同体中所有成员**合理的**权利与利益，并不是特定个人**当下**认定的权利与利益，合理之概念便不得不强调理由必须是普遍性的，不能受制于个人的地位、条件、偏好、利害。这种超越了特定个人角度的理由，属于道德理由或者公共理由的范畴；而其背后的个人，则被设想为超越各个个人特色的"道德人"或者"公民"。这整个思路，由罗尔斯提供了自觉而丰富的理论经营，对当代自由主义政治哲学——甚至整个当代政治哲学——产生了决定性的影响。保松先生这本书，主要即是罗尔斯思想的诠释与延伸。

为了便利读者掌握要点，让我重复上述的几个命题：

（1）政治哲学的任务，在于追问政治原则的是非对错；

（2）是非对错的标准，系于共同体成员是否可以合理地接受该项原则所涵蕴的对待方式；

（3）所谓对待方式，涉及了个人规划一己生命的权利、机会与能力，也包括了这样子生活所需要的各种社会、政治、经济、文化资源如何分配；

（4）对待方式的合理与否，要看接受的理由是不是超越了特定个人的独特角度，采取了道德人或者公民的普遍角度，从而具备了道德性格或者公共性格。

这几点，说起来都很抽象，但细读保松先生这本书，读者即会领略到它们的内容之具体与意义之重大，"现代"状况之下人类社会生活最关键的价值莫不牵涉在内。相应于上述四点，这几项属于现代性的政治价值可以分列如次：

（1）政治原则是有是非对错可言的，这牵涉到了道德评价；

（2）政治原则需要获得当事人的认可，这牵涉到了个人自主考量判断的权利；

（3）认可的标准取决于政治原则带来什么样的待遇，这牵涉到了个人的生命品质与生命机会；

（4）对于待遇的判断，则须从平等的个人角度出发，这牵涉到了承认每个人的平等地位。

在我看来，道德上的评价分辨、个人的自主判断、每个人一生整体而言的得失利害，以及所有个人的平等地位，并不仅是罗尔斯式自由主义的特色，更是政治哲学这门学问本身的基本设定。容我断言：在所谓"现代"的今天，任何政治哲学的思考反省，都要致力于上述四项任务、追求这四种人类集体生活所必须体现的价值。任何政治哲学，都可以对这四项基本原则发展自己的诠释，但除非先否定现代性，另觅前现代、后现代，或者某种另类现代性作为你的历史处境，这四项价值是无法全盘、根本地否定的。

由此观之，一些为大家所熟悉而时常作为政治讨论之基础的观点，例如哈耶克"自发的秩序"、施特劳斯"自然的正当"、现代化学派"社会发展的轨道"、民族主义者"中国的独特道路"、新自由主义的"市场决定一切"，乃至于左派反资反帝的历史使命等等，**即使**在知识的意义上可以成立，真能说明它们所涵蕴的政治原则、政治制度的来历或者依据，却仍然只能构成政治哲学的出发点，却不能作为结论。政治哲学必须根据上述的基本要求，追问这些原则在道德上的是非对错。

在这个意义之下，政治哲学显然并不志在构成一种政治意见、文化理想，或者现实策略、立国宏图。相反，政治哲学乃是一种道德性的**实践**、一种面向现实的**介入**。正是由于政治哲学着眼于个人所受待遇的是非对错，也就是认为每一个人被社会所决定的待遇与命运是有是非对错可言的，它的道德意义才更清朗突出。它肯定个人的自主与平等，关心个人的遭遇和命运，对社会现状提出检讨批判，同时又对社会生活抱持着即使高远、却多少可行的道德期待，期待每个人的一辈子能够活得成功、如意，也期待社会可以趋于公平、稳定。一个人若是对于这些事物缺乏关怀，没有追求的热情，难免会视政治哲学为概念游戏、高头讲章，即使能带来知性的挑战，却缺乏道德的紧迫张力。我所谓的政治哲学，更表达了一个社会所应该念兹在兹的道德良知。一个社会所预设的政治哲学，既展现它的道德意识是贫乏或者丰富、消极被动或者积极承担、虚无残忍还是坚持"基本的做人道理"，也显示了该社会容许道德意识发挥什么样的影响，能不能有助于社会的改善、进步。在这个意义上，政治哲学堪称社会的镜子。

由于香港、台湾两地的天海阻隔，保松兄与我的交往不深不多。不过在哲学取向上、在知识与思想的兴趣上，以及对社会的关怀上，我们常能引发共鸣。读者要感受领略保松其人的性情与风格，可以先阅读他的《相遇》。[2]其中在港九脍炙人口的《活在香港：一个人的移民史》一文，最早即发表在我与朋友们所编辑的《思想》季刊上面。这次，保松兄又一卷新著出版，承他的盛意，邀请我写一篇序文。我翻读本书各章，既钦佩他的为学之认真、思考之缜密、追问之不懈，更注意到他的强烈道德关怀与社会意识在文字之后搏动，知道政治哲学于他不仅是知性的探索，也是追求理想社会和美好人生的困勉之旅。既然身为同道，在思考的理路上方向类似，对于政治哲学也都是认真严肃而寄予厚望的，那么写这篇序文帮助读者进入保松兄的思想世界，当然是我所愿，也是我的责任。

2009年8月溽暑于南港／汐止

【注释】

1. 清末到民国初期的历史状况，可参考金观涛、刘青峰著，《观念史研究：中国现代重要政治术语的形成》（香港：香港中文大学中国文化研究所，2008），其中有具体的例证，说明一些基本政治概念如何在中文中立足、成形、演变。
2. 周保松，《相遇》（香港：牛津大学出版社，2008）。在您手中这卷里，作为跋的《行于所当行——我的哲学之路》一文，也回顾了他的思想发展，值得先翻读。

自序　重视社会正义

如果人人自由平等，我们应该如何活在一起？这是现代政治的根本问题。法国大革命以降，自由和平等，成了现代社会的基本价值。任何合理的政治安排，均须充分体现这两项价值。

自由和平等，是道德理想，是政治实践，而非自有永有之物。人类的历史，充满奴役压迫，充满对自由和尊严的践踏。自由主义的理想，是建立一个自由人平等相待的社会。我称此为"自由人的平等政治"。在自由主义传统，罗尔斯的《正义论》对这个理想作了最系统、最深入的论证。本书的目的，是解读和评价罗尔斯的理论，并在此基础上，进一步探索自由主义的道德和政治内涵。

自由人有几个面向。一、自由人有自我意识的能力。人的特别之处，是能意识到"我"的存在，意识到"我"是独立的个体，并有自己不可替代的人生。人的自我意识，构成人的主体性。二、自由人有自我反省和规划人生的能力。人活着，便有欲望，但人不是欲望的奴隶。人可以凭理性能力，对当下的欲望进行价值评估，并选择认同或放弃某种欲望。人有能力构建、修正和追求自己的人生计划，自主地活出自己的生命。三、自由人有道德意识，能够知对错明是非，并愿意服从道德的要求。对自由人来说，道德规范既非外在权威强加于己身的结果，亦非自利者理性计算后的博弈平衡，而是基于良知和对他人的尊重与关怀而得出的合理判断。道德意识的发展，使我们不仅能从自己的观点看世界，也能代入他人的观点看世界，并意欲过一种合乎伦理的生活。

简言之，自由人是具有理性自主（rational autonomy）和道德自主（moral autonomy）能力的个体。要成为自由人，我们必须充分发展这些能力。这些能力界定人的道德身份，并且是我们活得幸福的重要条件。道理是这样。一、如果我们不是独立主体，没有属于自己的信仰和价值，没有完整的人格，我们谈不上过着自己的人生，并很容易在各种"大我"论述中沦为集体的工具。二、如果我们欠缺理性反省能力，不问缘由便接受社会主流价值，不加质疑便服从外在权威，并任由当下欲望支配自己，我们谈不上活出自己的人生。人不能没有信念而活。信念结成意义之网，人在其中安顿。但这些信念必须是真的、对的和好的。没有人愿意活在虚妄错误无聊之中。要知道什么是真、是对、是好，我们必须反思。经过反思的人生，才是"我"的人生，才值得过。三、如果我们缺乏道德能力，将难以展开公平的社会合作，建立彼此信任和互相关怀的伦理关系。要合作，便必须有强制性的人人遵守的规则。什么样的规则才是公平合理，并使得每个参与者乐于接受？这是所有政治社群必须面对的问题。我们重视这个问题，并努力寻找答案，即意味着人是可以对政治秩序做出道德评价的能动者（agent），并期许社会制度合乎正义要求。正义社会的前提，是有正义感的公民。公民的正义感，彰显了人的道德自主。人的道德自主，则是伦理生活的前提。

自由人的理念，是个规范性的对人的理解，背后有它的道德和形而上学预设。如何设计出合理公正的制度，使得每个人能够有条件和机会成为自由人，是自由主义的理想。具体点说，自由主义希望每个人成为独立自主和有正义感的人，并在尊重正义原则的前提下，发展个性，实践潜能，活得丰盛幸福。既然实现人的理性构建人生观的能力和发展正义感的能力是最高的道德目标，自由主义自然主张赋予个体一系列基本权利，包括思想言论自由、信仰良知自由、结社集会自由等；自由主义同时也认为政府有责任为公民提供必要的社会和经济资源，确保他们有公平的机会发展他们的道德能力，例如包括教育、医疗、房屋和老弱伤残补助等社会福利。而在文化上，自由主义赞成多元和宽容，反对家长主义，既希望培养人们慎思明辨的选择能力，也致力营造一个良好的文化环境让人们能够做出好的选择。以上种种，都是自由人的平等政治的应有之义。

自由主义不仅重视自由，同样重视平等，并将对平等的证成与自由人的理念紧扣在一起。平等是个比较性的概念，我们必须先有一个比较标准，然后才能判断人与人是否处于平等的位置，又或应否受到平等对待。自由主义认为，只要在最低程度上拥有理性反思和道德判断的能力，每个人便享有相同的道德地位，并应受到平等尊重。我们是以平等的自由人的身份，参与公平的社会合作。平等和自由绝非彼此对立，而是一起构成自由主义的奠基性价值。自由人的理念界定了人的道德身份，平等的理念界定了人的道德关系。如何在平等的基础上，确保个体全面发展成为自由人，是自由主义的目标。不少人以为，自由主义为了自由而牺牲了平等，又或它所强调的只是相当形式和相当单薄的平等观，这实在是一大误会。过去四十年自由主义政治哲学的发展，其中一个核心问题，正是如果我们接受道德平等，那么对政治权利、资源分配、经济制度和文化生活等各方面有何影响。

我认为，对自由平等的坚持，是当代著名自由主义哲学家罗尔斯的思路。他的问题意识是这样：如果我们是自由人，处于平等位置，那么应该通过什么程序，得出怎样的正义原则，并以此规范社会合作，决定人的权利义务和合理的资源分配？很明显，这些原则不能由外在权威强加给合作者，也不能由某些强势的人说了算。最理想的情况，是在一公平环境下，自由平等的合作者有相同的发言权，并通过理性协商，最后达成一致协议。罗尔斯提出"原初状态"和"无知之幕"的设计，正是希望建构这样一个公平程序，从而推导出他主张的"平等自由原则"、"公平的平等机会原则"和"差异原则"。

《正义论》论证严密，体系性强，有许多原创的哲学概念，初读或会有不得其门而入之感。我认为，"自由人的平等政治"这一理念是理解罗尔斯的关键。读者只要清楚他的问题意识和他对自由平等的理解，自能对他的思想有所把握。本书第一章对《正义论》作了全面介绍，其后各章则针对特定议题而发。例如我深入探讨了差异原则和道德平等之间的复杂关系，指出罗尔斯的平等观和自由主义传统的个体主义之间存在的张力；我也指出自由主义对平等自由的坚持，无法和主张市场资本主义的放任自由主义（libertarianism）兼容；与此同时，我尝试从自由主义的传统出发，回应了施特劳斯认为自由主义必然预设了虚无主义的观点；此外，我在书中也处理了甚少人关心但却极重要的一个问题，即罗尔斯所称的稳定性问题，到底在何种意义上和正当性相关，以及这个问题为何导致罗尔斯后期的政治自由主义转向。读者如果想了解我的求学历程，以及我对政治哲学的反思，可先读书末的《行于所当行》一文。

我希望这本书能够实现以下几个目的。第一，促进中文学界对罗尔斯的政治哲学的认识。过去四十年，罗尔斯的《正义论》几乎主导了英美政治哲学的发展，且不说由此而催生了自由主义内部极为丰富的讨论，其他针锋相对的理论，从放任自由主义、社群主义、马克思主义，到女性主义、文化多元主义和国际正义理论，都对罗尔斯的《正义论》作了深刻回应。持平地说，如果我们不了解罗尔斯，我们无法了解当代政治哲学的发展。第二，我希望透过对罗尔斯的诠释和批评，提出"自由人的平等政治"这一构想，以回应中国某些重要的哲学和社会争论。我尤其想指出，当下很多对自由主义的批评，是出于对自由主义学理上的误解和曲解。我相信，自由主义传统的价值和理想，能够对中国未来应该如何发展，提供很多很好的伦理资源和政治想象。第三，我希望透过我的文字，努力实践一种严谨明晰的中文政治哲学书写。当然，拙著能在多大程度上实现这些目标，该由读者来判断。

读者或会提出两项质疑：一、自由人的平等政治为什么值得追求？二、这个政治理念适用于中国吗？

先回答第一项质疑。自由人的平等政治显然是个道德理想。它肯定人是自由平等的个体，并在此基础上寻求公平的社会合作。在制度安排上，它有以下含义。第一，它以个体为本，相信个体是组成社会的基本单位，享有基本的公民和政治权利；这些权利受到宪法保护，并具有最高的优先性。第二，它重视平等，认为不管人在能力、性别、种族、阶级和信仰方面有多大差异，每个公民都有相同的道德价值，并应在社会合作中受到平等对待。第三，它赞成宪政民主，因为宪政可以保障个人权利，民主可以体现政治平等。第四，它反对毫无规管的市场资本主义，因为这会导致贫富悬殊，窒碍公民有效发展他们自由人的能力，并损害政治平等和社会平等。第五，它肯定个人自主，尊重多元，重视公民美德的培养，并希望公民成为富正义感、具批判性且积极参与公共事务的道德人。以上数点，只是勾勒出自由人的平等政治的大略图像，内里的制度细节及可能面对的挑战，自然需要深入探讨。但我们有理由相信，这是一个值得追求的政治理想，因为它承载和体现了自由与平等这两个现代社会的基本价值。

有人或会马上提出第二项质疑，即无论这个理想多么吸引人，终究是西方产物，不适用于中国这个富有独特传统的东方文明。这个问题可以有两种解读。第一种持的是文化本质论，认为中国人的文化基因决定了中国人不可能成为平等的自由人，因此自由主义不适宜中国社会。这个质疑难以成立。过去百年，自由民主的理念席卷全球，很多非西方社会（包括东亚）早已完成或正在进行民主转型。中国自五四运动以来，对德先生的追求更从未止息，并累积了颇为丰厚的自由主义资源，启蒙一代又一代国人。诚然，论者大可主张中国应该走异于自由主义的另类现代化之路。但论者有责任提出支持的理由，包括这条路如何能更好地促进公民福祉、更合理地实现自由平等，以及更公平地分配资源。我相信，不同学派可以就这些问题展开实质而有建设性的交流。这是哲学讨论的起点，而非终点。第二种持的是政治务实主义，认为任何政治理想都必须在某些条件下才可能实现，而中国目前严重缺乏实践自由人的平等政治的条件，因此不宜提倡。这个判断是否成立，需要有充分的实证支持。不过，退一步，倘若实情真的如此，合理的做法不应是拒斥自由主义，而是应好好弄清楚这些条件是什么，然后一起努力创造这些条件，促使中国早日成为自由平等的公正社会。

中国有自己的政治哲学传统，儒、道、墨、法各家，均对理想的政治秩序有所论述。但我们必须承认，在中国走向现代化的过程中，传统资源已远远不够用。过去三四十年，我们经历了中国历史上最大的社会变迁。我们正在努力建设一个现代国家。现代国家的政治正当性如何建立？社会资源应该如何分配？传统伦理和现代价值的矛盾如何化解？现代化带来的种种危机又该如何应对？这些都是政治哲学必须思考的问题。我们可以做的，是认真吸收西方的学术资源，了解现代性的优劣得失，逐步建立有效的知识框架，发展立足于本土的问题意识，以期为中国未来寻找出路。在这个过程中，我们需要建立严谨的学术规范，摆脱政治经济利益的引诱干扰，以独立精神治学，并形成活泼、理性、包容、开放的知识社群。唯有这样，政治哲学才不致沦为一小撮人在书斋中的概念游戏，才有望对中国未来的健康发展起到一点作用。我们在一起运砖建屋，路漫漫其修远。

我甚至认为，政治哲学是一种公共哲学，和每个公民息息相关。我们一出生，便活在国家之中。国家的制度好坏，直接影响每个人的生命。好的制度，可以使人活得像人，活得有尊严，活得有希望。坏的制度，可以使人活得不正直，活得卑下，活得绝望。这一点，我们应该深有体会。作为独立自主的个体，我们有最基本的权利，要求一个公平公正的制度。这不是任何人的施舍，而是平等公民对政治生活的合理期待，因为政治权力源于人民。只有政府将正义作为制度的首要德性，只有公民的基本权益受到尊重，只有个体能够在没有恐惧下自由思想，我们才有可能建立一个具正当性的政治社群，才有机会过上自主而有尊严的生活。政治哲学最基本的关怀，是人应该如何活在一起。这是关乎每个人的根本问题。就此而言，政治哲学的首要言说对象，是政治社群中的平等公民，而不是统治者。政治原则的论述，更应在公共领域自由展开，并容许公民积极参与。

收在这本书的文章，是我过去十年读书的一点总结。不过，这只是我的哲学之路的一个驿站。读者可见到，我有自己的哲学立场，并努力为自己的立场辩护。但读者万勿误会，我是在鼓吹某种教条的独断的意识形态。我提出问题、分析问题，并尝试提出理由回答这些问题，但我没有说这些理由是最后的真理。这不表示我不相信真理，而是讨论的问题实在太难，而我的能力有限，我坚持的可能只是真理的部分，甚至是真理的反面。原因有很多，可能我对罗尔斯的诠释错了，可能我的推论不成立，也可能我对人和社会的理解不够深刻。我乐于听到读者的批评，容我有修正的机会。我也希望读者读此书时，最好心存怀疑，并时时追问："作者真的将问题说清楚了吗？对自由平等的理解准确吗？罗尔斯的正义原则，真的最合理吗？如果我不同意作者的观点，可以有更好的答案吗？"带着这些问题思考下去，读者将开始自己的哲学之旅，并享受到知性探究的愉悦。

写作于我，从来不是轻省的事。这本书大部分文章，都是在繁忙教学之余断续写成，那份吃力不足为外人道。此刻书成，回想起那无数深夜伏案写作，直至吐露港天空发白凭栏远眺八仙岭的日子，心有感怀。这些年来，即使在最艰难的时候，我也未试过失去对哲学追求的信心与热诚。这固然和个人的信念有关，但更有赖于师友亲人的扶持，我要在此向他们一一致谢。

首先，我要多谢钱永祥先生为此书写序、石元康和慈继伟先生向出版社撰推荐信。三位先生是我尊敬的前辈学者，其为人为学对我影响殊深，拙作得到他们的肯定，是我莫大的荣幸。钱先生的序，充分说明政治哲学和道德实践之间的关系，既道出我的心声，本身也是一篇精彩的文章。石元康先生是我的政治哲学启蒙老师，十多年来我们曾就书中观点有过无数讨论。哲学书写尚冷峻。当我重读这些冷峻文字，脑中泛起的却是和石先生在书信在电话在饭桌中畅谈哲学的暖意快意。我也要多谢伦敦政治经济学院的博士论文指导老师硕维（John Charvet）教授。伦敦四年，在咖啡馆在酒吧在老师的家，从柏拉图到卢梭到罗尔斯，我们不知共度多少哲学对谈的美好时光。谁说哲学是沉闷枯燥的东西?！我还要多谢曾诚先生。没有曾先生的鼓励督促和专业的编辑水平，此书不可能以今天的面貌示人。我的很多想法，都是在犁典读书组酝酿发酵成熟，这里要特别多谢邓小虎、邓伟生、陈日东、曾瑞明、李经讳及其他成员多年来无间断的思想交流。在香港这样的城市，有这样一群朋友，经年不辍以阅读思考哲学为乐，实在难得。我也感谢周濂、刘擎、陈祖为、卢杰雄、谢世民等朋友对本书不同文章提出的宝贵意见。关信基、陈方正、熊景明、金观涛和刘青峰等中大前辈，多年

自序 重视社会正义 | xvii

来在学术和生活上对我关怀备至，教我铭感于心。我任教的中大政治与行政学系，同事和衷共济，学生尊师好学，相较外间的纷纷扰扰，联合书院郑栋材楼三楼实在是学术清静地。我也多谢周汉杰、周启诚和黎恩灏同学为本书校对所花的功夫。我最感激的，是我的父母、姐姐和妻子翠琪。政治哲学的路并不易行，如果没有他们的支持和无尽的关爱，我不可能这样一直走下来。

最后，谨将此书献给我的老师石元康和John Charvet，谢谢他们多年来的教导。

2010年1月
香港沙田马料水忘食斋

新版自序

本书初版于 2010 年，出来后反应不错，遂在 2013 年出版增订版，加入两篇新文章，想不到反应仍然不错，遂有现在这个新版。我利用这个机会将全书通校了一次，并做了一些小修订。这样一本政治哲学著作，过了这些年仍然受到关注阅读，我在这里要谢谢读者的支持。

本书收录了我对当代自由主义的研究论文，尤其是罗尔斯（John Rawls）的社会正义理论。里面的篇章处理的问题虽然各有不同，但却有一共同关怀，就是思考什么是自由主义以及它为何值得我们追求。我近年逐渐发展出来的自由主义左翼观点，不少都可在这里找到，包括自由左翼对分配正义的看法，对资本主义与自由之间关系的剖析，对文化保守主义的回应，以及对道德与幸福能否及应否契合的问题的讨论。[1] 这些问题看似抽象，但都是现代社会需要处理的大问题。

我将本书取名《自由人的平等政治》，不仅在于我认为这是理解罗尔斯的正义理论的关键所在，也在于我认为自由和平等是自由主义最为重视的价值：自由个体以平等尊重的方式彼此相待，并共同建设一个公平正义的社会。基本权利、民主制度、机会平等、文化多元、完善的社会福利保障和公平的财富分配等等，都是自由主义追求的目标。如果我们将这些目标放在今天的中国社会，当可清楚见到它们的重要性和迫切性。直到今天，我仍然坚持书中的基本观点。

如果我们同意罗尔斯所说，正义是社会制度的首要德性，那么如何面对及改变这个社会巨大的不正义，便是我们每个人必须面对的大问题。但在庞大的制度面前，我们努力行正义之事，要求自己做个正直的人，是否过于天真、过于不理智？政治哲学或许有能力告诉我们一个合理公平的世界应该是怎样，但它能否告诉"我"，作为世界的一员，到底该有多大责任让这个世界变得更合理一点？如果这个责任有可能令我受苦，甚至付出极大代价，我是否仍有理由继续去做该做的事？我是否仍有自信说，没关系，只要我所做的事是对的，无论代价多大，我仍然愿意承受？

这些困惑最后归结到一个根本问题：道德作为一种规范，对我们的生命，到底意味着什么？它是外在于我们欲望体系的社会约束，抑或是我们福祉的一部分，甚至是构成我们自我的必要条件？这不仅是柏拉图或罗尔斯这样的哲学家会问的问题，也是生在当下且在乎这个世界变成怎样以及在乎自己活得如何的我们，每天均须面对的实践问题。这个问题不仅影响我们的个人行动，也影响整个社会转型的可能性。也许只有在直面这些问题，直面脆弱的个体在制度中承受的种种不义，直面自身生命的构成及其背后的各种条件和限制时，抽象的理念、复杂的论证和高远的价值，才有可能走进我们的生命，并帮助我们在艰难的践行中活出人的尊严。

本书初版出来后，即受到学友江绪林君的重视，并在《开放时代》发表《正义的康德式诠释》和我进行严肃认真的讨论，因而促使我写成《罗尔斯的问题意识》一文以做回应。这些年来，绪林和我有密切的思想交流，并对我有许多鼓励和启发。2016年2月19日，绪林选择了永远离开这个世界。我有无可言说的寂寞，也有无可言说的怀念。绪林，谢谢你。

是为新版序。

2016 年 3 月 13 日

香港中文大学忘食斋

【注释】

1. 我在这方面的最新讨论，可参考《政治的道德：从自由主义的观点看》（香港：香港中文大学出版社，2014；增订版，2015）。

《正义论》引用说明

John Rawls, *A Theory of Justice* (Cambridge, Mass.: Harvard University Press, 1971; revised edition, 1999). 所有有关此书的文献引用，将直接置于内文，并用以下格式标示：(*TJ*, 100/86 rev.)。*TJ* 是《正义论》的英文简写，第一个数字（100）为初版页码，第二个数字（86 rev.）为修订版（revised edition）页码。除非特别注明，书中引文皆为作者所译。

第一章　契约、公平与社会正义

美国当代哲学家罗尔斯（John Rawls, 1921—2002）于 1971 年出版的《正义论》（*A Theory of Justice*）是二十世纪划时代的政治哲学著作。它复活了规范政治哲学的传统，打破了二十世纪五六十年代"政治哲学已死"的困局，并主导了过去四十多年道德及社会政治哲学的讨论。[1] 罗尔斯的同事、放任自由主义代表人物诺齐克（Robert Nozick, 1938—2002）早在 1974 年便曾预言，《正义论》后的政治哲学家，要么在罗尔斯的理论框架内工作，要么必须解释为何不这样做。[2] 事实的确如此。1971 年后政治哲学发展蓬勃，从强调私有产权至上的放任自由主义到左翼的自由平等主义，从效益主义到社群主义，从文化多元主义、女性主义到环保主义和国际正义理论，林林总总，无论所持立场为何，均须回应罗尔斯的观点。即使到了今天，情况依然未变。[3]《正义论》被公认为二十世纪最重要的政治哲学著作。

学术性的哲学书籍，一般只能卖一千本左右。但此书出版至今，单在美国已售出逾三十万本，并被译成二十七种语言，成为哲学、政治及法律本科生的基本读物。迄今为止，已有超过五千篇文章专门讨论罗尔斯的理论。以一本厚达六百页、充满术语和哲学论证的著作来说，殊不寻常。罗尔斯在2002年11月24日逝世后，英美各大报章纷纷发表悼念文章，高度评价他的贡献。例如巴利（Brian Barry）在《金融时报》称他改变了整个学科的发展，《泰晤士报》则誉他为继十九世纪的密尔（J. S. Mill，或译穆勒）之后最伟大的政治哲学家。要了解当代政治哲学，《正义论》是最好的出发点。

《正义论》英文修订版在1999年出版，罗尔斯修正了初版的一些基本论证，并声称修订版较初版有重大改善。我在此章将对《正义论》作一俯瞰式的介绍，让读者对此书有个基本认识，从而为其后各章的讨论铺路。我将先介绍罗尔斯的生平及该书的写作背景，然后逐步分析《正义论》的论证。

一

罗尔斯1921年生于美国马里兰州巴尔的摩（Baltimore）一个富裕家庭，五兄弟中排行第二。[4]父亲是成功的税务律师及宪法专家，母亲生于一个德国家庭，是个活跃的女性主义者。罗尔斯自小体弱多病，两个弟弟更先后受他传染而病逝，这段经历对他一生有难以磨灭的影响。罗尔斯虽然家境富裕，但年少时已感受到社会种族及阶级的不平等，例如他观察到黑人孩子不能和白人就读同一学校并被禁止互相交友、黑人的生活环境恶劣等。罗尔斯1939年进入普林斯顿大学，他的启蒙老师是当时著名的哲学教授马科姆（Norman Malcolm）。马科姆是维特根斯坦的学生兼朋友，并将维特根斯坦的哲学在美国发扬光大。罗尔斯1943年以最优等成绩取得哲学学位。毕业后，旋即加入军队，参加对日战争。1945年美国投掷原子弹于广岛时，罗尔斯仍然留在太平洋。对于他的战争经历，罗尔斯从来没有公开谈论过。但在1995年美国《异议者》(Dissent)杂志的"纪念广岛五十年"专题上，罗尔斯却毫不犹豫地批评美国当年投掷原子弹、杀害大量无辜日本平民生命的决定犯了道德上的大错，并批评杜鲁门总统不配称为一个政治家。[5]

战争结束后，罗尔斯于1946年重回普林斯顿攻读道德哲学博士，师从效益主义哲学家史地斯（W. T. Stace）。1950年递交论文，题目为《一个伦理学知识基础的探究：对于品格的道德价值的判断的有关考察》。[6]罗尔斯在论文中尝试提出一种反基础论（anti-foundationalist）的伦理学程序，他后来发展的"反思均衡法"（reflective equilibrium）亦源于此论文的构思。1952年，罗尔斯获奖学金往牛津大学修学一年。在那里，他认识了伯林（Isaiah Berlin）、哈特（H. L. A. Hart）等当代著名哲学家，而运用假然契约（hypothetical contract）论证道德原则的构想亦于当时成形。从牛津返美后，罗尔斯先后在康奈尔（1953—1959）、麻省理工（1960—1962）等大学任教，1962年转到哈佛大学哲学系，1979年接替诺贝尔经济学奖得奖者阿罗（Kenneth Arrow）担任"大学教授"（University Professor）职位。此职级是哈佛的最高荣誉，当时全校只有八人享此待遇。罗尔斯在哈佛培养了大批优秀的博士生，很多在今天的哲学界已自成一家。[7]

罗尔斯虽然广受各方尊崇，为人却极为低调，既不接受传媒访问，亦不喜交际，生活简朴而有规律。他治学极为严谨，每篇文章均经过反复修改、千锤百炼后才愿意出版。例如《正义论》中很多基本概念，罗尔斯早在五十年代已经形成，并先后出版了多篇重要论文。而到六十年代，他已开始用《正义论》第一稿作为上课讲义，前后三易其稿，直至1971年才正式出版。《正义论》出版后，罗尔斯谦虚听取各方批评，继续修正及发展他的理论，直到1993年才出版他第二本著作《政治自由主义》(*Political Liberalism*)，并对原来的观点做出相当大的修正。[8] 此书一出，瞬即成为学术界焦点，并为政治哲学设定新的议题及研究方向，可谓罗尔斯学术生涯的第二高峰。1999年，《万民法》(*The Law of Peoples*) 面世，专门讨论国际正义问题。[9] 罗尔斯在哈佛教学用的《道德哲学史讲义》和《政治哲学史讲义》也先后出版，[10] 而他晚年尝试整合前后期理论的《公平式的正义：再论》(*Justice as Fairness: A Restatement*) 则于2001年出版。[11]

哲学思考离不开哲学家所处的时代及学术传统。《正义论》的成功，相当程度上在于它对这两方面均能做出积极回应，并提出极具原创的见解。《正义论》酝酿的六十年代，是自由主义受到重大挑战的时代。尤其在美国，民权及黑人解放运动、新左派及嬉皮运动、反越战运动等，对当时的政府及其制度提出了严重质疑。社会正义、基本人权、公民抗命以至贫富悬殊问题，成为各种运动最关心的议题。当时很多人认为，自由主义只是一种落伍而肤浅的意识形态，根本不足以应付时代挑战。[12]《正义论》通过严谨生动而富原创性的论证，对这些问题做出了直接回应，并显示出自由主义传统仍有丰厚的理论资源，建构一个更为公正合理的社会。

《正义论》的重要性，也和当时英美的学术氛围有莫大关系。二十世纪上半叶的显学是逻辑实证主义 (logical positivism)。这种理论认为，任何规范性命题，都只是表达我们的感觉或情绪而已，不能增加任何实质性的知识。有意义的命题，要么是分析性（analytic）的恒真命题，例如数学或逻辑；要么是可以被证实的经验性命题。既然哲学并非经验性学科（那是自然科学及社会科学的工作），唯一可做的便剩下逻辑和概念分析。

在这种环境下，规范政治哲学被推到极为边缘的位置，渐渐从现实世界中退隐，对各种具体的道德及政治问题保持沉默，只从事道德语言分析的"后设伦理学"（meta-ethics）工作。所谓"政治哲学已死"，描述的正是这种境况。罗尔斯认为，仅靠逻辑及语言界说，根本无法建立任何实质性的正义理论（*TJ*, 51/44 rev.）。政治哲学最主要的工作，是要发展出一套有效的方法论，运用我们的道德直觉及各种经验性知识，建构出一套最能符合我们深思熟虑的判断（considered judgment）的正义体系，并以此回应民主社会出现的各种根本的政治问题。《正义论》被视为复活政治哲学的扛鼎之作，正因为它一方面能继承传统政治哲学的精神，另一方面又能充分利用当代社会科学的新概念，系统地论证出一套自由主义的政治原则。正如德国著名哲学家哈贝马斯（Jürgen Habermas）所言："在最近的实践哲学史上，约翰·罗尔斯的《正义论》标志着一个重要的转折点，因为他将长期受到压制的道德问题，重新恢复到严肃的哲学研究的对象的地位。"[13]

二

《正义论》的主要目的，是要建构一套在道德上值得追求，同时在实践上可行的道德原则，以此规范社会的基本结构，决定公民的权利和义务，以及社会资源的合理分配。这样一套原则，被称为社会正义原则（principles of social justice）。在政治光谱上，罗尔斯的理论常被视为自由主义左翼（liberalism）或自由平等主义（liberal egalitarianism）。[14] 它最大的特点，是一方面强调个人权利的优先性，另一方面重视社会资源的公平分配。具体点说，一个公正社会必须充分保障每个公民有平等的权利享有一系列基本自由，同时保证每个人有公平的平等机会去竞逐社会职位和位置；而在经济分配上，则主张共享发展，并强调任何不平等的财富分配必须对社会中最弱势的人最为有利才可接受。

在这一节，我先阐明《正义论》的一些基本概念，包括罗尔斯对社会合作的理解、良序社会的理念、正义原则应用的对象以及如何界定被分配之物品等。第三节则比较罗尔斯的正义观和其他理论，以彰显其独特之处。第四节集中讨论他的道德方法学和正义原则的证成理据。第五节分析他的原则如何应用到制度层面，第六节探讨该书中第三部分的稳定性（stability）问题。最后，我会作一扼要总结。

《正义论》的主题，是要寻找一套合理的政治原则，确保人们能够公平地活在一起，而这套原则必须体现某些道德理想。罗尔斯认为，这个理想必须奠基在某种对社会合作的理解上，即社会应被理解为一个自由与平等的公民之间为了相互利益而参与的合作计划（a cooperative venture for mutual advantage; *TJ*, 126/109 rev.）。这种合作之所以必要，和我们的生存环境很有关系。一方面，我们活在一个自然及其他资源相对匮乏的环境中，彼此合作较独自生存，对所有人均有更大好处。另一方面，合作者却有不同的人生计划，既希望从合作所得中多分一些，同时对自己应得多少有不同意见，因此冲突难免。在这种环境下，社会合作既有必要亦有可能，问题是要找到一组合理的原则规范彼此的合作。这组原则，必须体现这样的精神：一、公民是以自由且彼此平等的身份参与社会合作；二、社会合作不是一场优胜劣败的零和游戏（zero-sum game），而是每个合作者都能从中得益；三、合作的方式，必须让每个参与者都觉得公平。什么样的正义原则，才能满足这样的要求？这是罗尔斯整个理论的问题意识。

如果我们找到这样一组原则，并依此建立制度，罗尔斯称这样一个合作体系为"良序社会"（a well-ordered society）。良序社会有三个特点：一、每一成员都接受并知道其他人也接受同样的正义原则；二、社会基本结构公开地满足正义原则的要求；三、合作成员普遍具备有效的正义感，能自愿遵从正义原则的要求（TJ, 5/5 rev.）。良序社会的优点，是所有人能公开地接受相同的原则，亦清楚原则背后的证成理据。当出现利益纷争时，可以根据正义原则做出裁定，从而保持社会统一。罗尔斯希望论证，他提出的正义原则，相较效益主义和其他理论，更能成为一个良序社会。

既然社会正义关心的是分配问题，我们有必要先界定社会的界限（boundary），从而确定原则的适用范围。罗尔斯假定，正义原则只适用于一个封闭的合作体系，和其他社会没有任何联系。即使在此封闭体系内，正义原则也不是应用到社会所有领域，而只适用于"社会基本结构"（the basic structure of society）。这个基本结构，包括主要的政治、经济及社会制度。这些制度互相调和交织成一个系统，决定公民的权利、责任及利益分配。宪法、竞争性市场、法律上所承认的财产形式，以至一夫一妻制等都属于基本结构（TJ, 7/6 rev.）。为何基本结构是社会正义的首要对象？主要是因为这些制度对我们的影响。我们一出生，便无可选择地活在某种制度下，这些制度深远地影响我们的人生前景，包括我们的权利、机会、社会地位以及可享有的资源等。再者，我们无法抽离社会基本结构去判断某一行为是否正义。一个人应得多少，视乎他活在哪种分配制度之下。最后，即使我们对正义原则已有共识，在长期复杂的社会合作当中，缺乏基本结构居中执行及调整，亦难以维持一个正义的背景（background justice）。[15]

读者或会问，既然正义原则只应用于基本结构，那么对社会中众多的社团及个人有何约束力？一方面，正义原则的适用范围是有限的，它并不直接规定不属于基本结构的个别社团的分配原则（例如大学招生便可有异于正义原则的标准），亦不评估个人的人生观（conception of the good）的好坏优劣。[16]但正义原则却为社团及个人行为设了一重基本限制，即绝对不可以逾越正义原则设下的要求，例如大学招生不可以违反机会平等、教会必须尊重信徒的脱教自由等。在不违反正义原则的前提下，个人可以自由追求各自的人生计划。这联结到罗尔斯视社会基本结构为一满足"纯粹的程序正义"（pure procedural justice）的构想。要了解这概念，最好和另外两种程序观作一对照。第一种是"完美的程序正义"（perfect procedural justice），意指我们既有一个决定正义分配的独立标准，同时又有可行的程序实现该标准。例如要在五个人中均分一个蛋糕，那只需让负责切的人最后一个拿，便能达到想要的结果。第二种是"不完美的程序正义"（imperfect procedural justice），即虽有独立标准，却没有可行的程序去保证一定得到预期的结果。司法审判是其中一例：

我们希望所有犯罪者受罚、无辜者获释，但却没有任何方法能够保证这点。至于纯粹的程序正义，则是没有独立的标准决定何者是正确的结果，但却有一公平程序，保证无论最后得出什么结果，也是合理公正的。赌博是这种情况，只要赌博规则公平，那么无论最后结果怎样，也是公正的（TJ, 86/75 rev.）。

罗尔斯希望，他的正义原则规范的社会基本结构，亦能保证一个公平的程序，使得社会分配的结果最后总是公正的。但这视乎两个条件。第一是原则本身必须公平公正，第二是基本结构必须能充分实现该原则的要求。纯粹程序正义最大的好处，是达到一种社会分工的效果，大大减低分配正义的复杂程度，因为我们只要保证政治及经济制度符合正义原则的要求，便无须评估、计算社会合作中出现的无数可能情况，并容许社团及个人能自由发展各自的目标（TJ, 88/76 rev.）。[17]

分配正义另一个必须回答的问题是：分配什么？什么物品应作为人与人之间比较的标准？很明显，如果没有一个共同标准，我们将难以衡量和比较公民的不同诉求。为解决此问题，罗尔斯提出"社会基本有用物品"（social primary goods）的概念。这些物品被界定为对所有理性人生计划都有用的价值，拥有愈多，对实践我们的人生计划愈有利。这些基本有用物品包括权利与自由、机会、收入与财富、自尊（self-respect）等（TJ, 92/79 rev.）。它们是社会分配的参考指数（index）。但如何论证这种说法合理？在《正义论》初版中，罗尔斯认为这是一个经验事实，通过心理学、统计学又或历史调查，便足以证明其合理性。但他后来发觉，这个解释难以令人满意，并且和书中其他论证不一致。因此，在修订版中，他对此作了重要修改，将对基本有用物品的说明和一个"道德人的观念"（a conception of moral person）联系起来。[18]

他的新想法是这样：既然我们视社会为自由平等的公民之间的公平合作体系，那我们必须界定何为"自由平等的公民"。罗尔斯认为合作者必须具备两种道德能力，第一是具有正义感的能力（capacity for a sense of justice），即能够了解、应用并依正义原则行事的能力。欠缺这种能力，人们将无法做出自主的道德判断，并难以有足够的道德动机去服从正义原则的要求。第二是具有实现某种人生观的能力（a capacity for a conception of the good），此指形成、修改及理性地追求人生目标的能力。欠缺这种能力，人们将无法理性安排及调整自己的人生计划，并对自己的选择负责。罗尔斯进一步设定，当人们最低限度地拥有这两种能力时，他们被视为自由平等的道德人，而此亦是参与社会合作的充分条件（TJ, 505-506/442-443 rev.）。[19] 而在良序社会中，公民有两种相应的最高序的旨趣（the highest-order interests）去发展这两种道德能力，同时亦有一较高序的旨趣（a higher-order interest）去追求他们特定的人生观。[20] 伴随着这种对道德人的理解，对基本有用物品的论证亦跟着改变。基本有用物品之所以重要，在于它们是实现公民两种最高序关怀的必要条件及较高序关怀（即不同的人生目标）的必要工具（all-purpose means），例如思想和信仰自由是追求及实现人生计划的必要条件。[21] 罗尔斯作此修正，和他要论证自由的优先性有密切关系，因为相应于这两种道德关怀，基本自由较其他基本有用物品更为重要。[22]

至此，我已阐明《正义论》中几组基本概念。它们的关系可以如此表述：我们是平等的自由人，并视社会为一个公平的合作体系。我们希望证成一组人人可以合理接受且满足良序社会要求的正义原则，将其应用到社会基本结构，从而决定每个公民的权利义务和合理所得。接下来的问题是：透过什么方法，得出怎样的一组原则，才能满足这个要求？

三

罗尔斯声称，他要沿用洛克、卢梭及康德以降的社会契约论（social contract theory）传统，并将其提升到一个更为抽象的层次来证成他的正义原则（TJ, viii/xviii rev.）。在这一节，我先将罗尔斯的正义原则和效益主义及其他理论作一比较，彰显它的自由主义特色，然后在下一节再讨论他如何用契约论证成这些原则。

罗尔斯认为，一个正义社会必须满足以下两条原则：

（1）每个人都有平等的权利，在与所有人相类似的自由体系兼容的情况下，享有最广泛的总体自由体系所赋予的相同的基本自由。

（2）社会和经济的不平等应这样安排：

（a）在和公正的储蓄原则一致的前提下，对社会中最弱势的人（the least advantaged）最为有利；[23]

（b）在公平的机会平等的条件下，职位与工作向所有人开放。[24]

这两条原则具有一种词典式的（lexical）优先次序，即在第一原则未被完全满足的情况下，我们不能去到第二原则，原则之间没有交易折衷的可能。因此，第一原则（最大的均等自由原则）绝对优先于第二原则，基本自由只会为了自由本身而受到限制，这包括两种情况，即要么一种不够广泛的（less extensive）自由能加强由所有人分享的整个自由体系，要么一种不够平等的自由可以被那些拥有较少自由的公民接受，而整个正义原则优先于效率（efficiency）及福利（welfare）原则。经济效率及利益极大化不得与正义原则有任何抵触，例如社会不能够以整体利益之名，牺牲部分人的平等机会。而在第二原则之中，（b）的平等机会原则优先于（a）的差异原则（difference principle）。

只要将这两条原则和其他理论稍作对比，我们即可见到它的主要特点。首先，它和效益主义（utilitarianism）针锋相对。[25] 效益主义认为，当一个社会的基本制度及政策，能在该社会所有人中间产生最大的效益净值（效益可以指快乐、喜好或欲望的满足）时，它便是正当和公正的。效益主义是后果论（consequentialism）的一种，只考虑社会整体效益的增减，却不重视这些效益在公民之间如何分配。在其论证结构中，它并不重视个体的独立与分离，甚至视个体为满足社会总体效益的工具。因此，当个人权利和整体利益有冲突时，前者被牺牲在道德上并无不妥。罗尔斯极为反对这种道德观，他在书中开首，已清楚说明他的立场："以正义之名，每个人都不可侵犯，即使社会整体利益也不能逾越。"（TJ, 3/3 rev.）因此，在第一条原则中，每个人享有平等的基本权利和自由，这些权利在整个制度中具有最高位置。这体现了自由主义一贯传统，国家的重要目的，是保障个人权利不受侵犯。个人是社会公平合作的基本单位，个体的根本利益必须受到尊重。在经济分配方面，第二条原则保证了社会中的弱势者的机会和权益不会被忽略或被牺牲,因为任何不平等分配都必须对社会最为弱势的人最为有利。

这两条原则亦和放任自由主义,又或罗尔斯所称的自然自由体系(system of natural liberty)的观点不同。放任自由主义认为,只要保障人人有基本的自由及形式上的机会平等,经济所得应由市场决定,国家不应进行任何财富再分配的工作。这个体系的问题,是它一开始即容许个人的自然天赋及家庭出身等因素影响人们的经济所得及社会地位,但这在道德上不能被接受。因此,罗尔斯的机会平等原则是实质性的,要求尽可能减低社会阶级不平等对公民的人生前景的影响,例如保证每个人有同样接受教育的机会。而差异原则所体现的,更是一种公平互惠的理想,而不是优胜劣败、适者生存的市场逻辑。要做到这点,政府有责任透过各种制度安排,确保每个公民都能在合作中分享到经济发展的成果。

最后,它亦和至善主义(perfectionism)不兼容。至善主义是目的论式(teleological)的理论,先设定某种人类的卓越目标(human excellence),然后以实现此目标作为规定社会基本制度的标准(*TJ*, 325/285-286 rev.)。罗尔斯的自由原则否定了这种想法。只要不违反正义原则,人们有充分的自由去追求自己的人生目标,政府对各种人生观保持中立,不会以某种卓越活动的内在价值(intrinsic value)为标准来分配社会资源。"在已知的正义原则底下,国家必须被理解为平等公民组成的社团(association)。国家本身不会关心任何哲学及宗教的学说,而是按照处在平等的最初状态所同意的原则,规范个人对道德及精神的兴趣的追求。政府以这种方式运用其权力,扮演公民代理人的角色。"(*TJ*, 212/186 rev.)这同样延续了自由主义政教分离的传统,在这样的社会,人们有充分的选择自由,过自己认为值得过的生活。[26]

从以上讨论可见,罗尔斯心目中的正义社会,一方面肯定个人权利的优先性,另一方面重视社会财富的合理分配,确保公民享有公平的平等机会,人人享受社会合作带来的好处。他既不接受市场至上,亦反对计划经济。有人认为罗尔斯主张的是福利国家,但他却指出他的正义原则,不只是着眼于为每个公民提供基本的社会福利保障,而是希望在政治、经济和社会地位上,人与人之间具有更平等的关系。

四

这一节,我将集中讨论罗尔斯如何运用假然契约论和反思均衡法推导出他的原则。先重温他的基本问题:如果我们视社会为自由平等的公民之间的公平合作体系,那么透过什么方法,可以得出一组最能符合这种要求的正义原则?我们显然不会认同这组原则源于上帝或某些超越的外在权威,亦难以接受它是实际权力的讨价还价的结果。最理想的情况,是该组原则能够被所有合作者共同接受。罗尔斯的论证策略,正是希望他的正义原则能够在一个公平的契约环境下,得到合作者的一致同意。

契约论需要回答几个问题。第一,所谓的契约,是否真的存在过?罗尔斯对此说得很清楚,它的契约论是非历史的(ahistorical)及假设性的,而不是真实发生过的事件。契约只是一个方法,又或一个思想实验,将与正义原则相关的道德考虑模塑(model)进立约环境中,从而帮助我们找出最为合理一致的原则。第二,我们如何保证一个公平的立约环境？毕竟在现实生活中，由于先天及后天的因素影响，人与人之间总有各种的差异。如果立约各方强弱悬殊，得出的原则必然有利于强势的一方。第三，即使在一公平环境下，根据什么方法，某组特定的原则会被所有人一致选取？

为解答第二个问题，罗尔斯提出以下构思：设想在一个模拟的契约环境中，他称之为"原初状态"（original position），立约者被一层"无知之幕"（the veil of ignorance）遮去所有关于他们的个人资料，包括他们的天赋能力、家庭背景及社会地位，以及各自的人生观等。他们也不知道所属社会的特定环境，包括政治经济的发展情况及文化文明的程度等。立约者被容许知道的，只有社会运作的一般性事实，例如政治及经济的运作规律、心理学的一般法则，亦了解良序社会的基本特点及稳定性的重要等。更重要的是，立约者虽然不知道他们人生计划的内容，却知道离开无知之幕后，每个人都会有特定的人生计划，亦知道社会基本有用物品（自由、机会、财富等），是发展两种道德能力（正义感的能力、实现人生计划的能力）及追求特定人生目标的必要条件。在这个环境中，立约者同时被假定为理性的（rational）利益追求者，既不妒忌亦不关心其他立约者的境况（mutually disinterested），只是理性计算什么原则能使他们得到最多的基本有用物品。[27]

为什么要有这样的设计？罗尔斯的论证相当复杂，每项规定都给出了不同的支持理由。最重要的一点，是原初状态能保证一个公平的环境，使所有立约者在平等的条件下作出理性选择。公平的基础，是视所有合作者为自由平等的道德人。因此，在无知之幕下，每个人有相同的议价能力，没有人可以凭借先天及后天的优势，提出只对自己有利的方案。每个人也有平等的权利，自由提出建议及否决别人的提案。罗尔斯认为，人类种种不平等的深刻起源，来自于个人自然禀赋及阶级、家庭背景造成的不平等。一个天生聪敏或成长于富裕家庭的人，在出发点上必然较那些残疾或家境贫困的人占有更大的竞争优势和享有更多的机会。但这些优势，从道德的观点看，是任意（arbitrary）及不应得的（undeserved）。它既非我们的选择，亦非我们努力的结果，而只是运气使然，就像上天的自然博彩（natural lottery）一样。这些差异如果不加理会，却会直接影响每个人的社会位置。无知之幕的设计，目的是将这些道德上不相干的因素排除出去，保证立约者处于平等的位置进行协商。"我们必须透过调整原初立约的环境，将世界的任意性改变过来。"（*TJ*, 141/122 rev.）罗尔斯认为，这样的设计体现了一个公平的立约环境，从而令最后得出的原则也能体现公平的社会合作精神。他给他的理论起了一个特别的名称："公平式的正义"（justice as fairness; *TJ*, 12/11 rev.）。这意味着正义原则体现了一种公平合作的精神，而公平的基础则在道德平等：每个人都有平等的权利参与和决定社会的根本原则的制订。

但立约者的人生观为什么也要被排除出去？我们也许会同意，我们并不应得由天资和出身带来的优势。但一个人的宗教及价值信念，却是我们深思熟虑的选择，亦和是否应得无关。如果一个人深信他的宗教或道德信念是最真、最有价值的，为什么他不应以此作为正义原则的基础？罗尔斯在这里至少有两重考虑。[28] 第一是和价值多元主义有关。由于我们持有不同的人生观，而正义原则必须能为合作者一致接受，如果容许立约者知道他们特定的人生计划，他们将不可能达成任何共识。这其实意味着，在多元社会，社会合作及统一的基础不可能建基在任何形式的至善主义或宗教信仰之上。第二重考虑则和罗尔斯对"自由人"的理解有关。我在第二节已指出，自由人最大的特点是具有实践人生观的能力，能够对当下的欲望、目标以至最基本的信仰作理性反省，并在必要时修改，甚至放弃原来的信条。因此，正义原则最重要的不是保障某种特定的人生观，而是确保一个实践自由的条件（*TJ*, 131-132 rev.）。[29] 人对自由选择的重视，优先于任何特定的人生观。无知之幕遮去了立约者的人生观，是用一种更为抽象的方式，体现自由人的理想。道理很简单，因为在"无知"的境况下，立约者只会考虑那些最能保障及实践他们最高序关怀的原则。自由人的另一面向，在于个体不是任何人的附庸或臣服于某一集体的意志之下（例如奴隶便不是自由人），而是能够自发地对社会安排提出独立诉求。在原初状态中，立约者可以不受任何既定的义务、角色和他人的限制，自由提出自己的观点，正体现这种精神。

由此可见，原初状态和无知之幕的目的，是将罗尔斯对社会合作及自由平等的道德人的基本理念模塑进去，创造一个合理公平的契约环境。这个环境并非任意创造，而是反映了罗尔斯对于正义的信念。严格而言，最后得出的原则，并非一群自利者在无知的处境中互相议价妥协的结果。原初状态是个道德构想，约束了正义原则的内容及范围。"这些约束表达了我们视之为社会合作的公平条款的限制。因此，观察原初状态这个理念的一种方式，是视其为一个说明性的设计（expository device），统合这些条件的意义并协助我们引导出它们的后果。"（*TJ*, 21/19 rev.）我们甚至可以说，公平式的正义的证成基础不是在理性自利者的同意,而是在规定原初状态的那些道德条件。这些条件背后的理由,才是支持得出两条原则的最后根据。所以,罗尔斯说:"他们同意的基础,已由对立约环境的描述及他们对基本有用物品的偏好所设定。"(*TJ*, 147/127 rev.) 更进一步,原初状态中的推论,可被视为一种严格的演绎关系。"我们也必须留意,这些原则的被接受,并不是一种心理学定律或概率的猜测。理想而言,我希望显示,接受它们是符合原初状态的全面描述的唯一选择。"(*TJ*, 121/104 rev.) 说得白一点,立约者在无知之幕底下,并没有进行任何讨价还价,因为每个人的身份其实都一样,只能进行相同的理性计算。任何一个立约者所做的理性选择,如同所有人所做的一样(*TJ*, 139/120 rev.)。

由此我们可以看到契约在罗尔斯理论中的真正作用。所以对于为何要重视一个没有约束力的假然契约,罗尔斯去到《正义论》最后一页,仍然不忘提醒我们:"包含在对这种状态的描述中的那些条件,是我们实际上接受的条件。即或不,我们亦会为间或引入的哲学考虑所说服。原初状态的每一方面,都能给出一个支持性的解释。因此,我们所做的,只是将经过一定的反思,并在交互的行为中准备承认为合理的整体条件,结合为一个(正义)观念。"(*TJ*, 587/514 rev.)

对原初状态的性质有了基本了解,现在可以看看立约者在其中如何进行理性选择。原则上平等的立约者可提出任何建议,亦可否决别人的意见。但实际上他们的思考受到无知之幕的限制,例如他们无法提出只对自己有利的方案,因为谁也不知道自己在社会中的真实身份。至善主义同样不会被考虑,因为立约者知道回到真实社会，各人会有不同的宗教及哲学信仰，任何形式的至善主义均可能和自己的人生目标有所冲突，因而对自己不利。罗尔斯认为立约者最后只会在几种主要的正义观中进行选择，包括他的正义原则、平均及古典效益主义、直觉主义等。

理性协商刚开始的时候，最合理的选择似乎是平等分配所有基本有用物品，包括自由、机会、收入及财富等，这样最能保障自己，因为没有人知道离开无知之幕后自己的社会位置。但他们没有理由停在这里——如果在最初平等分配的基础上，有一种不平等的分配对所有人更为有利。例如每人最初都分得同样份额的物品，但有些人较为聪明能干，如果给这些人一些经济诱因（incentives），从而使得合作的产出大为增加，并令所有人都能从中得益，立约者似乎没有理由不这样做。尽管如此，为什么立约者最后会同意差异原则，即只有在对社会中最弱势的人最为有利的情况下，不平等分配才被允许呢？罗尔斯认为，在无知之幕导致的不确定的选择环境中（choice of uncertainty），由于立约者无法作任何概率计算，亦不知个人性格喜欢冒险的程度，同时知道所作决定会对一己人生计划影响深远，因此会倾向审慎保守，采取一种叫"小中取大"（maximin）的方法，即在众多最坏结果的可能性当中，选取其中相对而言最有利的结果（*TJ*, 152-153/133 rev.）。换言之，为求得到最基本的保障，立约者会设想自己是社会中最弱势的一群，然后观察何种安排对自己最为有利。在这种选择策略下，差异原则是最安全的选择。他们不会选择效益主义，因为万一在真实社会中自己属于弱势或少数派，将可能成为满足他人利益的牺牲品，基本自由、财产以至人生前景都会受到威胁。

不少论者质疑立约者是否会采取这种保守的理性选择方式。例如如果有人天生喜欢冒险，他便不见得会选择差异原则。将正义原则完全依赖于某种心理的假定，似乎不大妥当。退一步，即使这个心理假定是合理的，人们也会问：为什么基于这种假定所推导出来的原则就是道德上正当的？立约者这样做，不是只出于一己的自利考虑吗？这是一个合理质疑。不过，罗尔斯有另一种论证支持差异原则。理由如下：既然从道德观点看，个人天资禀赋的优越及出生环境的有利位置都是不应得的，那么具优势者没有权利声称他们较弱势者应得更多。尽管如此，我们却无法也无须刻意消除这种先天才能的差异、追求绝对的结果平等，因为还有更好的选择：社会可以善用优势者的才能，更有效地改善所有人的处境。因此：

> 差异原则实际上代表一种共识：即在某些方面视自然才能的分配为共同资产（common asset），并分享由于这种分配的互相补足而可能达致的更大的社会及经济利益。那些已受上天眷顾的人，无论是谁，只有在改善那些不幸者的处境的条件下，才可以享受好运带来的得益。……因此，如果我们希望建立一个社会体系，使得任何人都不会因为其在自然资质分配中的偶然位置，又或社会中的最初地位得益或受损，而不同时给出或收到某些补偿利益，我们就被引导到差异原则。(*TJ*, 102/87 rev.)

这是罗尔斯支持差异原则的主要理由。有人或许认为，这依然是一种妥协，因为罗尔斯仍然容许幸运者享有不平等的待遇。但我们不要忘记，这种不平等是在改善最弱势者处境的前提下达致的。

假如不让那些占优势的人有较好的地位,弱势者的情况会较现在的处境更差,因为有能力的人将会欠缺足够的经济诱因努力工作,从而改善所有人的状况。[30] 另一方面,能力较优的人亦不应抱怨差异原则偏帮弱势者,因为他们的自然优势本身已是一种补偿,而且社会作为一个合作体系,得不到弱势者的衷诚合作,他们亦不可能活得更好。差异原则体现了这种合理的互惠关系。罗尔斯曾称这只是一个独立于契约的直觉性考虑(intuitive consideration),真正的论证是立约者在原初状态的理性选择(*TJ*, 75/65 rev.;104/89 rev.)。但没有这种对平等的理解,将不会有无知之幕的设计,立约者也不会接受"小中取大"的策略,并因此而选择差异原则。原初状态的种种限制,其实反映了罗尔斯的道德信念。因此,这两个论证不仅不是互相独立,而且后者相当大程度上受限于前者。

　　讨论完差异原则,现在可以转到自由原则及其优先性的论证。首先得留意,自由原则所指的基本自由,是一张具体的自由清单,包括思想信仰自由、集会结社自由、政治参与自由、拥有个人财产的自由等。这些自由构成一个自由的体系。其次,由于不同自由之间难免会发生冲突,所以没有任何一种自由是绝对的,必须互相做出协调。最后,自由原则及其优先性只适用于经济发展达到一定水平,基本自由能够被有效实践的社会。对于那些极度贫困的社会,两条正义原则词典式的优先次序并不适用。从立约者的观点看,自由的重要性是毋庸置疑的,因为它对发展人的道德能力和实践每个人的人生计划都有利。例如如果没有信仰自由,公民将不可能在安身立命的根本问题上为自己做主。问题在于,既然自由只是众多基本有用物品之一,为什么自由原则可以绝对优先于效率及福利原则？而立约者又为何不可以为了换取较多的物质享受，而放弃一部分政治自由，接受一个较为威权独裁的政府？[31]这是关键问题，因为坚持基本自由的优先性，是罗尔斯的自由主义的重要特征。

罗尔斯在《正义论》初版认为，随着文明的进步，人们对经济利益的追求，会出现边际效用递减的情况。人们对自由的重视，将慢慢超越对物质享受的追求。当物质条件达到某一水平后，用较少自由换取较大的经济利益及社会地位，将是非理性的（irrational）做法（*TJ*, 542）。但罗尔斯后来意识到，这个心理学及经济学式的解释，说服力并不足够。因为如果自由和其他基本有用物品处于同一序列（order），且纯是满足不同人生计划的手段，那么我们并没有充分理由保证立约者不会在自由与经济利益之间做出权衡交换。[32]他们当然不会因此而选择奴隶制，但却可能暂时放弃部分政治自由，换取更大的物质利益和经济效率。

面对这种困难，罗尔斯在修订版中完全放弃了这个论证，转而诉诸自由人的理念。即如前述，自由人具有发展他们两种道德能力的最高序旨趣。立约者在原初状态中不仅重视自己特定的宗教及人生目标（虽然尚未知道），更重视发展及培养自己形成、修改及追求不同人生观的能力，而基本自由正是保证这种最高序旨趣的必要条件。以信仰自由为例：立约者意识到，如果不保证这种自由，离开无知之幕后，他们固然难以放心信奉当下的信仰，亦难以充分保证他们日后改信他种宗教的自由。因此，自由比其他基本有用物品有较高序的重要性，两者之间没有妥协交换的余地。

讨论至此，我们可以见到，罗尔斯的两条正义原则，其实反映了他对自由及平等的理解。他对自由人的诠释，推导出自由原则及其优先性；对平等的理解，则引导出差异原则。确切点说，并非由于得到立约者的同意，某原则才成为正义的原则；相反，由于该原则本身符合了某些道德要求，所以才会被立约者选择。原初状态扮演的是启发性（heuristic）而非定义性（definitional）的角色，只作为一代表性的手段（representative device），将种种有关社会正义的判断及要求有机地组合起来，并得出一组最符合我们深思熟虑的道德信念的正义原则。[33]

紧接着的问题是，我们该凭什么判断罗尔斯对原初状态的描述最为合理？为什么他对社会及人的理解最符合正义的要求？即使我们同意公平是正义的必要条件，但何谓公平，人人却可以有极为不同的理解。例如不少人认为，根据个人的能力或贡献来决定分配，才是真正的公平。我们在此显然不能诉诸契约，因为这是先于契约，同时决定契约条件的实质性问题。

面对此种诘难，传统伦理学一个主要做法是无穷向后追问，直至找到一个自明的道德真理作为基础。罗尔斯并不接受这种笛卡儿式的基础论（Cartesian foundationalism）进路，因为该真理是否存在，又或如何找到一个必真的道德命题，本身就是个争论不休的问题。罗尔斯于是提出一种叫"反思的均衡"（reflective equilibrium）的证成方法，以此支持他对原初状态的描述以至整个理论的合理性。他的想法是这样：一方面，在日常生活中，我们总有能力做出一些深思熟虑的判断（considered judgments），例如我们会视奴隶制、宗教迫害及种族歧视等为不义的行为。这些判断并非基于个人的狭隘利益或一己偏见，亦非受到外在的威胁或误导所致。相反，这些是我们在客观环境下，经过深思熟虑才做出的可靠判断。我们视这些判断为理论建构中"暂时的定点"(provisional fixed points)。另一方面，我们尽可能用较弱及能被普遍接受的前提，界定原初状态的环境，以期能引导出一组正义原则。然后，我们观察这组原则能否和我们深思熟虑的判断相符。如果能够，固然好；如果不能，则有两个选择：我们要么修饰对立约环境的描述，要么修改或放弃那些与正义原则不一致的判断。透过不断来回对照，我们希望能找到一个最合理的立约条件，并因此使得出的原则和我们深思熟虑的判断达成一致。罗尔斯称这种状态为反思的均衡。"它之所以是一种均衡，是因为最终我们的原则与判断是一致的；而它之所以是反思的，是因为我们知道我们的判断与什么原则相符并知道它们产生的前提。"(*TJ*, 20/18 rev.) 可见在这样的反思过程中，"正义观念不可能从原则的自明前提或条件中演绎出来。相反，其证成乃是一个众多考虑互相支持的问题。"(*TJ*, 21/19 rev.) 因此，对于前面的诘难，罗尔斯可以回应，他对原初状态的描述最能满足反思的均衡的要求。

至此，我们可以清楚看到原初状态和反思均衡的关系。后者是一个有效的方法，帮助我们测试和检验对原初状态的描述的合理程度，确保得出的原则合乎我们深思熟虑的判断。反思均衡才是决定罗尔斯的正义原则合理性的最后关键，而不是原初状态中立约者的讨价还价。正如罗尔斯所称，我们可以对原初状态有不同描述。描述不同，最后得出的原则亦会不同。因此，在知道何种原则被选择之前，我们必须先决定何种对原初状态的描述最为合理。"通过说明一种对原初状态的诠释，该诠释能够最好地表达被广泛视为加诸于原则选择的合理条件，而同时导向一个在反思的均衡中体现我们深思熟虑的判断的（正义）观念，证成的问题将得到解决。"（*TJ*, 121/105 rev.）这是罗尔斯的道德方法学关键所在。

五

《正义论》全书有三大部分，上面所谈主要是第一部分"理论"中的工作。在称为"制度"的第二部分，罗尔斯开始尝试将两条抽象的正义原则应用到政治及经济的基本制度中，并说明其能与众多深思熟虑的判断保持一致。在最后一部分"目的"（ends）中，罗尔斯则致力显示公平式的正义是个稳定的正义体系。就篇幅言，每一部分各占全书三分之一。就结构论，虽然主要的道德论证集中在第一部分，三部分却十分紧密地联系在一起，前后呼应，并展示其不仅可欲（desirable），亦属可行（feasible）。在这一节，我先讨论制度部分。

在将正义原则逐步落实到社会基本结构的过程中，罗尔斯认为有四个阶段（stages）。在第一阶段，即在前述的原初状态中，两条原则会被一致选取；第二阶段，立约代表将举行一个立宪大会，决定该社会的基本宪法及政治组织形式。在此阶段，部分无知之幕会被揭开，代表们知道该社会自然资源的多寡、经济的发展程度及政治文化等。第一原则保障的基本自由会被清晰界定，并在宪法中得到明确保障。确立宪法后，则进入具体的立法及制订各种政策的第三阶段，代表们知道该社会更多的资料，差异原则的具体制度安排亦会在此阶段得到落实。最后，则进入个别的司法裁判及行政管理阶段。至此，无知之幕被完全移走，所有人都知道有关他们的个别资料，一个良序社会的基本结构，亦得到清楚确定（*TJ*, 195-201/171-176 rev.）。

在罗尔斯心目中，这样的良序社会是一个立宪民主制（constitutional democracy）的自由社会。在政治方面，公民享有平等的政治权利，包括第一原则保障的各种自由。但罗尔斯亦指出，由于贫穷而令部分人不能有效实践其权利，并不表示他们的自由受到限制，而是自由的价值（worth of liberty）对各人有所不同（*TJ*, 204/179 rev.）。因此，政府有责任采取各种措施，防止经济及社会的不平等导致政治自由的"公平价值"的不平等，例如政党发展独立于私人财团、政府津贴各种政治选举等。而普选权、权力分立及互相制衡、人权法、司法复核（judicial review）以至法治等，都是保障自由的必要安排。政府主要的角色，是保障公民有平等的自由及必要的经济资源去追求和发展他们的道德能力及人生理想。

在经济方面，最重要的是保证一个纯粹程序正义的背景制度，并有效贯彻第二条正义原则。为保障机会平等，政府可以透过津贴的方式，确保人人有平等接受教育和职业训练的机会，并保证职业的自由流动（*TJ*, 275/243 rev.）。为实行差异原则，可以用收入的相对多寡或社会职位的高低，定出社会上最为弱势的群体的界限，然后规定一个社会最低保障，透过财富再分配，资助这些弱势阶层。这似乎和现今的福利国家（welfare state）制度没有多大分别。但在修订版序言中，罗尔斯特别强调，我们必须将他所称的"财产所有民主制"（property-owning democracy）和福利国家区分开来。虽然两者均容许私有财产权，但"财产所有民主制的背景制度，连同它的（可行的）竞争性市场，是尝试分散财产和资本的所有权，并因而试图阻止社会的一小部分人控制经济并间接控制政治生活本身"。(*TJ*, xiv-xv rev.)但对福利国家来说，只要在某一合作阶段的最后，给予那些由于意外或不幸而陷于苦况的人一定的保障便已足够（例如失业补偿或医疗津贴），但却容许相当大的贫富悬殊和政治权力上的不平等。罗尔斯的理想，是所有公民在每一阶段的开始，便尽可能有平等的起步点。因此，除了实质的机会平等，更会尝试通过制度分散资本和资源的所有权。而要有效达到此目的，虽然经济体系中的生产部分必须是竞争性市场，但在产出分配及生产工具的所有权方面，既可以是财产所有民主制，亦可以是自由社会主义制(liberal socialist regime)，何者较为可取，则由该社会特定的历史条件和传统决定（*TJ*, 271/240 rev.）。

一直以来，很多人以为罗尔斯的理论是替福利国家寻找一个伦理基础。但由上可见，他不仅要和放任自由主义划清界限，甚至要求一个较福利国家更为平等的社会。罗尔斯深深体会到，资本主义的贫富悬殊，不仅令弱者没有平等的机会，更令第一原则保障的平等的政治自由的公平价值亦变得岌岌可危，因为有财势者往往可以用不同方法操纵民主选举和影响各种政治决策，从而使政治平等徒具虚名。

六

现在让我们去到《正义论》第三部分、有关稳定性（stability）的讨论。稳定性是书中一个很重要但却长期受人忽略的题目。什么是稳定性呢？稳定性是判断一个正义原则能否得到公民真正服从的标准。如果一个规范良序社会的正义观念，能够使生活在其中的公民产生足够的正义感（a sense of justice）去服从正义原则的要求，并在必要时给予正义优先性，那么该正义体系便是稳定的。所谓正义感，是指一种应用及依从正义原则行事的有效欲望（effective desire）。

罗尔斯认为，稳定性绝非可有可无，而是所有正义理论必须重视的一个道德考虑。因此，"其他情况相同，原初状态中的人们会采纳一个较为稳定的原则体系。无论一个正义观念在其他方面多么吸引人，如果它的道德心理学原则不能令人们产生按其行动的必要欲望，那么它将有严重的缺陷（seriously defective）。"（TJ, 455/398 rev.）稳定性的重要，可从两方面来考虑。第一方面和正义原则的可行性（feasibility）有关。一套正义理论无论多么理想，如果应用到社会时无法得到公民的广泛支持，例如有人搭顺风车（free rider）却不愿承担自己的义务，又或遭到各种各样的抵制，那么该制度将很难有效、持久地运作下去。第二方面则和正义原则的可取性（desirability）有关。罗尔斯希望回答这样的问题：每个公民均有自己的理性人生计划，从他们第一身的观点看，为什么给予正义感优先性是理性之举？正义感在人们的动机系统中，占有怎样的位置？正当和"好"之间的关系是什么？这些问题，直接和正义原则的证成有关。[34]

稳定性端赖人们道德动机的强弱，而活在不同政治制度之中，人们的正义感亦有不同，因为不同制度对人有不同的要求和限制。罗尔斯因此要做两件工作。第一，他要在原初状态中证明他的两条原则较效益主义更为稳定。第二，他同时要证明，按他的原则规范的良序社会，人们确实能培养出有效的正义感，并在必要时给予正义原则优先性。读者或会问，既然公平式的正义的特点是"正当优先于好"（the right is prior to the good），为何这里还有优先性的问题？原因是两者各有所指。"正当优先于好"是指正义原则对人们的人生观和欲望的可容许范围做出限制，后者不能逾越前者的要求。但这却是所有正义理论的一个形式要求，和人们是否有充足的道德动机无关。而优先性在稳定性讨论中出现，则因为在人们的人生计划中，还有不同的信仰、承担（commitment）和各种追求。人们对美好生活的追求，构成他们理性行动的基本理由。当这些追求和正义原则发生冲突时，人们并不必然给予正义感优先性，因为这既要看正义原则的要求，也要看人们所持人生观的内容，更要看两者的关系。如果政治原则和社会中大部分的人生观不兼容，人们将很难有充足的动机去服从该原则的要求。最理想的状态，是"德福合一"。那么，从道德的观点看是正当（right）的事情，和从个人理性的观点看是好的（good）事情将变得契合（congruence）。罗尔斯认为只有如此，正义感才能得到充分确认。"最稳定的正义观念，也许是一个对我们的理性来说是明晰的、和我们的价值一致的，并且植根于对自我的肯定而非否定的观念。"（TJ, 499/436 rev.）罗尔斯希望证明，他的正义原则是达到稳定性的最佳选择。

让我们逐一看其论证。公平式的正义较效益主义稳定，并不难理解，只要将本章第三节中两者的理论结构稍作对比便能明白。例如公平式的正义中的自由原则及其优先性，确保了每个人的人生计划得到他人及制度无条件的尊重，而差异原则体现了一种公平合作的互惠精神，并由此增强人们的自尊感，从而能肯定一己的人生价值。凡此种种，均有助人们产生有效的正义感。相反，效益原则却没有这些优点，因为在极大化社会整体效益的目标下，个体的价值往往被忽略和牺牲，也难以保证每个人都能从合作中得益。而为求稳定，效益主义更要求人们必须有很强的同情心及牺牲精神。两者相较，立约者在原初状态中不会选择效益主义。[35]

罗尔斯接着论证，在他的两条原则规范的社会中成长的人，将能培养出有效的正义感。罗尔斯借用了道德心理学的知识，指出人们会经历三个不同的道德发展阶段，包括"权威的道德"（morality of authority）、"社团的道德"（morality of association），到最后的"原则的道德"（morality of principle）阶段。在这个发展过程中，当成熟的道德主体意识到自己及关心的人都是社会安排的受惠者时，自然会培养出相应的正义感，主动遵从及捍卫正义的制度，而不再视原则为外加于己的约束，而理解为在公平条件下自愿接受的道德律则。[36]

最后去到正义感与"好"能否一致的问题。罗尔斯在这里主要诉诸一个对正义感的康德式诠释（Kantian interpretation）。按康德的说法，人的本性是自由平等的理性存有（free and equal rational being）。而实现这种本性的最好方法，是服从那些能够体现这种本性的道德原则。只有这样，人的真我才能得到彻底实现。罗尔斯认为，原初状态的设计正体现了这种康德式的人性观。因此，"公正行事的欲望和表达我们作为自由道德人的欲望，结果显示实际上是同一个欲望。当一个人具有真实的信念和对正义理论的一种正确理解时，这两种欲望以同样的方式推动他。"（*TJ*, 572/501 rev.）换言之，正义感本身成了人们价值系统中最高的价值，因为它是表现我们真我的主要条件。当正义感和其他动机发生冲突时，前者具有绝对的优先性，因为"为实现我们的本性，除了设法保持我们的正义感作为指导我们其他的目标外,别无他选。如果正义感只是作为众多欲望的其中一种,并与其他目的妥协或平衡,它便不可能被真正实现"。(*TJ*, 574/503 rev.)至此,罗尔斯声称稳定性问题得到圆满解决,《正义论》全书论证亦告完成。

七

《正义论》出版后,对它的评论汗牛充栋,我在这里不拟逐一介绍回应。[37]以下我只就《正义论》理论内部提出几个大的问题,供读者思考。而在接下来的文章中,我将就这些问题提出分析和批评。

第一,罗尔斯的正义理论宏大复杂,系统性强,其道德基础却相当简单:社会是自由平等的个体走在一起的公平合作体系。一个公正的社会,必须体现这种理想。这个理想包含三个重要价值:自由、平等和公平合作。人首先理解自身是自由的理性主体,并且彼此平等,然后在此基础上建立公平的社会关系。为什么这样的社会合作值得追求?它所呈现的,是怎样的一种政治道德想象?这种想象,能否很好地把握现代社会的基本价值,同时有效回应现代社会的挑战?

第二,罗尔斯希望借助原初状态这个假然契约的设计,论证他的两条正义原则是对上述的公平社会合作的最佳诠释。他希望证明,在一系列对原初状态的条件制约下,理性立约者会一致接受他的原则,从而完成道德证成的工作。例如他说:"在契约论中,严格而言,所有论证都要通过原初状态中的理性选择给出。"(*TJ*, 75/65 rev.)这里带出几个问题:

(1)如果契约的结果只是在诸多制约下某种假设性的"同

意"(consent),那么契约论的证成力量从哪里来?

(2)即使我们接受契约论的构想,为什么罗尔斯对立约条件的描述是最合理的?

(3)即使我们接受原初状态的描述,为什么罗尔斯的两条原则是最理性的选择?

(4)即使是最理性的选择,为什么它们同时也是道德上最合理可取的选择?

第三,罗尔斯将基本自由放在正义原则第一位,只要不违反他人相同的权利,个人有充分自由根据一己意愿选择自己的生活方式和宗教信仰。在什么构成美善生活这些根本问题上,国家保持中立。罗尔斯认为,这是尊重个人自主(personal autonomy)和回应多元社会的最合理妥当的方式。问题却在于,从道德的观点看,个人自主为什么那么重要?它是构成幸福生活不可或缺的一部分吗?自由主义主张中立性原则,是否预设了某种价值主观主义,甚至虚无主义的立场?

第四,差异原则是罗尔斯理论中最独特、同时引起最多争议的原则。如果我们撇开原初状态中的理性博弈不论,差异原则的道德基础在哪里?道德平等能够直接推导出差异原则吗?

第五,稳定性问题在《正义论》举足轻重,而且是罗尔斯后期理论转向的主因,但却一直备受学界忽略。[38]为什么罗尔斯如此重视稳定性?稳定性和政治正当性、道德证成之间有何关系?而罗尔斯后来又为何要放弃德福合一的进路,改为主张政治自由主义?

以上五大问题,我认为是理解《正义论》的关键,我将在本书逐一探讨。在自由主义传统中,《正义论》是迄今为止最富原创性、论证最严密,同时洞见最多的一部巨著。或许有人认为,罗尔斯的理论过于抽象和理想化、脱离历史,对现实政治没有任何影响。这显然是种误解。如果读过原著,读者当会发觉罗尔斯的理论充满对现实世界的批判。他尊重个体,重视人权,反对效益主义和任何形式的集体主义对个人的压迫;他主张平等,认为正义是社会的首要德性,并致力追求一个共同富裕、机会平等的社会;更重要的,是他相信凭借人的理性能力和道德能力,人类可以建立一个自由民主的理想社会。这些政治主张及背后的道德理念,值得所有人重视。正如柯亨(G. A. Cohen)所言,《正义论》之所以伟大,是因为罗尔斯真正能够将时代精神把握在思想之中,并充分体现了自由主义左翼或社会民主主义的自我意识。[39]诚哉斯言!

【注释】

1. 拉士略在 1956 年有"政治哲学已死"之叹。伯林在 1962 年则感慨二十世纪没有产生任何重头的政治哲学著作。Peter Laslett (ed.), *Philosophy, Politics and Society*, First Series (Oxford: Blackwell, 1956), p. vii; Isaiah Berlin, "Does Political Philosophy Still Exist?", in *The Proper Study of Mankind* (London: Pimlico, 1998), p. 59. 有关二十世纪政治哲学的发展及《正义论》在其中的位置,可参照 Philip Pettit, "The Contribution of Analytic Political Philosophy", in *A Companion to Contemporary Political Philosophy*, ed. Robert Goodin and Philip Pettit (Oxford: Blackwell, 1993), pp. 7–38。

2. Robert Nozick, *Anarchy, State, and Utopia* (New York: Basic Books, 1974), p. 183.

3. 例如柯亨（G. A. Cohen）近年出版的作品，全书主题仍是讨论和批评《正义论》中的论证，可参见 *Rescuing Justice and Equality* (Cambridge, Mass.: Harvard University Press, 2008)。
4. 有关罗尔斯的生平，可参考 Thomas Pogge, *John Rawls: His Life and Theory of Justice*, trans. Michelle Kosch (New York: Oxford University Press, 2007), pp. 3–27。
5. John Rawls, "50 Years after Hiroshima", *Dissent* 42 (1995), pp. 323–327.
6. Rawls, "A Study in the Grounds of Ethical Knowledge: Considered with Reference to Judgments on the Moral Worth of Character", PhD diss., Princeton University, 1950.
7. 其中包括 Joshua Cohen, Allan Gibbard, Jean Hampton, Barbara Herman, Christine Korsgaard, Thomas Nagel, Onora O'Neill, Thomas Pogge, T. M. Scanlon。
8. Rawls, *Political Liberalism* (New York: Columbia University Press, expanded edition, 2005).
9. Rawls, *The Law of Peoples* (Cambridge, Mass.: Harvard University Press, 1999).
10. Rawls, *Lectures on the History of Moral Philosophy*, ed. Barbara Herman (Cambridge, Mass.: Harvard University Press, 2000); *Lectures on the History of Political Philosophy*, ed. Samuel Freeman (Cambridge, Mass.: Harvard University Press, 2007).
11. Rawls, *Justice as Fairness: A Restatement*, ed. Erin Kelly (Cambridge, Mass.: Harvard University Press, 2001).
12. 关于此点，可参考 Norman Daniels, "Introduction", in *Reading Rawls* (Stanford, California: Stanford University Press, 1975), p. xxxv。
13. Jürgen Habermas, "Reconciliation through the Public Use of Reason: Remarks on John Rawls's Political Liberalism", *The Journal of Philosophy* 92 (1995), p. 109.

14. 我将 liberalism 译为"自由主义左翼"(其后会简称为自由主义),以便和"放任自由主义"或"自由主义右翼"(libertariansim),又或"新自由主义"(neo-liberalism) 做出区分。在欧洲,liberalism 的政治主张较为接近"社会民主主义"(social democracy) 的立场。不过,这些政治光谱的划分,很易遭过度简化和误读,因为在不同文化、不同语境下,所谓左右之分常有不同指涉,而持有相近政治立场的思想家,对于立场背后的理由,亦可能差别很大。读者如欲评价某位哲学家的观点,最好是先阅读原典,准确了解他的论证,然后才下判断,否则会很易因为哲学标签而简化问题。

15. 有关正义的背景的重要性,书中并未提及,但其后在"The Basic Structure as Subject"一文中,罗尔斯却特别强调这一点。此文收在 *Political Liberalism*, pp. 257-288。

16. 所谓人生观,即是我们一般所称的人生计划,包含特定的终极目标 (final ends),并以此将不同的欲望和信仰有系统地排定次序,例如一个人所持的宗教、道德以及世界观等。一般的译法,是将 conception of the good 译为"善的观念";我认为不太贴切,因为"善"在中文里含有道德上好的意思,但在这里却没此意涵。

17. 见"The Basic Structure as Subject", pp. 268-269。

18. 见修订版前言,p. xiii。修订版虽然作了部分修改,但更完整的说明,可参考后来的"Social Unity and Primary Goods", in *Collected Papers*, ed. Samuel Freeman (Cambridge, Mass.: Harvard University Press, 1999), pp. 359-387。下文的讨论以此文章为本。

19. 罗尔斯后来称这也是必要条件。见"The Basic Liberties and Their Priority", in *Political Liberalism*, p. 302。这里亦须留意,罗尔斯强调的是能力或潜力,而不是其实现(realization)。人们实现这两种能力的程度差异,并不影响他们平等的道德地位。

20. 最高序意味着在各种欲望中，它们扮演规约性（regulative）的角色，具有价值上的优先性。

21. Rawls, "Social Unity and Primary Goods", p. 367.

22. 于第四节详述。这个对道德人的理解，是罗尔斯《正义论》的核心。但他为什么特别重视这两种道德能力，书中其他部分将有探讨。

23. 储蓄原则和代际正义（intergenerational justice）有关，牵涉该留多少资源给后代的问题。本章不作特别讨论。

24. 原文是："First Principle: Each person is to have an equal right to the most extensive total system of equal basic liberties compatible with a similar system of liberty for all. Second Principle: Social and economic inequalities are to be arranged so that they are both: (a) to the greatest benefit of the least advantaged, consistent with the just savings principle, and (b) attached to offices and positions open to all under conditions of fair equality of opportunity." *TJ*, 302/266 rev..

25. 不少人将 utilitarianism 译为"功利主义"，并不妥当。因为效益主义是一种利他主义的理论，以极大化社会整体利益为目的，而功利主义在中文语境中却和"自利主义"（egoism）的意思相近，有负面意思。

26. 在本书第六章《正义感的优先性与契合论》中，我对此提出了不同看法。在那里，我认为罗尔斯的理论采纳了一种"古典目的论式"的结构。

27. 在此处，自利或互不关心并没有中文中"不道德的"的含义，而表示立约者只全心全意关心及促进自己的利益；而理性则是指工具理性或经济理性，即一个采取最有效方式达到既定目的的选择，便属理性的选择。

28. 《正义论》初版对这两点并没有十分明确的表述，这里的说明是根据他后来的诠释。但我认为这和书中整个理论完全一致。

29. 这是《正义论》修订版中提出的新论证。

30. 读者或会问，既然幸运者有足够的道德动机，为何仍然需要经济诱因？那岂非承认了罗尔斯笔下的"道德人"也有自利的一面，而由此推导出来的差异原则，又会否只是道德上的妥协？这确是罗尔斯理论中一个重要问题，对此有兴趣的读者，可参考本书第二章《道德平等与差异原则》。

31. 这是哈特在 1973 年提出的质疑，参见 H. L. A. Hart, "Rawls on Liberty and its Priority", in *Reading Rawls*, pp. 249-252。

32. 罗尔斯对此点的说明，见 "The Basic Liberties and Their Priority", p. 371。

33. 对不同契约论性质的分类，见 Chandran Kukathas and Philip Pettit, *Rawls: A Theory of Justice and its Critics* (Cambridge: Polity Press, 1990), Chap. 2。

34. 对此问题的详细讨论，可参考本书第五章《稳定性与正当性》、第六章《正义感的优先性与契合论》。

35. 详细讨论见 *TJ* 第 29、76 节。

36. 详细讨论见 *TJ* 第 70—73 节。

37. 以下两套书，颇齐全地收集了评论罗尔斯的重要文章。Henry Richardson and Paul J. Weithman (eds.), *The Philosophy of Rawls: A Collection of Essays*, 5 vols. (New York and London: Garland, 1999); Chandran Kukathas (ed.), *John Rawls: Critical Assessments of Leading Political Philosophers*, 4 vols. (London and New York: Routledge, 2003)。

38. Rawls, *Political Liberalism*, pp. xvii-xix。

39. Cohen, *Rescuing Justice and Equality*, p. 11。

第二章　道德平等与差异原则

一

自由主义重视平等。自由主义相信，人作为人，具有同样的尊严与价值，因而应该受到政府平等对待，并享有某些基本权利。这是美国独立革命及法国大革命以来，民主社会最根深蒂固的信念。[1] 托克维尔（Alexis de Tocqueville）早在 1835 年已指出，追求平等是现代一场不可抗拒的革命。他甚至认为："平等原则的逐渐发展，乃是一个天意使然的事实。它具有天意使然的事实的一切主要特征：它是普遍的，它是持久的，它经常躲开一切人为干涉，而一切事件和一切人对它的进展都做出了贡献。"[2] 时至今日，平等的理念已广泛体现于民主社会各个领域，例如平等的政治及公民权利、法律面前人人平等、性别种族平等，以及工作上的平等机会等。唯有在经济领域，贫富悬殊问题在很多民主国家却有愈趋严重之势。全球分配不均的情况，更已达到触目惊心的地步。[3]

如果自由主义笃信道德上人人平等，怎么可以容忍如此巨大的贫富差异？如果一个重视平等的自由主义者要替资本主义的经济不平等辩护，便必须提出理由，论证贫富差异在何种情况下及多大程度上是道德上可以接受的。

对于这个问题,自由主义者通常有以下几种回应。第一种观点认为,在崇尚自由竞争的经济领域,只要有最低度的机会平等便已足够。如果政府能够保证人们不会因为种族、性别、年龄等差异而受到歧视,那么由市场竞争导致的收入不平等无论有多大,也不违反平等的精神。这种观点最大的不足,是对机会平等的理解过于单薄和形式化,忽略了人们的天赋能力、家庭及阶级背景的差异导致的机会不平等。再者,为什么平等的理念必须被限制在这种平等观上,本身也有待论证。

第二种观点认为,自由主义最重视自由和个人权利,而一个最少干预的市场经济制度,则最能平等地保障每个人的自由和私有产权。任何由政府进行的财富再分配,都会侵犯这些权利。道德平等所要求的,是平等的自由权,而非更大的经济平等。问题在于,这样一个小政府大市场的制度,并不见得最能够平等地保障或促进每个人的自由。相反,无限制的市场竞争和资本累积,却会导致贫者愈贫、富者愈富,从而使很多低下阶层的人,丧失有效实践各种自由的条件,又或自由本身。[4] 再者,这种纯以行动者为中心的(agent-centered)分配正义观,只强调自由选择及支配个人财产的优先性,对于人类生活中存在的很多道德义务和限制,并不能做出充分解释。[5]

第三种观点干脆避开平等问题,只考虑经济效率。例如有人会说,追求经济平等会削弱人们的经济动机,减低他们的工作及投资意欲,窒碍经济增长,最后对所有人都没有好处。这种说法十分流行,却并不是那么站得住脚。首先,人的动机并非固定不变。我们不必否定人有自利之心,但却不表示人的所有行动都是由自利推动,因为我们同时也有正义感和服从道德原则的欲望。第二,一个人道德动机的强弱,和一个社会的文化、教育以至基本制度有莫大关系。第三,即使不平等分配可以产生足够的经济诱因,却不表示它必然对所有人均有好处。它可能只对一部分极为富有的人有利,却损害大多数人的利益。相反,一些高税收高福利的国家,虽然经济增长较慢,但整体生活质素却可能较很多实行放任资本主义制度的国家高得多。第四,"不平等分配促进经济发展"这个前提亦未必正确,因为过度的贫富悬殊,往往会对经济发展带来反效果。[6]

第四种观点,则采取一种调和、妥协的立场。毕竟,很少自由主义者会认为毫无节制的资本主义所导致的幼无所养、老无所依、阶级严重分化的社会,真的能够体现人人平等的理念。于是,部分自由主义者遂赞成一定程度的财富再分配,并透过资助教育、医疗服务以及提供失业保障等,令老弱贫病者的基本需要得到保障。这种观点,相当类似于福利社会的理念。但我们要留意,支持社会福利和重视平等未必有直接关系,而可以纯粹是出于人的同情心或社会稳定的考虑。退一步,即使这种观点隐含了道德平等,财富再分配的程度亦可能相当有限,因为他们担心,高税率下的福利社会,一方面会损害私有产权,并对那些在市场竞争中占优势的人不公平,另一方面亦会削弱经济效率。就此而言,社会再分配纯是一种妥协:既然平等、私有产权和经济效率三者均重要,而三者又难以调和,唯有在其中寻求折衷平衡。平等只是众多可欲价值的其中一种,没有必然的优先性。[7]

罗尔斯在《正义论》中认为,对于重视平等的自由主义来说,以上为资本主义的贫富差距的辩护,都不成立。罗尔斯提出,只有在对社会中最弱势的人(the least advantaged)最为有利的情况下,经济不平等分配才可以被容许（*TJ*, 322/266 rev.）。这就是他所说的"差异原则"（difference principle）。任何以社会整体利益、私有产权、应得（desert）、自利动机或经济效率等来为分配不平等辩护的理由，都不成立。所谓最弱势者，是指那些由于禀赋能力较差、来自低下阶层或贫困家庭，又或由于在生活中运气较差、从而成为社会中收入最少或社会阶级最低的人。[8]差异原则实则意味着：除非一个不平等分配能够同时改善受益最小者的生活境况，否则平等分配将更为可取（*TJ*, 75/66 rev.）。罗尔斯相信，一个满足差异原则的社会，虽然仍然存在分配不平等的情况，但不平等的程度会较今日西方福利社会还要低得多。罗尔斯称此为一个"民主式的平等"（democratic equality）的社会。

如果差异原则成立，自由主义便可以一方面对资本主义的贫富悬殊做出批判，另一方面却又不必接受社会主义式的结果平等。更重要的是，罗尔斯声称，差异原则是一个立足于道德平等、并从平等的理念直接推导出来的结果，而非对人的自利动机或其他价值的妥协。

但为什么一个正义的社会分配，必须要得到最弱势者的同意？道德平等和差异原则之间，存在怎样的内在关系？这种平等观是否合理？这是本章要探讨的问题。

本章篇幅相当长，主要分为两大部分。第一部分试图诠释和重构罗尔斯的论证，第二部分则就这些论证提出批评。第一部分将指出，差异原则的证成包含三个主要步骤：

（1）论证人在道德上是平等的，因而应受到平等的对待（第二节）。

(2) 论证在决定正义原则时，个人所属的阶级背景及自然禀赋应被排除出去，因为从道德的观点看，没有人应得这些优势。更进一步，个人自然禀赋（natural endowments）的分配应被视为社会的共同资产（第三、四节）。

(3) 论证如果（1）及（2）两个前提成立，将推导出差异原则（第五节）。

在这部分，我集中分析罗尔斯对"道德应得"的看法，并批评对差异原则的一种主流诠释，即认为差异原则追求的是更彻底的机会平等，并将"环境/不应得 vs. 选择/应得"对立的观点。

在紧接着的第二部分，我将就上述三个步骤提出批评。在第六节，我首先指出罗尔斯以人的自然能力来论证道德平等，面对难以处理的内在困难；而其康德式的对人的理解，则令其契约论变得多余，及难以回应合理多元主义的挑战。在第七节，我将批评罗尔斯视自然禀赋的分配为共同资产的论点，和他强调的个体独立之间，存在难以化解的内在张力。最后在第八节，我指出差异原则下可容许的不平等分配的程度，和人们的动机系统密不可分，从而有可能导致差异原则成为人们自利动机的某种妥协，并因此而和罗尔斯主张的平等精神不一致。如果我的论证成立，则显示差异原则虽然对贫富悬殊问题提出了强而有力的挑战，并为社会资源分配提供了一个新颖的视野，但依然未能解决自由主义和资本主义之间的张力。

二

罗尔斯的正义理论的最大特色，是对平等的重视。他多番强调,他整个理论建基在一种对社会的特定理解之上,即视社会为公民之间的一个公平合作体系。而公平合作的必要条件,是合作成员之间必须彼此平等。人与人之间虽然有很多差异,但就作为自由人这一道德身份而言,每个人是平等的,并享有同样的权利决定社会合作的基本原则。

罗尔斯的主要目的,是希望证成一组正义原则,体现这种立足于平等的公平合作。而他提出的"原初状态"(original position)正是这样一种程序,其最显著的特点是透过一层"无知之幕"(veil of ignorance),确保立约者处于平等的位置。正如他说:"原初状态中的各方人人平等,是合理的假设。也就是说,所有人在选择原则的过程中,享有同等权利……很明显,这些条件的目的,就是要体现作为道德主体之间的平等——体现作为具备价值和正义感能力的存在物之间的平等。"(*TJ*, 19/17 rev.)我认为,罗尔斯有这样的理论思路:先有一种对平等道德人的理解,继而设计出体现这种道德人的假然契约,最后推导出他的正义原则。如他所言:"我们接受一套体现某种正义观的原则,同时也是接受一种有关人的理想(an ideal of the person);而在依原则行事时,我们其实是在实践这种理想。"[9]这种道德人的理想,在最根本上决定社会合作的基本原则,并决定人们的行动。罗尔斯对此说得很清楚:"当我们清楚地在日常生活中按照正义原则行动时,我们有意识地预设了加诸原初状态的各种限制。对那些既有能力,又有意愿如此行动的人来说,这样做的一个原因,正是表现他们作为自由平等的理性存有的本质(nature as free and equal beings)。"(*TJ*, 253/222 rev.)因此,要了解差异原则的证成,我们必须先了解他对平等的道德人的看法。[10]

但在此之先，让我们先对"平等"这概念有个基本认识。平等是一比较性概念，存在着一种三角关系（triadic relationship）。当 A 和 B 被视为平等时，即表示相对于某一特性 P（property），两者是等价的。例如当我们说两个人同样聪明，有同样高度，又或表现同样出色时，都隐含了这种关系。而当平等应用于规范性的正义问题时，则存在一种四角关系（quadratic relationship），即当 A 和 B 相对于某一规范性的特性 P 而彼此平等时，A 和 B 应该受到某种平等的对待 T（treatment），又或得到相同分量的奖罚。以联合国《世界人权宣言》第一条为例，它宣称由于所有人生而具有同样的理性和良知（P），因此人人平等，从而应该享有相同的基本权利（T）。当然，这个概念本身是纯粹形式化的，我们必须先清楚 P 及 T 的实质内容，才能判断该规范原则是否合理。

罗尔斯认为，道德平等的基础是由于我们最低限度地拥有两种能力，因而被视为道德人（moral persons），并由此应该享有平等的权利。他说：

> 道德人有两个主要特点：第一是他们能够拥有（也被设想为拥有）一种关于他们人生观（conception of the good，表现为一个理性的生活计划）的能力；[11] 第二是他们能够拥有（也被设想为获得）一种正义感的能力，即至少在最低程度上，能够在一般情况下有效地应用及依从正义原则行事。我们用原初状态中对人的描述，勾勒出将被选择的正义原则所应用的对象……于是我们看到，这种道德人格的能力，是配享得平等正义的资格的充分条件（sufficient condition for being entitled to

equal justice)。(*TJ*, 505/442 rev.)

具体点说,第一种能力是指一种形成、修改及理性地追求不同人生观的能力。只有拥有这种能力,人才可以自主地选择自己的人生计划,过自己认为值得过的生活。第二种能力是指能够了解、应用并依正义原则行事的能力。这种能力令我们可以做出自主的道德判断,参与订立及自愿接受正义原则的规范。罗尔斯认为,作为经验事实,绝大部分人在正常环境下,成长到某一阶段,自然拥有这两种能力。更重要的是,虽然发展这两种道德能力的程度,人人各有不同,却不妨碍人们作为平等的道德人的资格,因为关键是人们具有作为道德人的潜能,而不是该潜能实现的程度。"一个拥有这种能力的人,无论其能力是否已经得到发展,都能得到正义原则的彻底保护。"(*TJ*, 509/445-446 rev.)因此,虽然人们存在着种种先天和后天的差异,但就作为理性能动者(agent),可以自主地形构人生计划和服从道德原则的能力这点而言,我们是平等的。

这两种道德能力,还有另一个重要作用,就是界定所谓"自由人"(free person)的概念。罗尔斯认为,当人们拥有这两种能力,便应被视为自由的道德主体,也即被视为有能力选择及修正他们的人生观,并对自己的选择负责。当然,这不表示我们的选择必然正确,亦不意味我们能够随时将自己完全抽离于所属的传统文化,而是我们拥有这种做出自主选择的能力。自由人的另一表现,是作为一个有道德意识的主体,我们有能力及权利,提出自己对正义原则的诉求及看法,并接受这些原则的规范。道德原则并非外在权威强加于我们身上,而是需要得到我们的认同和接受。

罗尔斯进一步提出,由于我们极度重视自由人的身份,我们会赋予道德人两种较高序列的旨趣(higher-order interests)去发展这两种道德能力。[12] 所谓较高序列,是指相较于第一序(first-order)的目的及欲望,这些旨趣具有优先性。"它们被视为基本的,因而通常也具有规约性(regulative)及有效性。"[13] 这表示我们应该视发展及实践这两种道德能力为我们的最高目标。罗尔斯甚至说,在原初状态中,"作为公民代表的各方,将采取能够使这些能力得到充分发展和实践的那些原则"。[14]

由此可见,这两种道德能力最少扮演三重角色。一、界定人人平等的基础;二、界定自由人的内涵;三、界定我们共同的、较高序的道德旨趣。罗尔斯所谓的"自由平等的道德人"中的自由和平等,实际上同出一源,都是系于人的这两种能力。但我们须留意,自由和平等扮演的角色并不相同。自由指涉的是个人的一种特定状态,可以独立于其他人而被界定。平等指涉的却是人与人之间存在的某种规范性关系。如果我们接受道德上人人平等,并同意以此作为正义原则的证成基础,那么它会从一开始便规限自由、机会以及财富等各种"基本有用物品"(primary goods)的分配方式。例如基本自由(basic liberties)必须以平等的方式分配,而不可以因一个人的阶级、财富及权力的差异而有所分别,因为这有违道德平等的理念。就此而言,基本自由和平等属于不同序列。[15] 基本自由是第一序价值(first-order value),就像机会和财富一样,分配得愈多,对实践人们的人生计划愈有利。平等却是第二序的,它规范了第一序价值的分配方式。

总结而言，罗尔斯认为这两种能力界定人的道德身份，并以此作为参与社会合作的基本标准。虽然人拥有不同身份，但真正界定人的本性（nature）的，不是特定的信仰和人生观，也不是其他能力，而是这两种道德能力。因此，在考虑正义原则时，我们只需从"人皆有道德能力"这一点看彼此的关系，视所有合作者具有同样价值，享有平等的道德地位。"唯一具决定性的偶然因素，是具有或不具有一种正义感的能力。"（*TJ*, 511/447 rev.）罗尔斯承继康德式的对人的诠释（Kantian interpretation）。泰勒（Charles Taylor）对于这种"人观"曾有很好的说明：

> 平等尊严的政治，是基于所有人都值得平等尊重这种理念。支持这种理念的理由，是基于由于人的某些内在特质，从而值得尊重的说法——无论我们想如何努力回避这种形而上学背景。康德对于**尊严**（dignity）这个词的用法，是对这个极具影响力的理念的最早的召唤。他认为，内在于人从而值得尊重的，是我们作为理性的主体的身份，也即我们具有通过原则来指导生活的能力。……因此，在这里何谓有价值的，是一种**普遍性的人类潜能**（universal human potential），一种全人类分享的能力。正是这种潜能，而不是其他可能构成人的东西，保证每个人都应受到尊重。[16]

按照同样思路，罗尔斯认为内在于人的两种道德潜能，是构成平等尊重的基础，而平等尊重则成为规范社会及政治关系的基本前提。罗尔斯又认为，他的平等观具有自然权利理论的色彩，因为权利的基础是基于人的自然特征,而非基于社会习俗或法律规范,同时这些权利具有一种特殊的道德力量,令其他价值通常不能凌驾其上(*TJ*, 506/443 rev.)。德沃金(Ronald Dworkin)更指出,假然契约在《正义论》并不扮演任何证成的角色。真正重要的,是罗尔斯坚持每个个体必须得到政府的平等关注和尊重,坚持这是"一种不是由于出生、个人特征、功绩或卓越而拥有的权利,而是仅仅由于作为能够订计划和授予正义的个人而拥有的个人权利"。[17] 罗尔斯对此完全同意。"人人平等体现于下述假定:在决定规范他们的社会的基本安排的原则时,他们每个人均有,也视自己具有被平等尊重及关注的权利(a right to equal respect and consideration)。"[18]

以上讨论显示,罗尔斯整个理论的出发点是道德平等。一个公正的社会合作,必须尊重及体现人人平等这个理想。但单从道德平等的理念,并不能直接推导出实质的社会正义原则。因为什么样的正义原则才最能够将平等尊重的内涵表现出来,可以有不同演绎。例如诺齐克认为,真正体现平等精神的,是保障每个人有同样的自由运用和支配自己的能力和财产,其他人不应进行任何干涉。效益主义却认为要平等地将每个人的快乐或喜好计算一次,然后将其加总,再看哪一分配能够产生最大净值。[19] 所以,要从道德平等推导出差异原则,罗尔斯有必要对平等的理念,做出更多实质性的说明和规定。

三

承接上一节的问题,罗尔斯认为,基于平等的考虑,当我们在决定正义原则时,个人自然禀赋(natural endowment)、社会阶级及家庭背景导致的不平等，必须被排除出去。他声称，从道德的观点看，这些差异都是任意偶然的结果，没有人应得由这些差异所导致的不平等分配。只有在这样一个公平的条件下，得出的原则才符合正义。[20] 罗尔斯深信，一旦我们接受这种道德信念，差异原则将是最合理的选择。"如果我们打算寻找一种正义观，它能防止使用自然禀赋和社会环境这些偶然因素，来作为追求政治及经济利益的有利条件时，我们将得出这些原则。它们所体现的，是将社会世界中那些从道德的观点看，完全任意的（arbitrary from a moral point of view）方面排除出去的结果。"（*TJ*, 15/14 rev.）原初状态中无知之幕的设计，主要的目的是要体现这种信念。这是了解道德平等和差异原则两者关系的关键所在。

为什么从道德的观点看，自然禀赋及社会背景优势，不是人们所应得的？"应得"（desert）的基础是什么？[21] 差异原则要体现什么道德理想？这几个问题息息相关。我认为，既然罗尔斯声称自然禀赋的分配是不应得的，那他自然已有一种对"应得"的正面看法，这种看法则构成了所谓的"道德观点"，这个观点则和平等必然有紧密联系，而差异原则正好能恰当地体现这种观点。在这一节及下一节，我尝试将这种关系整理出来，并反驳一个对此问题的主流诠释。

为了帮助我们了解差异原则的目的，罗尔斯将他的观点和另外两种自由主义观作了一个对比。它们分别是"自然的自由体系"（system of natural liberty）、"自由主义式的平等观"（liberal equality）和他主张的"民主式的平等观"（democratic equality）。这三种观点的主要分歧，在于对自然禀赋及社会环境在分配正义中应扮演的角色有不同看法。自然的自由体系认为，只要一个制度保障了形式的机会平等，也即在法律上确保各种职位对所有人开放，每个人便可自由运用各自的天赋能力及社会优势，在市场竞争中争取最大的经济报酬。如果政府强行将他们的所得重新分配，则侵犯了他们的人身及私有产权。罗尔斯认为这种体系最不合理的地方，是它一开始就容许自然天赋及家庭出身等任意偶然的因素影响社会分配，从而影响人们的人生前景，令贫者愈贫，富者愈富（*TJ*, 72/63 rev.）。

"自由主义的平等"则尝试纠正"自然的自由体系"的弊端，主张尽可能将家庭及社会阶级造成的差异减到最低，使每个具有同样天资能力的人，能够有同样成功的机会。它的目标是创造一个"公平的平等机会"（fair equality of opportunity），让所有人都有实质的平等起步点。要做到这点，政府有必要提供平等的教育机会，防止财富过度集中，并将阶级流动的藩篱减到最低。严格地说，这是一种公平的精英制（fair meritocracy），社会环境尽可能公平，个人才能却容许自由发挥。罗尔斯认同"自由主义的平等"优于"自然的自由体系"，他的第二条原则中（b）部分便保证在公平的平等机会的条件下，职位与工作向所有人开放。尽管如此，他却认为这并不足够。一个合理的正义制度，不可以停留在这里，因为：

> 首先，即使它完善地排除了社会偶然因素的影响，它还是允许财富和收入的分配受能力和天赋的自然分配决定。在背景制度允许的限制下，分配份额是由自然博彩（natural lottery）的结果来决定。而从道德的观点看，这种结果是任意的。我们

没有更好的理由,容许收入和财富的分配受自然禀赋的影响,多于历史和社会的幸运因素。(*TJ*, 73-74/64 rev.)

这种对自然禀赋的看法,也许是罗尔斯整个理论中最激进、也最具争议性的观点。但为什么从道德的观点看,自然禀赋的影响不应被考虑进去?一种主流诠释认为,罗尔斯的目的是要将机会平等的理念进一步深化,消除自然禀赋对财富分配的影响,从而更根本地实现机会平等的理想。金里卡(Will Kymlicka)对这个问题的看法最具代表性。他认为,"民主式的平等"的目的是要将"环境"(circumstance)和"选择"(choice)作一根本区分。所谓环境,指的正是我们的自然禀赋和所属的阶级及家庭背景。这些因素完全不受我们控制,只是任意及偶然的运气使然,和选择无关。而任何由这些因素导致的不平等,都是不应得的。只有完全自主的选择,才是真正没有偶然性,并且需要我们为其负责。因此,由个人选择所导致的不平等是每个人应得的。"人们的命运,应该由他们的选择来决定,由他们所做的关于如何生活的判断来决定,而不是由他们偶然地跌陷进去的环境来决定。"[22]

这种诠释将机会平等、选择、责任和应得四者扣联起来,提供了一个直觉上相当吸引的图像。按这种说法,经济不平等主要有三个来源:社会环境、自然禀赋、个人选择。除了个人选择,前两者造成的经济不平等都是不公正的。因此,公正社会的首要任务,是创造一个真正机会平等的环境,补偿或消除人们因社会环境及自然禀赋造成的差异。至于由选择导致的不平等,社会则不应再作分配,因为这是个人应得的。金里卡认为,这是罗尔斯对正义问题的根本洞见。我在以下将论证，这种诠释并不合理，因为差异原则的目的并非要实现机会平等，罗尔斯亦不接受"自然禀赋涵蕴不应得vs.选择涵蕴应得"这种二分法。

首先，如果真正的机会平等是要将人们的社会环境及自然能力的差异减到最低，从而使最后的收入差异，变成纯粹由个人选择不同而导致的结果，那么差异原则根本不能达到这个理想。原因很简单，差异原则本身并不要求拉平或消除人们禀赋上的种种差异。相反，它容许不同天资的人，享有不同的财富收入。在一个满足差异原则的社会，天赋能力较高的人及其后代，总是较那些能力低的人享有更多机会和竞争优势。因此，从机会平等的标准看，差异原则似乎只是一个迫不得已的妥协或次佳选择。罗尔斯不可能接受这样的结论，因为对他来说，差异原则是最公正的原则。

可以想象有三种对上述观点的反驳。第一是诉诸现实的限制。这种说法认为，彻底的机会平等虽然是我们的目标，但在现实世界中却难以实现，而差异原则已是最接近这个理想的原则。诚然，没有人会否认实现机会平等的难度。不要说拉平人们自然禀赋的差异，就算要减低社会阶级的分别，也困难重重。罗尔斯也承认，只要有家庭制度存在，父母总会千方百计为子女提供最好的教育，因而令不同家庭的孩子有不同起步点。尽管如此，如果罗尔斯真的以机会平等为目标，他追求的应该是他所称的"补偿原则"（principle of redress）。"这种原则认为，为了平等地对待所有人，提供真正的平等机会，社会应该特别关注那些天赋较低和出生于社会较不利地位的人。这个理念旨在按平等的方向，补偿由偶然的因素造成的偏颇。"（*TJ*, 100-101/86 rev.）要达到这个目标，我们可以改变现时的家庭及教育制度、大幅度征收遗产税、反对私立名校制度等。对于天生资质较差的人，政府亦应额外给予他们更多资源，尽可能拉近他们能力上的差距。但罗尔斯指出，"差异原则当然不是补偿原则。它并不要求社会努力抹平不利的条件，仿如期待所有人在一场竞赛中，都站在公平的起跑点上一样。"（*TJ*, 101/86 rev.）所以，罗尔斯不会接受这种解释。

第二种回应则换一种方式，认为差异原则较补偿原则更能达到机会平等的理想。罗尔斯以下的说话常被引用加以佐证。"没有人应得他较高的天赋能力，又或应得一个较为有利的社会出发点。但由此不能推论出，我们应该消除（eliminate）这些差别。我们可以有另一种方式处理它们。社会基本结构可以被安排为利用这些偶然因素，为那些受益最小者谋求好处。"（*TJ*, 102/87 rev.）但罗尔斯这里并没有说，所谓另一种方式的目的，是为了机会平等。退一步，即使差异原则真的为最弱势者带来最大好处，亦不表示它是实践机会平等的最佳方式，因为它依然容许那些具优势者较最弱势者享有更多及更有利的机会。

第三种回应则认为，为了尊重个体的独立与分离，政府不应对自然禀赋做出分配。按机会平等的想法，为了使每个人在自然能力上有相同起步点，我们有必要用各种方法，将自然能力的差别尽可能减到最低。极端点说，如果技术上可行，我们甚至应将所有人的智商及其他能力变得平等。罗尔斯不赞成这样做，因为这会违反他强调的个体分离原则（separateness of individuals）。他因此说："即使禀赋的平等分配，看上来和平等的自由人的理念更

第二章 道德平等与差异原则 | 53

为一致，重新分配这些禀赋（假设是可能的）的问题依然不会出现，因为这和个体的完整性（integrity of the person）并不相容。"[23] 对罗尔斯来说，虽然自然禀赋的分配是偶然和不应得的，但我们却不应强行将它们再分配，因为这侵犯了个体的独立自主。但这个回应不仅没有削弱，反而加强了我的观点：即基于对个体独立的重视，罗尔斯根本不打算视拉平人们禀赋上的差异作为社会正义的一个要求。基于上述理由，我们可以肯定差异原则背后的道德关注，并非更彻底的机会平等。

四

既然如此，我们自然得追问，差异原则到底希望体现怎样的道德理想。关键之处，在于罗尔斯对"应得"的看法。他认为："没有人应得他在自然禀赋的分配中的位置"，因为"他没有任何基础提出这样的要求"（*TJ*, 104/89 rev.）。罗尔斯多次提醒我们，只要接受没有人应得他的天赋能力及社会出身这个前提，差异原则将是最自然的选择。但这两者的关系并非如此直接，因为即使自然禀赋并非个人所应得，亦不表示只有在对受益最小者最有利的时候，不平等分配才可以被容许；即使一个人的才能是上天之幸运眷顾，亦不意味由运用这些才能带来的经济成果，需要补偿给那些自然禀赋较差的人。所以，要知道差异原则的道德基础，我们有必要先了解"应得的观念"（conception of desert）在罗尔斯理论中的位置。这是本节要做的工作。

一如上一节指出，主流观点认为，应得的基础在于个人选择。自然禀赋之所以不应得，因为它的分配并非人们选择的结果。金里卡因此认为:"如果分配的不平等是个人赚取及应得的,也即是他们行动和选择的结果,那么这些不平等的社会财富分配,也是公平的。而那些由于任意和不应得的社会环境的差异导致的不利或特权,却是不公平的。"[24] 我以下将指出,这种将选择等同于应得、又或选择涵蕴应得的观点,并非罗尔斯的观点。

先让我们对"应得"这个概念有个基本了解。按照费伯格(Joel Feinberg)的分析,当一个人被视为应得某些待遇(treatment)或物品时,必然是由于他本人拥有的某些特征,又或之前做过的某些活动所致。[25] 例如当我们说一个学生应得某个奖学金时,通常是基于他的能力及之前的卓越表现,而非其他原因。如果颁发这个奖学金的目的是安慰该学生多病的妈妈,那么我们不会用"应得"来形容这个做法。简言之,应得必须有一个基础(basis),而构成这个基础的理由,必须和应得的主体密切相关。当然,这是相当形式的定义,因为不同活动可有不同的应得的基础。

我们须留意,罗尔斯所谈的应得,是狭义的、道德上的应得(moral desert),而不是我们平时常用、广义的应得的概念,例如应得的基础在于一个人的贡献(contribution)或努力等。一个人的行为在道德上应得某些奖惩,当且仅当它能够表现行动者的德性或道德品格(moral character),彰显出其内在的道德价值(intrinsic moral worth)或品行(merit)时。这个区分极为重要,因为正如博格(Thomas Pogge)指出,有很多在广义上被视为应得的东西,却和道德上的应得无关。"你或者穷你一生之力去写你的传记,从而应得国家图书奖,但就罗尔斯的意思而言,你仍然是不应得的——除非你的努力在某意义上确证了你的优越的道德价值。"[26] 就此而言,所谓从道德的观点看，个人禀赋的分配是任意偶然的而是不应得的，所指的是这些自然禀赋的高低和一个人的道德价值没有任何关系，因此在考虑社会正义原则时，这些因素应该被排除出去。

假设我们同意罗尔斯对应得的狭义界定，那么在人们的经济合作中，什么构成道德上应得的基础？按照金里卡的观点，那自然是我们的选择。但如果放在"道德上的应得"的语境下，那即表示由我们选择导致的任何不平等，都是应得的，因为它反映了我们道德品格上的差异。但这种观点并不合理。在一个竞争性市场制度中，即使两个人的禀赋和家庭背景完全一样，由于他们不同选择所导致的收入差异，和他们的道德品格高低并无必然关系，因为一个人的报酬高低，主要由市场的供应和需求决定。而市场价值的厘定，和一个人的努力、品行或德性没有必然的内在联系。最重要的，是看有多少人需要某人提供的服务，以及该服务的稀有性。市场的特点，在于它是一个非人格（impersonal）的机制，个人道德品行并非决定或解释个人所得的原因。因此，市场价值和应得是两回事。如罗尔斯所说："一个人的道德价值，无疑并不随着有多少人提供了类似的技能，或者碰巧他能生产的东西的情况而变化。没有人会认为，当对一个人的能力需求减少，又或这些能力退化时（例如歌唱家），他在道德上的应得（moral deservingness）也会经历类似变化。"（*TJ*, 311/274 rev.）

在这一点上，放任自由主义者和罗尔斯的观点相当一致。例如诺齐克在为资本主义辩护时，便干脆放弃应得这个概念，声称一个人有权得到多少，完全由市场的自由交易决定。例如篮球明星张伯伦（Wilt Chamberlain）凭他的超卓球技赚取巨额财富，纯是球迷喜欢看他打球、自愿付出较贵门票的结果,至于他是否应得那么高的收入,根本不在考虑之列。[27]哈耶克(F. A. Hayek)亦指出:"在一自由制度中,所给予的物质报酬应当与那些被人们所认为品行的东西相符合的做法或主张,一般来说,既不可取,亦不可行;而且一个人的地位未必就应该依赖其他人对他具有的品行所做的评价,可以说是自由社会一个基本特征。"[28]

当然平时人们也会说,只要一个人遵守现有制度设定的游戏规则,那么他最后赚取的报酬,都应被视为是他所应得的。罗尔斯称此为"正当的期待"(legitimate expectation),即在一个分配制度建立后,合作者在其中所得到的正当回报,我们亦可称此为"建制之内的应得"(institutional desert)。但在制度建立之前,个人天赋的差异和应得无关。

金里卡似乎并未留意到罗尔斯对应得的狭义理解,并假定罗尔斯接受了选择涵蕴应得的立场。[29]在政治哲学中,选择和广义上的应得之间的关系,当然十分重要,但这却不是罗尔斯本人的想法。再者,为了辩论起见,假设我们同意金里卡的分析,那么罗尔斯必然跟着认同有些行动是完全出于人的纯粹选择(pure choice),并由这里推导出差异原则。但如果我们细心观察一下差异原则,却发觉它完全没有规定只有那些非个人选择导致的不利处境才需补偿,而那些纯由个人选择导致的后果则必须完全由个人承担。事实上,这正是金里卡对罗尔斯的主要批评。[30]但这个批评如果要成立,必须假定罗尔斯早已接受"环境 vs. 选择"这样的区分。但罗尔斯在全书中,完全没有着墨于此,甚至认为要寻找完全不受环境影响的自主的选择,根本不可能。他说:

直觉上,最接近奖励道德上的应得的准则的,似乎是按努力来分配,或更恰当地说,按全心全意的努力来分配。不过,我们仍一再清楚地看到,一个人愿意付出的努力,仍然受到他的天赋能力和技巧,以及其他可能性的影响。在其他条件相同的情况下,**天赋较好的人更可能努力奋斗**,而且似乎用不着怀疑他们较为幸运。因此**奖励应得的想法不切实际**(impracticable)。(*TJ*, 312/274 rev.)

认为一个人应得能够使他努力培养他的能力的优越个性的断言,同样大有问题。因为他的个性培养,在很大程度上依赖于幸运的家庭和环境,而对此他不能声称有任何**功劳**(credit)。应得的观念(the notion of desert)看来不适用于这些情况。(*TJ*, 104/89 rev.)

从以上引文可以清楚见到,对罗尔斯来说,根本没有完全独立于环境之外的努力或纯粹的选择。那些表面看来是由个人努力或品格所导致的表现,归根溯源,和我们的自然能力及家庭环境分不开。既然后者是不应得的,前者自然也不应得。因此,金里卡所称的以努力或选择作为应得的基础,既非罗尔斯之意,亦非他的正义观所要追求的目标。[31]

罗尔斯将个人努力也从应得的范畴中排除出去,十分富争议性,亦和我们的道德直觉有出入之处。[32] 但道德上的应得在罗尔斯的理论中扮演什么角色?罗尔斯的答复令人诧异:"常识倾向于假设收入、财富和生活中一般美好的事物,都应该按照道德上的应得来分配……公平式的正义反对这种观念。"(*TJ*, 310/273 rev.) 换言之,他根本不打算引入任何"道德上的应得"的概念作为正义原则的基础。他又继而指出:"调节基本结构及规定个人义务和责任的正义原则,并不涉及道德上的应得,而分配的份额亦没有要与它相称的倾向。"(*TJ*, 311/273 rev.)为什么呢？"道德价值的概念不会提供分配正义的第一原则。因为只有在正义原则及自然义务和责任被承认后,它才能被引介进来。"(*TJ*, 312/275 rev.)罗尔斯认为,在考虑正义原则时,我们不应诉诸任何前于制度的应得的观念（pre-institutional conception of desert）,而必须建基于其他的程序及价值之上。而这进一步印证了罗尔斯不会接受"选择＝应得"的观点,因为它本身是一种前于建制的应得的观点,即在证成正义原则之前,已经先预设好了一个应得的标准,然后再以此衡量不同的正义原则。

罗尔斯的观点相当令人费解。自亚里士多德以来,对正义的理解,都是给予一个人所应得的。判断一个分配是否公正,必须视乎它能否满足对应得的要求。就此而言,应得的概念是正义分配的前提。我们一旦知道应得的基础,自然知道何谓正义。罗尔斯的观点却是,在未知道社会基本结构是否公正之前,我们不可能判断个别的分配是否公正,而前者却不能诉诸于任何道德上的应得——尽管我们可以运用道德应得的概念,将个人禀赋从原初状态中排除出去。

罗尔斯的策略,似乎是先给应得一个狭窄的道德上的定义,从而将很多有关广义上应得的论证排除出去,然后再基于**其他**理由,在论证时完全不考虑道德应得的观点。但这个策略值得商榷。首先,反对者会问:为什么他们必须接受罗尔斯这种对应得的狭义理解？为什么不可以说,一个公正的分配制度,必须给予一个人所应得的,而应得的基础可以是按贡献（contribution）、劳动力,或按工作的性质来分配？这些标准和我们深思熟虑的判断（considered judgment）不见得不相符。例如米勒（David Miller）指出："当我们争论一个雇员是否应得较他目前所赚的更高薪酬时，我们会提及他的技巧、他的责任、他为工作所付出的努力，但并非他的道德品格。显而易见，这类和社会正义有关的应得的讨论，甚少是道德上的应得。"[33]

罗尔斯对此的回应是：社会（society）不像社团（association），故没有宗旨或目标可言，因此无从界定"贡献"。[34] 即使如此，论者却大可回应，正因为社会本身没有共同目标，而是由无数社团组成，那社会分配的工作便不应由国家来进行，而该由社团按其内在的应得标准来决定。简言之，如果我们一开始就不同意罗尔斯对应得的狭义界定，并相信个人能力及努力是应得的恰当标准，并由此推出另一组正义原则，那么罗尔斯的策略将难以成功。

另一个相关问题是：如果罗尔斯认为不能用道德应得来建构正义原则，他为什么又可以用"个人禀赋在道德上不应得"为由来攻击"自然的自由体系"及"自由主义的平等观"？这似乎有点前后不一致。这个问题，罗尔斯在《正义论》中没有直接回应，但在晚年的《公平式的正义》中，却认为这是一个道德上的自明之理（moral truism），没有一个合理的整全性学说（comprehensive doctrine）能够拒绝这种观点，而且"这个评论不是从公平式的正义的内部来立论，因为它本身并不含有这个意义上道德应得的想法……道德应得总意味着凭意志认真付出的努力，有意图或意愿而做的事情——这些都和我们在自然禀赋的分配中的位置，或出身于什么社会阶级没有关系"。[35]

罗尔斯这个回应难以令人信服。首先，这不见得是自明之理。在一个服膺自由竞争的资本主义社会，很多人相信个人在道德上应得自己的先天禀赋。而在政治哲学讨论中，不少哲学家亦不认同道德应得能够和个人天赋能力互相分离。例如休谟（David Hume）就不接受道德德性和天生的个人优秀品质可以截然二分。[36] 又如诺齐克指出，如果道德应得背后的基础本身必须也是应得的话，那么如此往后追溯，则根本没有应得可言，因为任何有关应得的诉求，最后必须建基于一些本身不是应得的东西之上。[37] 既然不是自明之理，同时又有那么多不同意见，罗尔斯很难说这不是从"公平式的正义"内部做出的判断。无论如何，它不可能是个中立的、人人接受的道德观点。

既然如此，罗尔斯为何非要将有关应得的考虑从道德证成中排除出去？罗尔斯后来的解释，是和合理的多元主义（reasonable pluralism）有关。他认为，如果要决定道德应得的基础，便要预设一个整全性的道德学说，而这却是政治自由主义必须避免的，因为它不可能达到交叠共识（overlapping consensus）的目标。因此，"在考虑分配正义问题时，以道德价值（moral worth）来作为标准，是极度不切实际（utterly impracticable）之事"。[38] 这个回应，同样难以令人满意。如果任何有关道德应得的观点，均必然预设了某种整全性的人生观，那正如上面指出，公平式的正义亦难以回避这个问题：它正预设了一种特定的看道德应得的观点，并且以此来为他的契约论设计辩护。再者，即使道德应得的基础充满争议，却不代表在分配正义中，广义的应得的基础同样要预设特定的人生观，因此而无法得到社会大多数人的认同。

讨论至此，我们见到罗尔斯根本不打算以任何应得的理论去证成差异原则，因此金里卡的诠释并不准确。但罗尔斯似乎又无法提出一个有说服力的解释，为什么所有有关个人应得的观点，都不适用于作为社会正义原则的基础。我认为答案另在他处。不过，为讨论起见，让我们先接受罗尔斯的观点，然后问：既然天赋能力不是我们所应得的，那么使用这些能力创造出来的物品，最后该属何人？差异原则要求，只有在对最弱势的人最有利的时候，那些能力占优的人，才可以获分配更多。有人马上会质疑，即使天赋能力在道德上不是"我"所应得的，却不表示其他人有权分享"我"生产出来的经济成果。如果我是自己的主人，拥有自己的身体，并有权决定如何使用属于自己的能力，再加上后天的努力，那么我为什么不可以较其他人更有道德资格获得这些成果？有人或会回应，因为我们需要别人的合作，从而有责任将合作成果按各自贡献的比例加以分配。这个说法虽有道理，但却不足以支持差异原则。因为差异原则根本不考虑这些社会最弱势者对合作的贡献有多大。事实上，在现实生活中，最弱势者往往在经济合作中贡献最小。差异原则却要求，任何的经济不平等必须对他们最为有利。

因此，要支持差异原则，罗尔斯有必要论证，自然禀赋不仅不是我们道德上应得的，而且在考虑正义原则时，没有参与者有权利声称较其他人更有资格取得善用自己的自然禀赋带来的收益。罗尔斯事实上提出了这样的一种观点，即视自然禀赋的分配为社会共同资产的看法。让我详引其文，以说明他的观点：

(1) 差异原则实际上代表一种共识：即在某些方面视自然

才能的分配为**共同资产**（common asset），并分享由于这种分配的互相补足而可能达致的更大的社会及经济利益。那些已受上天眷顾的人，无论是谁，只有在改善那些不幸者的处境的条件下，才可以享受好运带来的得益。在天赋上占优势者，不能仅仅因为他们天分较高而得益，而只能通过抵消训练和教育的成本，以及利用他们的天赋帮助那些较不幸者而得益。没有人**应得**他较高的自然能力，一如没有人应得在社会中一个较为有利的出发点一样。（*TJ*, 101/87 rev.）

（2）透过接受差异原则，他们（自然禀赋较差的人）将那些较佳的能力作为**社会资产**（social asset）来看待，并用来促进**共同利益**（common advantage）。（*TJ*, 107/92 rev.）

（3）正如我评论过的，两条正义原则等于承诺视自然能力的分配为一种**集体资产**（collective asset），以致较幸运者只有在帮助那些较不幸者的情况下，自己才可以获利。（*TJ*, 179/156 rev.）

由以上引文见到，罗尔斯先后用了"共同资产"、"社会资产"和"集体资产"来形容人的自然能力的分布，以及它和差异原则的直接关系，可见这个观念在罗尔斯理论中的重要性。罗尔斯相信，天赋能力以不平均的方式，随意分布在各人身上，但这种分布纯属偶然，没有任何道德上的必然性。更进一步，罗尔斯强调，这些自然禀赋的分配应被视为社会的共同资产，并被所有参与社会合作的人共同拥有。这表示如何分配由合作所产生的财富，必须得到大家同意。每个合作者，都有相同的权利决定如何分配这些资源。那些能力高的人，之所以被允许分得多些财富，并非由于他们应得这些能力，也非他们是这些能力的最终拥有人，而是这样做乃对最弱势者最有利的安排。"较为有利的代表人不能说他应得（他的优势），因而有权以一种不促进他人利益的方式，从合作体系中获取利益。他没有任何提出这样要求的基础。"（TJ, 104/89 rev.）为什么没有呢？因为严格来说，这些自然能力根本不"属于"这一个体，因此他完全没有理由说他应得这些优势。我认为，这才是罗尔斯在政治证成中，完全不考虑"应得"的原因。

有了以上理解，我们可以较清楚地看到，差异原则背后的道德关怀，其实并非机会平等。机会平等的理念，通常意味着社会像一个竞技场，只要尽量保证每个人站在相同的起步点，那么每个独立个体便可以各尽所能地竞争，为自己争取最多好处。至于竞争最后的结果，无论怎样，都是个体所应得的。差异原则呈现了另一幅图像：社会合作的目的并非竞争，而是如何好好善用人们的共同资源，以改善所有人的处境。它体现了一种博爱的精神，即只有在对最弱势者最有利的情况下，具优势者才愿意得到更多好处（TJ, 105/90 rev.）。在这种理解下，将人们能力上的差异强行拉平，不仅没有必要，也有违它的精神。因此，罗尔斯再三强调，差异原则"并不要求社会努力抹平不利的条件，仿如期待所有人在一场竞赛中，都站在公平的起跑点上一样"（TJ, 101/86 rev.）。相反，"在公平式的正义中，人们愿意分担彼此的命运。"（TJ, 102）[39]

五

有了以上背景，现在可以去到本章的核心问题，即如何从上述的道德前提推导出差异原则。我们的问题是：如果视社会为自由平等的公民之间的公平合作体系，而公民亦接受在决定合作的基本原则时，不应诉诸他们的自然禀赋及社会环境的优势，那什么样的正义原则会被所有合作者接受？读者宜留意，这个问题并非从原初状态中理性自利的立约者的角度问，而是从接受了罗尔斯的道德平等的社会合作者的角度问，诉诸的是道德理由，而不是自利考虑，因为我们一直关心的，是差异原则背后的道德基础。

罗尔斯在《一种康德式的平等观》这篇文章中，对上述问题作了精要论证，我先详引其文，然后再作分析。

> 最明显的出发点，是所有社会基本有用价值，尤其是收入和财富，应该平等分配：即每个人都有相同的份额。但社会需要考虑组织上的要求及经济效率问题。因此，停留在平等分配并不合理。在和平等的自由及公平的机会相一致的情况下，只要能够改善每个人的处境，包括那些受益最少者，社会基本结构应该容许不平等。因为我们从平等分配出发，那些受益最少者可以说享有否决权（veto）。我们因此得出差异原则。如果以平等作为比较的基础，那些获利较多的人，必须在从那些获利最少的人的观点看也可以证成（justifiable）的条件下，才可以这样做。[40]

罗尔斯的论证有以下步骤。首先，如果人人平等，并且将自然能力和社会的差异排除出去，那么最合理的安排，是平等分配合作所产生的财富。然而，这却非最好的安排。如果我们在平等的基点上，善用这些被视为集体资产的自然能力，增加产出，并改善所有人的处境，那么这样会更可取。罗尔斯在这里有两个重要的认定。一、基于经济效率的考虑，如果要鼓励那些自然能力较优的人努力工作，我们需要给他们一定的经济诱因（economic incentive），容许他们在合作中分得多一些资源。因此，一定程度的经济不平等是必要的。二、不平等分配的一个前提，是必须对最弱势的人也最为有利。这不是因为他们有很大的议价能力，亦非其他人必须依赖受益最少者的合作。[41] 在现实世界中，最弱势的人的议价能力总是最低，对合作产生的贡献亦往往最小，如果是因为自利的考虑，占优势者不可能接受差异原则的限制。况且，即使他们需要弱势者的合作，也可得出其他分配模式，例如确保社会所有人享有相当程度的社会保障，然后容许能者多得，或由市场决定。真正原因，是作为道德人，每个人都应受到平等尊重，这反映在每个人都具有否决权：任何原则必须得到每个参与者的同意。最弱势者愿意接受差异原则，因为它较平等分配更为有利。至于禀赋占优者，亦没有道德上的理由投诉这样不公平，因为他们知道这些禀赋的分配纯属偶然，和应得无关。作为一个真心诚意的平等主义者，他们愿意分担彼此的命运。"在天赋上占优势的人，不能仅仅因为他们天分较高而得益，而仅仅只能通过支付训练和教育的成本，以及利用这些天赋帮助较不幸者。"因此，"在设计制度时，只有在为了共同利益（common interest）的情况下，人们才愿意利用自然和社会环境的偶然因素。"（*TJ*, 102/88 rev.）差异原则背后体现的，是强烈的平等主义精神。

我们从人人平等出发，推导出差异原则。正如罗尔斯说："一旦我们尝试找一个把每个人看作平等的道德人来看待的表述，而且不根据人们在社会运气或自然博彩中的幸运来衡量社会合作中利益和负担的份额",差异原则是最合理的诠释(*TJ*, 75/65 rev.)。读者或会问,以上这个论证和原初状态中的理性选择理论(rational choice theory)有什么关系？因为我们一直的讨论都没有触及契约论,而是尝试弄清楚差异原则的道德前提,然后再从这些前提直接推导出差异原则。让我解释一下。简单点说,原初状态是个思想实验,或一个巧妙的论证设计,将罗尔斯诸多和社会正义有关的道德信念模塑进去,包括他视社会为一个自由平等的道德人之间的公平合作的理念,以及他对应得的看法。没有这些道德信念,就不会有原初状态和无知之幕的设计。[42] 原初状态不是一个中立的契约,它设下的各种道德约束,打一开始就决定了正义原则必须满足的条件。正如他说:"这些约束表达了我们视之为社会合作的公平条款的限制。因此,观察原初立场这个理念的一种方式,是视其为一个说明性的设计(expository device),统合这些条件的意义并协助我们引导出它们的后果。"(*TJ*, 21/19 rev.)

因此,准确点说,差异原则的道德基础,不在于理性自利者的同意,而是在限定原初状态的那些合理条件。这些条件才是支持得出两条原则的最后根据。"他们同意的基础,已由对立约环境的描述及他们对基本有用价值的偏好所设定。"(*TJ*, 147/127 rev.)因此,罗尔斯称从原初状态推出两条正义原则,是一种严格的演绎关系。"我们也必须留意,这些原则的被接受,并不是一种心理学定律或概率的猜测。理想一点,我则希望指出接受它们是符合原初状态的全面描述的唯一选择。严格的演绎是论证的最终目标。"(*TJ*, 121/104 rev.) 罗尔斯说得很清楚,不同理论会有不同的对原初状态的描述,不同描述则会导致不同原则。所以,如果发觉立约者没有充分理由选择差异原则,罗尔斯亦可修改对原初状态的描述。

明乎此,契约本身对差异原则的证成,并非不可或缺,它纯是一个有效的方法,将罗尔斯对社会合作及人的理解,用契约的形式,系统地整合起来。"我们之所以引入像原初状态这样的理念,是因为似乎没有更好的方式,能从社会作为自由平等的公民之间的一种持续而公平的合作系统的理念出发,为社会的基本结构,详尽论证出一种政治的正义观念。"[43] 至于差异原则的道德约束力,罗尔斯说得很清楚:

> 人们很自然会问,如果我们从来没有真正的协议,为何还要对这些原则道德与否感兴趣呢?答案在于包含在对这种状态的描述中的那些条件,是我们实际上接受的条件。即或不,我们亦会为间或引入的哲学考虑所说服。原初状态的每一方面,都能给出一个支持性的解释。(*TJ*, 21/19 rev.)

因此,要对差异原则做出批评,重点并不在原初状态中的理性选择合理与否,而在于罗尔斯对平等的理解是否合理,以及能否从这种理解中推导出差异原则。本章余下部分,我将对此做出评估。

六

首先,如果上述分析成立,差异原则的论证主要包含三个步骤:

(1)证成道德平等——这是整个理论的出发点。

(2)论证对应得的理解,及视自然才能为共同资产。

(3)论证为何接受前面两个步骤,则可推导出差异原则。

这是差异原则证成的基本结构,我以下将就这三部分提出批评。这一节先讨论平等的证成。罗尔斯的正义理论,被称为"自由主义式的平等主义"(liberal egalitarianism),因为它植根于道德平等。平等的精神,支撑起整个理论:规范社会合作的基本原则,必须得到政治社群中所有公民的合理同意。每个公民享有平等的道德地位,并拥有相同的发言权。这意味着,任何合理的社会政治安排,均须将每个公民的利益考虑进去。这也意味着,平等优先于不平等,因为任何不平等的社会分配,均须得到平等公民的合理同意。差异原则的证成满足了这个条件,因此导致的经济不平等并不背离道德平等。这是我所称"自由人的平等政治"的理想。

既然道德平等如此重要,那么它的道德基础在哪里?在于人拥有的理性和正义感能力。在本章第二节,我们已对这个论证作了相当介绍。这个论证认为,只要人们在最低标准上拥有构成道德人的两种能力,便应受到平等对待。至于最低标准之上的各种差异,就像人的其他禀赋一样,不会影响人的道德地位。我们也可以说,道德平等有一道门槛,只要跨过这门槛,能力上的差异便不再发生作用。罗尔斯称此为"范围内的特质"(range property),我称为"门槛论"(threshold theory)。

对于这个基于人的自然能力的平等论证,论者会提出以下几个质疑。第一,门槛论的理由何在——罗尔斯将道德平等的门槛设得如此之低,以致几乎所有人都享有平等地位,但为什么不可以在门槛之上,再根据人的能力高低做出差等对待?例如容许正义感较强的人享有较多的机会,又或理性能力较高的人享有多一些基本自由。罗尔斯并没对此作过回应。第二,如果这两种道德能力和其他自然能力没有本质上的不同,那么它们在不同人中间的分配会否同样是任意及不应得的,并因此被视为社会合作的集体资产?罗尔斯不可能这样做,因为这样一来,界定人的道德身份的这两种能力,便无法成为个体人格独立的基础。[44] 所以,罗尔斯必须将人的道德能力和其他能力从本质上区分开来,并视它们为道德人不可或缺的构成(constitutive)要素。要做到这一点,罗尔斯有必要对这些能力的性质做出特别解释,而不能声称"以自然能力构成平等的基础,没有任何障碍"(*TJ*, 508/445 rev.)。第三,按罗尔斯的说法,"最低限度的正义感能力,确保了每个人都有平等的权利"(*TJ*, 510/446rev.)。但为什么从普遍性的自然事实(general facts of nature),可以推导出一个极强的道德原则?罗尔斯有必要告诉我们,如何从实然命题推出应然命题。

总结而言,诉诸人的自然特征来证成道德平等,其困难在于我们既要找到一个人人同意的自然特征,同时又可以在一个应然和实然二分的世界中,证成这个特征涵蕴的规范性力量(normative force)。设想你成功说服一个人,证明人人均拥有这些能力,他依然可以反问:"这又如何?"他只需指出,这些自然能力和我们要处理的正义问题,根本毫不相干。例如一个放任自由主义者会认为,经济分配应该任由市场来决定;而一个保守主义者却会说,分配应该由一个人的功绩或德性来决定。因此,如果平等的基础只是一个中性的自然事实,那么它并不能产生平等作为一规范性原则所要求的道德约束力。面对这个困难，费伯格认为，要论证人人有同等价值，我们不可能诉诸于人的任何自然特征。我们可以做的，只能是表达一种态度，一种尊重每个人共有的人性（humanity）的态度。但他承认，他没有办法证明所谓人性的基础到底是什么。[45] 另一位平等主义者尼尔逊（Kai Nielsen）干脆认为，没有任何方法可以证明，所有人都有平等的价值。唯一可做的，是我们全心全意的信奉（commitment）。他说：

> "不理一个人的功过，所有人都有同样的价值"这类带有神秘性的真理式断言，和事实一相对照，便见到它毫无基础可言，甚至乎根本是错的。与其如此，一个人权的宣扬者，干吗不直接说，他真心信奉一个不会放弃的信念，即视所有人都应得到平等的关怀和尊重。难道这不是更为清楚和直接吗？这是他或她所深深渴望的那种世界，并且对此坚信不移。当然，还有其他同样可以理解，而且无疑同样理性，但却不含有这种对平等的信奉的道德观点。[46]

尼尔逊实际上认为，作为一个经验事实，人人平等是个幻象，根本没有这回事。它只能是我们一个终极的道德信念。我们没有理由说，那些反对平等的人是非理性的。理性不可能告诉我们，所有人都有平等价值。那只能是一种存在主义式的选择。如果我们不愿诉诸任何宗教或形而上学观，而经验事实却又难以支持道德平等的话，剩下的也许便是我们的信念。[47] 我们深信人人应被视为平等——尽管现实上人人并不平等。但从哲学论证的角度看，这等于是说，平等的主张其实没有任何理性基础，我们亦没有充足理由驳斥那些反对平等的人。我们更不能说，基于道德平等，所以人人享有普世人权。

如果不想退到尼尔逊的立场，我们还可以继续为罗尔斯的门槛论辩护吗？我认为可以，关键在于我们要重新理解道德平等的含义。"甲和乙在道德上完全平等"这一命题包括两元素。一、必须要有比较的基础；二、这个基础本身必须带有道德上应然的成分。罗尔斯的答复是：比较的基础，是人的正义感的能力。人能拥有和有效运用正义感的能力这一事实本身，肯定了人是自主的道德主体，并可以从普遍公平的观点进行价值反思和道德建构。和其他自然能力不同，正义感是一种规范性的能力。拥有这种能力，意味着行动者能够站在道德的观点看问题，并有动机服从道德的要求。

读者或会问，即使正义感可以作为道德平等的基础，为什么正义原则的证成必须以此为出发点？至少有两类理由。第一，没有基本的正义感，我们不可能建立公平的社会合作。而一个公正的政治制度，对每个人都有极大好处。这里的好处，不仅仅指涉狭义的经济和社会利益，更指活在这样的社会，个体有较大机会（或相对地容易）过上一种合乎公正的伦理生活，也即一种道德上没有亏欠、正直、肯定自己人生价值以及人与人之间彼此尊重和互相关怀的生活。对于有正义感的人来说，这样的生活是美好人生的重要条件。因此，正义感的能力对我们的政治和伦理生活极为根本。第二，正义原则的应用对象是国家的基本制度，必然具强制性，并要求公民无条件服从。因此，对每一个有道德能力的自由人来说，首要的政治问题，是管治权威的正当性问题。我们希望政治权力的运用，不是强权暴政、毫不尊重人的自由意志和基本权利，而是能够公开地得到每个公民的合理接受，从而具有道德上的合理性。这两类理由，其实指向同一结论：我们有最高序的欲望活在一个公正的社会。要实现这个目标，正义感是必要条件。因此，以人的正义感作为平等的基础，不仅适当，而且道德上相关。

最后，读者或会再问，即使以上所说成立，为什么要接受门槛论？最直接的解释，是罗尔斯要设立一个尽可能低的标准，从而将所有人包括进去。如果将人的道德能力再分等级，不仅技术上很难做到，同时也违反他要证成道德平等的初衷，而变成为道德不平等找理由了。不过如果想深一层，我们应见到门槛论的目的是要确立人的道德身份，而不是直接用来作为分配资源的标准。这是两个不同的步骤。我们先用正义感的能力界定什么人可以参与社会合作，然后在下一步引入其他考虑，并决定具体的分配原则。就此而言，我们也可见到正义感的能力和其他自然能力有着根本的差异，前者是用来确立和体现人的道德主体性，后者是用来满足个人欲望的工具。

七

现在转到第二个批评，即有关视自然禀赋的分配为共同资产的观点。《正义论》的一个主要目的，是论证自由主义优于效益主义。理由则在于两条原则体现了康德伦理学中最著名的"必须视他人为目的自身（ends in themselves），而不能只是工具"的原则。如罗尔斯所说："在社会的基本设计中，视人为目的自身，就是同意放弃那些不是对所有人的期望有所贡献的得益。相反，把人视作手段，就是意图为了某些人更高的期望,而意图强行降低那些处境本已不堪的人的生活前景。我们因此见到,骤眼看来相当极端的差异原则,其实有一个合理的解释。"(*TJ*, 180/157 rev.)[48] 相反,效益原则却要求某些人为了大多数人的利益,必须牺牲一己的基本权利。但从前面的讨论见到,要令这种说法成立,我们必须先接受人人平等以及没有人应得他的自然禀赋,并同时视这些禀赋的分配为社会共同资产。

诺齐克却指出,差异原则不仅没有体现康德的理想,而且背道而驰,犯了和效益主义同样的毛病,即不重视个体的分离和独立。诺齐克的理由很简单,如果我们视人的自然能力的分配为集体资产,那便意味着在未经个人同意下,差异原则擅自利用某些个体的自然禀赋和能力,作为满足他人的欲望及需要的工具。但如果我们坚信,作为独立个体,每个人都是自己的主人,并有权支配及自由运用自己的身体和各种能力,那么差异原则正是视那些能力占优者的人为手段,而不是目的自身了。罗尔斯似乎只懂得从最弱势者的观点考虑问题,却没想到这会削弱他强调的人的独立性和多元性。

这个批评简洁有力。诺齐克认为罗尔斯唯一回应的方法,是将人的自我和他的天分、能力、性格和个人特征完全分割开来,并视后者并非构成自我的必要条件。只有这样,利用个人的自然禀赋为他人谋取利益才不会损害主体的独立性,因为它们根本不是构成自我不可或缺的要素。这些才能只是"我"偶然地拥有的一些资产,而且是道德上不应得的,因此如何处理它们并不影响"我"作为一个道德人的身份。这似乎正是罗尔斯的思路。对他来说,构成自我的统一(unity of the self)的,并非人的自然能力或特定的人生观,而在于人作为具有正义感且能作理性选择这一点上。

诺齐克预计了这种回应,并进而追问:"当强行做出这个区分后,是否仍然能保留任何一致的有关个人的观念,实在悬而未决。为什么充满各种特殊个性的我们,应该对这个从我们之中净化(purified)出来、并不再被视为工具的人感到高兴,也相当不清楚。"[49]诺齐克认为,当一个人的个性能力及人生观等被抽掉后,剩下的将是一个没有任何独特性的自我。这和罗尔斯所称的重视个体的分别(distinction between persons)并不相符。罗尔斯在这里似乎陷入两难:在视个人禀赋的分配为公共资产和重视个体的独立分离之间,预设了两种不同的自我观(conceptions of the self)。而调和这两者之间张力的其中一个方法,是将自我理解为一个极度单薄、抽象的选择主体(choosing subject)。但正如桑德尔(Michael Sandel)质疑,这样一种"没有承载的自我观"(unencumbered self),和我们道德经验中对自我的理解,并不相符。

这个困境其实反映了自由主义一个内部困难。从康德、洛克以降,很少自由主义者持罗尔斯类似的观点。可以说,视个人禀赋的分配为公共资产的观点,从根本上偏离了自由主义重视个体独立的传统。罗尔斯当然明白这种观点要面对的困难,但他坚持这样做,我相信是因为他意识到,要在自由主义的框架中证成更为平等的经济分配,便必须努力将人与人的距离拉近。如果每个人都是独立自足的个体,有绝对权利拥有自己的身体及能力,而参与社会合作的目的亦只是为了满足自己的利益,那么我们将无法说明,为何我们不该接受一个优胜劣败、能者居之,从而贫富悬殊的社会制度。欧克夏(Michael Oakeshott)就曾如此质疑个人主义:"几乎所有关于道德行为的现代著作,都以单独的个体选择及追求他自己活动的方向这个假设作为开始。需要做出解释的,不是这类个体是否存在,而是他们如何能够对同类的其他人具有义务,以及这些义务的性质是什么。"[50] 如果我们同意罗尔斯对自然禀赋的性质的分析,那么便可以解释,那些在禀赋分配上占优的人,为什么有义务帮助那些弱势的人。因为我们一方面意识到彼此是平等的,另一方面明白没有任何人有权声称,可以全部拥有从我们的自然能力创造出来的财富。

但罗尔斯却不能、也不容许自己在这一点上走得太远。所以,在回应诺齐克的批评时,他承认"我们有权拥有自己的自然能力",政府亦不应该尝试分配人们的自然禀赋,因为这和人的完整性(integrity of the person)并不兼容。[51] 而罗尔斯到了晚年,当再次提及自然禀赋的所有权问题时,更特别强调:"自然禀赋的所有权问题,不会出现。即使出现,也是人们自己拥有他们的禀赋:人们心理和生理上的完整性,已经在第一条正义原则下的基本权利和自由中,得到保证。"[52] 问题是若接受这种解释,我们将有理由怀疑,彼此独立的个体为何会接受差异原则的限制。如果一个人有权拥有自己,自然包括如何运用他的自然禀赋,那么一个独立的个体,为何要对另一个独立的个体拥有一种无可推卸的道德责任?而要求我们视自然禀赋为共同资产的态度,又从何而来?

桑德尔曾尝试提出另一种方法为罗尔斯辩护。他认为,我们大可不必视那些分享我们自然禀赋的人,是完全独立于我们,并和我们毫不相干的他者(others)。相反,我们可以放弃一个以单独个体为基本单位的自我观,改为接受一个交互主体性的自我观(an inter-subjective conception of the self)。如此一来,我和他者之间的分别便不再那么重要,而当最弱势者分享我的自然才能带来的经济成果时,我并不是他们的工具,因为社群中的其他人构成了"我"的一部分。[53] 我认为差异原则背后的确表现出这种精神。或者说,差异原则要求我们从一种相当反"个人主义"的角度看待人与人的关系。我们不是完全独立自足的自我,社会合作也不纯是工具性的互相利用。人与人之间需要一种视人如己的关怀。这也是罗尔斯说差异原则体现了博爱精神的原因。我甚至认为,要改变目前资本主义社会严重的贫富悬殊,步向一个更为平等主义式的社会,这种对自我的理解是必要的。但这种自我观如何能和自由主义的个人主义传统兼容,是一个大问题。

八

最后,让我们检讨差异原则与道德动机(moral motivation)的关系。一套正义原则既然要规范人们的行为,它自然希望公民能够产生足够的道德动机,自愿遵从原则的要求。只有这样,一个良序社会(a well-ordered society)才能稳定。但当原则和人们的动机系统产生冲突的时候怎么办?我们要么修改原则,要么透过各种方法改变人们的动机。差异原则独特之处,是它并没有告诉我们,到底何种经济安排以及分配的不平等程度为何,才最符合它的要求。这引申出一个问题:到底人们道德动机的强弱,会否影响差异原则的分配安排?我以下将指出,这两者具有密切的关系。

为简化讨论,让我们假设在一个差异原则规范下的社会,只有甲、乙两人,甲是能力较强者,乙则禀赋较差。他们都清楚和接受、亦知道对方清楚和接受罗尔斯证成差异原则的理据,包括他对公平社会合作的理解及对平等和应得的看法。这是罗尔斯有关"公开性"（publicity）的要求，即所有论证的理由必须公开让全体公民知道。换言之，他们不是自利主义者，而是一个彻底的罗尔斯式的平等主义者，并具备足够的正义感，愿意服从正义原则的要求。在这种情况下，他们会接受什么样的分配安排？让我们先看下表。

	分配 1（D1）	分配 2（D2）	分配 3（D3）	分配 4（D4）
甲	100	500	350	600
乙	100	500	350	400

按罗尔斯的说法，D1 是最初的出发点，即在大家尚未善用各自的天赋能力时的情况，每个人平均分得 100 单位的资源。D1 亦是罗尔斯所称的平等的基准（benchmark of equality），任何不平等分配必须以此作为比较的标准。而 D2、D3 和 D4 都满足了互惠（reciprocity）的要求，即透过使用他们的自然能力，每个人都可从合作中，得到较平等分配（D1）更大的好处，问题是这三者中哪个选择最符合差异原则。

如果从乙的观点来看，当然应该选择 D2，因为 D3 和 D4 都较它差，而这亦是差异原则下最好的分配。问题的关键是，D2 是否切实可行（feasible）？要实现 D2 的前提，是甲要有足够的动机，在善用他的能力进行合作后，愿意和乙均分所得。如果甲是一个贯彻始终的罗尔斯主义者，理应没有动机上的问题，因为他该接受他的自然禀赋的优势并非他应得的，亦该了解这些自然禀赋的分配应被视为共同资产。再者，甲的处境较 D1 时也得到极大改善，他的利益并没有被牺牲。

那么在什么情况下，甲有理由不愿留在D2？这有三种可能性。第一是有较D2更好的安排，即如果不是平等分配的话，乙会从合作中分得更多。例如容许甲分得更多，他便会有更大的经济动机，将他的天赋发挥得更淋漓尽致，从而令两人分得多于500单位。但既然我们假定甲是罗尔斯主义者，这种情况照理便不应出现，因他并不需要额外奖励来激励他努力工作。

第二种可能性是这样对甲不公平，例如甲从事的工作，不是仅仅靠他的自然能力便足以应付，而需要特别的技巧及训练，因而有必要给他某些补偿。"在天赋上占优势者，不能仅仅因为他们天分较高而得益，而只能通过抵消训练和教育的成本，以及利用他们的天赋帮助那些较不幸者而得益。"（*TJ*, 101-102/87 rev.）这个理由可以解释，为什么在某些情况下甲可以分得多一些。但严格来说，它并非不平等分配，因为它只是抵消甲之前已付出的成本，因此和D2的精神是相一致的。更重要的是，这一理由并不能解释大部分经济不平等的情况。

第三种可能性则是人的自利动机和经济效率有关。例如甲会说，如果他一早知道要和乙均分最后的成果，他根本不愿意尽用他的自然才能。除非给他更多报酬，否则他会缺乏在D2下努力工作的动机。他可以对乙说，如果坚持D2，最后的结果将是D3，而非D2。甲然后提出D4这个反建议，声称这才最能体现差异原则的精神，因为只有在D4下，他才有足够动机善用他的才能。而从乙的观点看，他也不得不同意，因为什么样的不平等分配对他最有利，决定权不在他手上，而要视乎像甲这些有优势者的动机。而D4虽较D2为差，却优于D3。这似乎也是罗尔斯本人肯认的观点：

>   容许企业家有较大的期望,将会鼓励他们做一些可以改善劳工阶级长远前景的事情。他们较好的前景,将会起到激励的作用(incentive),使经济过程更有效率、创新加速进行等。最后得出的物质好处,将会惠及整个社会和受益最少者。我将不考虑这些情况在多大程度上是真的。问题是要令由差异原则导致的不平等看来是正义的,类似的想法必须被加以辩护。(*TJ*, 78/68 rev.)

由此可见,如果不分给有优势者或企业家多一些,他们会欠缺工作的诱因,减少生产,从而令所有人、尤其是最弱势者受损。对于这类论证,我们不会陌生。每当政府要增加利得税,大资本家或商会总会站出来,声称一旦加税,他们的投资意欲将会大大降低,从而对所有人不利。但我们一旦接受这个论证,差异原则可以接受的不平等的程度,将很大程度上视乎甲的自利动机的强弱。如此一来,它和差异原则背后的平等精神将产生很大张力。

差异原则作为一个道德论证,体现的是人人平等的精神。而在良序社会中,人们之所以有充分的正义感,自愿服从差异原则的要求,是因为他们清楚及接受罗尔斯的平等观。所以,如果甲是一个罗尔斯主义者,他不可能也不应该利用他的自利动机来为自己谋取更大利益。因为甲的理由实际变成这样:"因为我是自利的,如果不分给我多一些,我不会付出那么大的努力。"但这不再是一个道德论证,而变成一个互利式(mutual advantage)的讨价还价了。而经济分配不平等的程度,很可能会以差异原则之名扩大。

罗尔斯或许会回应说,人性自利是一个事实,既然我们无法改变,唯有接受。我们可以做的,是在这个限制下,努力寻求对最弱势者最有利的安排。政治哲学追求的不是乌托邦，而是寻找可以实践的正义原则。但如此一来，他最后还是不得不接受我在第一节中提出的为经济不平等辩护的第四种回应，即在平等与效率之间寻求妥协。如果这样，罗尔斯将无法再坚持，差异原则是体现平等理念的最好原则。它至多是基于人们自利动机的限制，不得不做出的次佳选择。因为从道德的观点看，最好的原则应是 D2 或相当接近 D2 的原则，现在我们由于甲的自利动机的缘故，却不得不接受 D4，那自然是一种妥协。由此引出一个值得思考的问题，即一个社会是否正义，不仅取决于制度的安排，亦和公民能否调整或改变他们的动机系统、从而培养出足够的正义感去实践正义原则密不可分。但在一个大力鼓励及肯定人们追求个人利益的资本主义社会，如何令人们成为一个罗尔斯式的平等主义者，恐非易事。[54]

九

差异原则是罗尔斯的分配正义理论中最独特、最激进同时最具争议性的原则。这篇文章分析了支持差异原则的道德理据，以及它面对的困难。毫无疑问，差异原则的基础是道德平等。罗尔斯渴望建立的，是一个立足于平等的社会关系的共同富裕的社会。在这样的社会，人与人之间先天和后天的差异，不再是证成分配不平等的正当理由。唯一的正当理由，是所有公民都能在公平的社会合作中得益。合作者不是疏离、孤立和自利的个体，而是具有正义感、并愿意共同分担彼此命运的道德人。

中国改革开放三十多年，经济上取得了有目共睹的成就，但在发展过程中，却也造成严重的社会不公，很多低下阶层未能从中获益，贫富悬殊问题更是日益加剧。经济的不平等，带来机会的不平等，带来阶级分化，带来形形色色的对弱者的宰制，很多公民不能享有最基本的教育、医疗和退休保障，活在贫困边缘。罗尔斯的差异原则告诉我们，如果我们真的重视人人平等，真的重视社会正义，那么社会发展的目标，不应该只是让一部分人富起来，而是所有人都能从中获益，包括社会中最弱势的阶层。这是一个值得我们追求的目标。

【注释】

1. 美国的《独立宣言》（Declaration of Independence, 1776）、法国大革命的《人权宣言》（Declaration of the Rights of Man and of the Citizen, 1789）和联合国的《世界人权宣言》（Universal Declaration of Human Rights, 1948），都做出了类似宣示。
2. Alexis de Tocqueville, *Democracy in America*, trans. Harvey Mansfield and Delba Winthrop (Chicago: Chicago University Press, 2000), p. 6. 中译本可见托克维尔，《民主在美国》，秦修明等译（台北：猫头鹰出版社，2000）。
3. 即使像美国这样的发达国家，贫富悬殊问题在过去三四十年亦是愈来愈严重。美国著名经济学家 Paul Krugman 对此有很精到的分析，参见 Krugman, "For Richer", *New York Times* (October 20, 2002)。如果从全球角度来看，问题则更加严重。例如目前全球约有 30 亿人生活在贫困线下，每天的生活费用不足两美元。全球最富裕的 5% 人口的收入，是最穷的 5% 人口的 114 倍；而最富裕的 1% 人口的所得，则相当于最穷的 57% 人口收入的总和。参见 *Human Development Report 2003*, http://hdr.undp.org/。
4. 对于这个问题的深入讨论，可参见本书第三章《资本主义最能促进自由吗？》。

5. 内格尔称这种道德观为一种"最低度的道德观"(minimal morality)。Thomas Nagel, *Mortal Questions* (Cambridge: Cambridge University Press, 1979), pp. 106-127. 这种观点的主要代表，见 Robert Nozick, *Anarchy, State, and Utopia* (Oxford: Blackwell, 1974)。

6. 原因可以有很多，例如贫富悬殊导致阶级冲突、平均教育水平下降等。

7. 伯林便持类似观点。Isaiah Berlin, *Four Essays on Liberty* (Oxford: Oxford University Press, 1969), p. 170.

8. 这个说明是在修订版中新加进去的。换言之，那些由于挥霍或选择昂贵的生活方式而导致贫穷潦倒的人，原则上并不属于差异原则所指涉的群体，见 *TJ*, 83 rev.。

9. John Rawls, "A Kantian Conception of Person", in *Collected Papers*, ed. Samuel Freeman(Cambridge, Mass.: Harvard University Press, 1999), pp. 254-255.

10. 当然，罗尔斯在设计原初状态时，还有很多其他考虑。由于本章重点旨在探讨差异原则和道德平等之间的关系，故并不着力于他对自由人其他方面的描述。

11. 我将 conception of the good 译为人生观，而非一般人所译的"善的观念"，因为"善"在中文语境中，通常有道德上值得嘉许之意。但 conception of the good 却没有这种意思，而是中性地泛指人们所持的终极目标（final ends），以及和这些目标密切相关的宗教、哲学及道德观。中文中的"人生观"或"价值观"，也许最接近这种意思。对于这个概念的详细说明，见 Rawls, *Political Liberalism* (New York: Columbia University Press, expanded edition, 2005), pp. 19-20。

12. 罗尔斯在《正义论》初版中并没有作这个设定，但在修订版则特别做出改动。这个改变相当根本，因为它改变了对基本有用物品（primary

goods）及自由原则优先性的证成。
13. Rawls, *Political Liberalism*, p. 74.
14. Ibid.
15. 这里我们要小心不要将罗尔斯所说的 free person 和 basic liberties 等同，只有后者才是被用来分配的社会基本有用物品。当然，基本自由之所以有优先性，正是由于它们被视为实践自由人的一个必要条件。
16. Charles Taylor, "The Politics of Recognition", in *Multiculturalism*, ed. Amy Gutmann (Princeton, NJ: Princeton University Press, 1994), p. 41. 粗体为原作者所加。
17. Ronald Dworkin, "The Original Position", in *Reading Rawls*, ed. Normal Daniels (Stanford, California: Stanford University Press, 1989), p. 51.
18. Rawls, "A Kantian Conception of Person", p. 255; 亦可见 *TJ*, 475 rev.。
19. 对这个问题的分析，可见 Nagel, *Mortal Questions*, pp. 111-112。
20. 当罗尔斯在谈什么是公平时，其实预设了他对平等的理解。在一场球赛中，我们不会说那些能力高的人获胜是不公平的。而在考虑正义原则时，我们之所以将自然能力排除出去，因为我们接受从道德平等的观点看，能力的差异是不相干的。例如他说："所谓公平的条件是这样：原初状态中的立约各方均处于对等的位置。这其实模塑了我们深思熟虑的信念：即在有关基本正义的问题上，公民在所有相关方面都是平等的。" Rawls, *Justice as Fairness: A Restatement*, ed. Erin Kelly (Cambridge, Mass.: Harvard University Press, 2001), p. 18.
21. 这里的"应得"作名词用。
22. Will Kymlicka, *Contemporary Political Philosophy* (New York: Oxford University Press, 2nd edition, 2002), p. 59.
23. Rawls, "A Kantian Conception of Person", p. 263.
24. Kymlicka, *Contemporary Political Philosophy*, p. 58.

25. 英文原文："If a person is deserving of some sort of treatment, he must, necessarily, be so in virtue of some possessed characteristic or prior activity." Joel Feinberg, *Doing and Deserving* (Princeton, NJ: Princeton University Press, 1970), p. 58.

26. Thomas Pogge, *Realizing Rawls* (Ithaca: Cornell University Press, 1989), p. 77.

27. Nozick, *Anarchy, State, and Utopia* (Oxford: Blackwell, 1974), p. 161.

28. F. A. Hayek, *The Constitution of Liberty* (Chicago: University of Chicago Press, 1960), p. 94.

29. 罗尔斯在晚年的确指出，道德应得总是和一个人有意识地（intentionally）或自愿地（willingly）做出的行动有关。即使如此，那也只是道德应得的必要条件，而非充分条件，两者有相当大的分别。见 Rawls, *Justice as Fairness: A Restatement*, p. 74。

30. Kymlicka, *Contemporary Political Philosophy*, pp. 70–75.

31. 值得留意的是，金里卡将"选择"和"努力"并列在一起，作为应得的基础。但这两者显然不同，一个人凭赌博而赢得大钱和靠辛劳工作而赚取所得，显然有不同的道德意涵。一般人会认为，只有后者才可作为应得的基础。参见 Kymlicka, *Contemporary Political Philosophy*, p. 59。

32. 日常经验告诉我们，的确有不少出身寒微、禀赋和常人无异的人，由于个人的奋斗努力，最后能够出人头地，改善自己的经济及阶级位置。所以，即使我们同意罗尔斯所说，一个天赋较高及家境较好的人，的确较别人有更多成功的机会，但却不意味"即使愿意付出努力及尝试，从而在一般意义上所称的应得本身，也依赖于幸福的家庭和社会环境"的普遍真确性（相关讨论见 *TJ*, 74/64 rev.）。甚至有人会说，那些生于幸福家庭的人，因为他们一切得来太易，所以并不懂得珍惜机会。反是那些在恶劣环境长大的人，更愿意发奋努力。所以，如果罗尔斯希望从经验中得出所有努力都是不应得这个结论，似乎过于武断。退一步，即使天赋能力及家庭环境和个人努力之间关系密切，后者难以从前者中完全分离出来，却不表示两者之间没有程度上的分别。设想有丙和丁两人，丙来自富裕家庭，丁来自贫穷家庭，且丙较丁的智商为高。但由于丁较丙付出多于数倍的努力，结果两人进入同一所大学，毕业后赚取相若收入。对于这种情况，我们为何不可以说，从个人努力的观点看，丁较丙应得更多？这似乎和我们的道德经验更为相符。一旦接受这个结论，便意味在决定正义原则时，我们有必要考虑将"努力"作为应得的基础。只有这样，才对那些因努力而获得更多收入的人公平。

33. David Miller, *Social Justice* (Oxford: Clarendon Press, 1976), p. 87.

34. Rawls, *Political Liberalism*, p. 276.

35. Rawls, *Justice as Fairness: A Restatement*, p. 74, n. 42.

36. 详细讨论见 Miller, *Social Justice*, p. 96。

37. Nozick, *Anarchy, State and Utopia*, p. 225.

38. Rawls, *Justice as Fairness: A Restatement*, p. 73.

39. 在修订版中，这句已被删掉。

40. Rawls, "A Kantian Conception of Person", p. 262.

41. 罗尔斯在某些地方表达了这样的想法（例如 *TJ*, 103/88 rev.），但这种观点和他的整个理论显然不相容。

42. 金里卡对此有清楚的论证，见 Kymlicka, *Contemporary Political Philosophy*, pp. 67-70; 亦可参 Jürgen Habermas, "Reconciliation through the Public Use of Reason: Remarks on John Rawls's *Political Liberalism*", *The Journal of Philosophy* 95 (1995), pp. 118-119。

43. Rawls, *Political Liberalism*, p. 26.

44. 严格来说，这个说法只在最低限度的范围内才成立。如果超出了这个范围，更大的正义感的能力便被视为"像其他能力一样的自然天赋"了。见 *TJ*, 506/443 rev.。
45. Feinberg, *Social Philosophy* (Englewood Cliffs, NJ: Prentice Hall, 1973), p. 93.
46. Kai Nielsen, *Equality and Liberty* (Totowa, NJ: Rowman and Allenheld, 1985), p. 23.
47. Louis Pojman 讨论了十种对平等的论证，并认为如果不诉诸基督教及其他宗教，人人平等的命题根本不能成立。"On Equal Human Worth: A Critique of Contemporary Egalitarianism", in *Equality*, ed. Louis Pojman (New York: Oxford University Press, 1997), pp. 282-299.
48. 这是修订版的引文。
49. Nozick, *Anarchy, State, and Utopia*, p. 228.
50. Michael Oakeshott, *Rationalism in Politics and Other Essays* (Indianapolis: Liberty Fund, 1991), p. 367. 多谢石元康先生向笔者提出欧克夏的观点。
51. Rawls, "A Kantian Conception of Person", p. 263.
52. Rawls, *Justice as Fairness: A Restatement*, p. 75.
53. Michael Sandel, *Liberalism and the Limits of Justice* (Cambridge: Cambridge University Press, 1982), pp. 79-81.
54. 我这一节的讨论深受柯亨的影响，至于由此而引发出对社会基本结构（social basic structure）的批评，虽然十分重要，由于篇幅所限，故不在此详加讨论。见 G. A. Cohen, "Incentive, Inequality, and Community", in *Equal Freedom*, ed. Stephen Darwall (Ann Arbor: University of Michigan Press, 1995), pp. 331-397; *If You're an Egalitarian, How Come You're So Rich?* (Cambridge, Mass.: Harvard University Press, 2000), pp. 117-147.

第三章 资本主义最能促进自由吗？

一

在当代政治光谱中，放任自由主义（libertarianism）常常和市场资本主义紧密联系在一起。[1]这仿如在说，如果我们接受前者的道德前提，必然会得出后者这个制度。又或反过来说，如果有人要为资本主义辩护，放任自由主义则能提供最合理的道德证成。所谓道德证成，是指支持资本主义的理由，不是出于个人自利的考虑，亦非缘于单纯的经济效率，而是基于一些根本的道德价值。我们重视这些价值，而资本主义是最有效保障或促进这些价值的制度。

很多人认为这个价值是自由。"在诸多价值中，放任自由主义最重视自由"这个命题，几成共识。放任自由主义者认为，他们是古典自由主义的真正继承者，坚信"自由是社会的最终目标，个人是社会的最终实体"。[2]因此，国家的首要目的，是保障个体在政治、经济、文化乃至日常生活的各个范畴，享有最充分的自由。[3]而一个以私人财产为基础的自由交易的竞争性市场，亦即资本主义，则是保障及促进自由的最佳制度。[4]没有私人财产权，没有市场，不仅会丧失经济自由，也会丧失个人自由和政治自由。[5]放任自由主义不仅反对集体主义和计划经济,亦反对政府以平等或社会正义之名,通过各种政策,提供教育、医疗、失业保障等社会福利。因为这样做等于干预市场运作,由政府强制进行财富再分配,侵犯社会中有产者的财产和自由。既然自由至为重要,那么我们应该接受一个功能最小的国家(minimal state)。至于由市场竞争导致的贫富差距,无论多么严重,道德上也是可以接受的。

以上这个论证相当吸引人,也广泛为人接受。例如在一本颇为流行的社会伦理学教科书中,编者在介绍放任自由主义时,一起首便说:"对于放任自由主义来说,当个人自由被极大化时,一个社会便是正义的。"[6] 即使相信自由主义左翼的人,有时也接受这样的论述。例如内格尔(Thomas Nagel)认为,放任自由主义最大的特点,是高举个人行动自由的大旗,却罔顾了平等的理想。[7] 于是,"右翼重视个人自由,左翼重视平等"成为普遍接受的说法。但这样的标签,对左翼并没多大好处。一、既然自由主义的正统,是以自由为首要价值,那么自由主义左翼以平等来限制自由,即等于偏离甚至背叛自由主义了。弗里德曼(Milton Friedman)和哈耶克便声称,真正配得上"自由主义"(liberalism)这称号的其实是他们,而非以平等为终极关怀、并主张各种政府干预的自由平等主义。所以,他们均坚持用十九世纪意义上的"liberalism"一词来指称他们的理论。[8] 二、社会平等常常被视为社会主义的首要价值。而二十世纪社会主义国家的经验却告诉我们,以追求平等为目标的集体主义,只会是一条丧失自由的奴役之路。既然自由主义左翼同样重视平等和主张财富再分配,那很可能出现类似危机。真正能保障个人自由的,是倡导小政府大市场的放任自由主义。就此而言,资本主义不是必要之恶，更不是只对资产阶级有利的意识形态，而是最理想最公正的社会制度。[9]放任自由主义这套论述，为资本主义赢得了极大的道德正当性。

在本章中，我将挑战这种论述。我将论证，以私有财产为基础的竞争性资本主义，并非最有效保障和促进平等自由的制度。它导致的贫富悬殊，其实令穷人失去很多重要的自由。而一个给予弱势阶层适当照顾，并采取各种措施减低贫富差距的政府，较一个不作任何资源再分配，不提供任何社会福利的社会，更能实现平等自由的理想。如果我的论证成立，则意味着即使自由是最重要的价值，也不表示我们要无条件地接受市场资本主义。从放任自由主义的道德前提，推不出它的制度安排。我的论证将提供一新视角，重新思考左右两派自由主义的争论。例如两派的真正分歧，不是自由与平等之间的冲突，而是对于"什么样的自由，谁的自由，和如何分配自由"（what freedoms, whose freedoms, and how to distribute freedoms）这三个问题，有极为不同的理解。

二

要评估放任自由主义对资本主义的辩护，我们必须先弄清楚，到底在何种意义上，一个反对资源再分配的市场资本主义社会，是保障及促进自由的最佳制度。让我们称这个为"自由论证"。其中一种相当普及的诠释，会以如下方式表述：

前提（1）：自由本身是好的，一个人拥有愈多自由便愈好。
前提（2）：一个公正的社会，应该以在最大程度上增加社会总体自由为目标。

前提（3）：任何未经个人同意的强制性社会资源再分配（例如税收或社会福利），均会侵犯个人自由。

结论：只有一个不受干预、不作任何财富再分配的市场资本主义社会，才能最有效地增加社会总体自由，因此最为公正。

让我们称此为"论证A"。骤然看来，论证A颇有吸引力。既然自由本身是可欲的（desirable），那么最合理的做法，自当是努力谋求极大化社会的整体自由。但这个说法大有问题。先看前提（2）。前提（2）基本上体现了一种效益主义（utilitarianism）的观点，即一个社会制度是正当的，当且仅当（if and only if）它能够极大化社会总体效益。效益可以指涉不同东西，在这里则指自由。[10] 自由的定义，通常是伯林所称的消极自由（negative liberty），即当一个人不受法律或其他人为的限制而行动时，他便是自由的。[11]

这个前提有两大问题。一、它假定了所有自由都是中性且同质的，彼此之间只有量的差异。因为只有这样，不同的自由才能量化比较。但这种说法并不合理。吸毒的自由、随便过马路的自由、思想言论的自由、拥有私人财产的自由，以至参与政治的自由，属于不同种类，彼此性质各异，根本难以用同一尺度加以比较。二、即使同一种自由，可以在人与人之间进行比较，也不表示极大化是正当的，因为它只考虑自由总量的增加，却没顾及这样做对每一独立个体的影响。最坏的情况，是社会为求增加整体自由而牺牲少数人的权利。设想在一种族歧视的社会，人口占大多数的甲族人，为了有更多自由享受生活，决定联合起来强迫属于少数的乙族人为他们工作。按照效益主义的逻辑，如果这样做能大大增加自由净值（甲族人不用工作而增加的自由，减去乙族人失去的自由），那么便是合理公正的。问题却在于，如果整体自由的增加是以牺牲弱势者的权利和自由为代价，这个原则根本谈不上公正。例如罗尔斯指出，效益主义最大的问题，是它只视个人为满足整体利益的工具，而看不到每个人都是独立的个体，有自己的尊严和人生追求（*TJ*, 29/26 rev.）。同样地，视个体主义为其理论基础的放任自由主义，也会毫不犹豫地反对这种观点。事实上，个人权利的神圣不可侵犯，正是从洛克（John Locke）到诺齐克（Robert Nozick）的一贯主张，诺齐克所称的个人权利构成"边际约束"（side constraint）的说法是最佳例子。[12]

因此，前提（2）不仅曲解了自由的性质，也导致道德上不能接受的后果。放任自由主义必须放弃前提（2），并清楚告诉我们，它所说的自由，到底是何种自由，以及资本主义如何能够在不违反个人权利的前提下，有效增加所有人的自由。这两个问题，我们容后讨论。现在让我们检视前提（1）。这里的问题是：如果自由意味着不受他人限制而做自己喜欢的事，为什么"不受限制"这种状态具有内在价值，因而愈不受限制愈好？

对于这个问题，泰勒（Charles Taylor）说了一个很有名的故事。他说，阿尔巴尼亚奉行社会主义，禁止宗教信仰，英国却没有。但另一方面，阿尔巴尼亚的首都地拉那（Tiran）却较英国的伦敦少很多交通灯。有人于是说：不是每个人都有宗教信仰，教徒也不是每天进行公开的宗教活动，可是大部分人却每天要过马路，并被迫受到交通灯的限制。因此，就个人行动受到限制的数量而言,伦敦交通灯对人的自由的限制,很可能大于阿尔巴尼亚对宗教的限制。按此标准,设若其他条件相同,阿尔巴尼亚应较英国更为自由。[13]

泰勒接着指出,这个故事的结论是荒谬的,因为这种自由观,看不到不同的自由对人的重要性(significance)其实完全不同。判断一个社会是否自由,不能只简单地看人们受到的限制多寡,而要看它能否充分保障一些我们极为重视的自由。因为人作为具有反省能力的目的性存有,我们的行动并非单由本能驱动,而总会时刻对一己行动做出价值评估。要判断某种自由的重要性,我们必须将它置放于某个背景,并看它在多大程度上帮助我们实践某些有意义的目标和活动。这个背景,说得宽泛一点,是我们对人及人类生存境况的理解,以及这些自由对实践人类福祉(well-being)和尊严的重要性。就此而言,虽然交通灯的确限制了人们过马路的自由,但由于这种限制并不妨碍人们过一种有意义的生活,因此并不值得重视。大部分人甚至不觉得交通灯的多寡与自由相关,而只视之为安全与方便之间的某种平衡而已。相反,宗教信仰是很多人生命中极为重要的东西。限制信仰自由,并强迫一个人不能自由地选择他的安身立命之所和肯定他的终极关怀,是对这个人的最大伤害。[14]信仰的意义及个人自主的重要性,解释了为什么宗教自由在很多社会被视为基本人权,并受到宪法的保护。

泰勒的论证,清楚点出了前提(1)的问题。自由的概念,其实包含了三部分:X(行动者)免于Y(某些限制、干涉或障碍)而去做或不做Z(某些事或行动)。[15]在这三角关系中,X、Y和Z可以放进不同内容,因而产生不同种类的限制和自由。因此,简单地宣称"自由本身有内在价值"并没意义。要衡量自由的价值,我们必须弄清楚,到底是谁免于何种限制去从事什么活动,以及这种活动对人有何重要性。不是所有自由都有价值,亦非愈多自由便愈好。如果有些自由对行动者本人有害(例如吸毒或驾车不佩戴安全带),又或伤害他人(例如诽谤),政府做出限制便是合理的。任何有关自由的论证,均应将其放在具体的道德语境中进行检视。

既然前提(1)和(2)均不成立,因此不能为论证 A 的结论提供足够的支持,如果放任自由主义希望为市场资本主义辩护,它必须清楚指出:一、所重视的是哪些自由,以及这些自由背后体现了什么价值;二、必须放弃"自由极大化"这个效益主义式的立场,承认每个人都是独立的个体,并反对为了整体利益而牺牲个人权利。这是下一节要探讨的问题。

三

先回答第一个问题。放任自由主义者当然重视民主社会中一系列的公民及政治自由,例如思想和信仰自由、言论及新闻自由、集会结社的自由等。但这不是他们的特别之处,因为像罗尔斯这些自由主义左翼者,同样会将基本自由(basic liberties)放在最重要的位置。[16]而在很多奉行福利主义的民主国家,这些自由也得到宪法的充分保障。[17]放任自由主义的独特之处,是将经济自由放在核心位置,并认为一个竞争性的资本主义市场制度,最能体现及保障这种自由。根据弗里德曼的说法,竞争性资本主义是一种不同个体在市场上进行自愿分工合作的互利制度。它有两大特色:一、它以个人为基本单位;二、彼此的交易完全是自愿的。[18]交易自由包括在市场上自由出卖劳力、自由选择职业，以及自由转让财产等。政府的主要功能，是制定一套保障自由竞争的法律制度，并担当仲裁者角色，诠释和执行相关规则，使得自由交易能够顺利进行。[19] 弗里德曼认为，经济自由不仅本身重要，而且也是政治自由的必要条件，因为在市场经济中，经济力量分散在不同人手中，会对权力高度集中的政府产生制衡。[20] 既然自由是判断社会制度的终极目标，资本主义又最能保障我们的经济和政治自由，因此是最理想的制度。

想深一层，我们会发觉，交易自由其实默认了个人有权支配自己的财产。道理不难理解。如果要进行商品交易，每个交易者手上必须先拥有一些属于他的物品，这些物品可以是自然资源、经加工后的制成品，又或个人提供的服务。而交易者必须是这些物品的正当拥有者，否则他根本没有权利转让及处置这些物品。而任何人在未经拥有者同意下，强行取走他的物品，则侵犯了拥有者的权利。所以，交易自由必须默认某种私有财产制度。这个制度告诉我们，在满足什么条件下，个人能够正当地从大自然或他人手中获得稀有而有价值的物品，并具有使用及转让这些物品的自由。这种自由若以道德及法律权利的形式表达，则意味着它在我们的道德及法律体系中，私人财产成为一种个人权利。

放任自由主义者认为，只要建立一个私有财产受到法律严格保护的竞争性市场，那么财富的分配便应由参与者的自由交易来决定，政府不应为了某些政治或道德目的，对市场交易的结果做出任何干涉。征收累进税是其中一例。正如弗里德曼所说："作为一个自由主义者，对于那些只以收入再分配为目的的累进税，我觉得难以证成。这似乎是用强制性的手段，从一些人手中拿走一些财富，然后给予其他人的明证。因此，它直接和个人自由产生冲突。"[21] 这里所指的自由，当然预设了未抽税之前的财富，完全属于纳税者本人。

诺齐克的"应得权理论"（entitlement theory），对于这点有更为清楚的阐述。他认为，一个正义的社会只需处理好三个问题。第一个问题关于"原初占取"（initial acquisition），即社会要根据什么程序及标准，使得一些本来不属于任何人的东西，变成某些人的财产。针对此问题，诺齐克提出一个有关占取的公正原则（the principle of justice in acquisition），声称只要满足一个洛克式的附带条件（Lockean proviso），也即个人在占有大自然的资源时，没有使其他人（包括后代）的情况变得更坏，那么这种占取便是公正的。第一个问题解决后，接下来的问题是：一个人如何有权拥有本来属于别人的东西？这是有关转让的公正原则（the principle of justice in transfer）的问题。诺齐克的答案很简单：如果最初的占有是公正的，那么只要双方同意，物品的任何转让都是正义的。这显然是弗里德曼所称的自由交易原则。最后，当有人违反这两条原则时，社会则需要一条不公正占有或转让的修正原则（a principle of rectification of injustice）加以矫正。诺齐克声称，以上三条原则穷尽了分配正义中的所有问题。只要社会能够保证每个人的财产持有均符合原初占取和自由转让的原则，那么最后的财富分配无论结果是什么，都是公正的。如果政府透过征税或其他方式，进行社会资源再分配，那便严重侵犯了私有产权，剥夺了人们的自由。诺齐克甚至声称，"将人们凭劳力赚取的收入课税，等同强迫劳动（on a par with forced labor）"。[22]

由此可见，放任自由主义认为个人应该享有完全支配财产的权利。这个权利，既是资本主义的伦理基础，亦是保障自由（经济自由、政治自由等）的必要条件。这里有两点值得留意。一、私有产权并非自明或天赋的人权。任何财产分配的方式，都是人为制度的产物。而任何制度的正当性，均必须有道德理由的支持。如果我们有充分的理由，证明无限制的私产制度会危及一些根本价值，那么对其做出限制，是道德上可接受的。二、如果放任自由主义坚持个人自由为最高价值，同时主张私有产权对促进自由的必要性，那它必须论证：私有产权是最有效保护或促进自由的制度。我在下一节将指出这个论证并不成立。[23]

现在我们可以回到上一节最后提出的第二个问题，即放任自由主义在提倡自由的同时，应该如何避免效益主义的困难。最直接的做法，是放弃"极大化"这个目标，并加设某些限制，从而确保个体在追求自由的时候，不会损害他人的自由，又或侵犯他人的权益。因此，放任自由主义不应视所有自由为同质的东西，并将其简单加总，并以此作为判断社会制度的标准。它最合理的立场，理应是坚持每个人作为独立自主的个体，必须受到政府同等的关注和尊重，并在不损害他人的自由和权益的前提下，平等地享有一系列基本自由（basic liberties）。[24]

很多人在讨论放任自由主义时，往往只看到自由而忽略了平等，以为后者不占任何位置，甚至认为两者必然冲突。这种看法并不合理。如果放任自由主义只是一面倒地保障社会某一部分人的自由，其他人的自由要么被忽略要么被限制，那么作为一套道德理论，它没有任何吸引力。事实上，从洛克、卢梭、康德以降，整个自由主义传统均对"人人平等"有基本的道德承担。如果说自由主义体现了现代民主社会的精神，那么对平等的追求则是这种精神不可或缺的一部分。既然放任自由主义相信自由的重要，那它所追求的，理应是平等的公民均能够平等地享有这些自由，而非整体自由总量的增加，又或公民之间不平等的自由分配。[25] 自由和平等，并非截然对立的一组概念。自由，界定了人的根本利益；平等，则告诉我们这种利益该以何种方式分配，两者处于不同层次。或许有人会问，这是否表示自由不再是最根本的价值？这并不见得。基本自由是否最重要的政治价值，以及这些自由应该如何分配，是两个不同问题，并牵涉不同的道德考虑。接下来的问题是：以私有财产为基础的市场资本主义，能否在最大程度上实现平等的自由这个目标？

四

要回答上面的问题，我们可以将上一节的讨论，归纳整理为以下的论证：

前提（1）：一个正义社会的首要目标，是保障每个公民享有平等的基本自由。

前提（2）：诸种自由当中，最根本的是经济自由。而经济自由的必要条件，是建立一个不受政府干预的私有财产制度。

前提（3）：任何社会财富再分配，必然侵犯人们的私有财产，因而削减人的自由。

结论：只有一个不受政府干预、不作任何财富再分配的市场资本主义制度，才能最有效保障和促进平等的经济自由，因此最为公正。

让我们称此为"论证 B"。对很多人来说,论证 B 如果成立,将为放任自由主义提供极强的理论支持。我们或许可以用其他理由(例如剥削、社会不平等)来批评资本主义,但从保障公民平等的财产自由的角度来看,它是最合理的制度。既然自由是最重要的价值,资本主义遂有道德上的最高正当性。我以下将指出,这个论证并不成立。[26]

让我们先讨论前提(3)。按照前提(3)的说法,任何对私人财产的干涉,均必然会导致自由的减少。这似乎简单易明。如果我有一万元收入,而入息税的税率是 30%,则交税后我所能支配财产的自由度,自然跟着减少。但前提(3)中所称的财产再分配"会侵犯和削减人们的自由"的"人们",到底指谁?那自然是指拥有财产的人。可是前提(3)却忽略了一项事实:私有财产制一方面保障了有产者的自由,另一方面却同时限制了无产者的自由。

举例:城中某公园本来属于公众地方,不设门票,而且二十四小时开放,很多市民平时喜欢在里面散步玩乐,享受这难得的公共休憩空间。在此情况下,我们可以说,所有市民均享有相同的使用该公园的自由。设想现在有位大资本家看中这块地,并和政府达成协议,高价将公园买下来,变成他的私人高尔夫球场。这位资本家的自由于是大大增加,因为他从此垄断了使用该公园的权利,可以在里面进行任何活动。在未得到他的同意下,如果有人希望好像以前那样进入公园散步,他大可以叫警察将擅闯者赶走。就此而言,其他人失去了使用公园的自由。[27]

这个例子告诉我们,私有产权的概念同时涵蕴自由和不自由,而这和权利的概念有关。在一个以权利为基础的法律体系中,当我们说P（某人）享有某种权利去做X（某事）时，即表示P有自由去做X，以及Q（其他人）有义务不得干涉P的行动。如果Q强行干涉P的行动，法律会做出制裁。依此定义，"P拥有X的产权"涵蕴"Q没有使用或做X的自由"。

这意味着前提（3）的说法是误导的。既然任何产权制度均包含了自由和不自由两面，那么私有财产制固然保障了有产者占有、使用及转让财产的自由，却也同时限制了无产者的自由。同样道理，由政府推行的社会资源再分配政策，通过累进税及各种社会福利，将部分财富由高收入人士手中转移到低下阶层，虽然限制了前者的自由，但也增加了后者的自由。财产的转换，其实也是自由的转换。将财产再分配简单地视为对自由的侵犯，概念上一开始就错了。

如果上述说法成立，则资本主义并不能真正保障人们享有平等的经济自由。市场竞争的逻辑是优胜劣汰，弱肉强食。由于人的先天能力、家庭出身和个人际遇不同，竞争必然会加剧经济不平等，并使得大部分的生产工具、土地和财富逐渐集中在一小部分人手上，其他人则只能靠出卖劳力维生。那些老弱残障之辈，由于欠缺竞争力，更只能活在社会最底层。而在这样一个产权界定清晰、大部分财产集中在小部分人的经济体系中，富有的人和贫穷的人享有的经济自由其实极不平等。

设若其他条件相同，政府将有产者的部分资产，透过征税或其他方式转移到无产者或低下阶层手上，那么这不仅是在重新分配财富，也是在重新分配自由。在一个经济分配相对平等的社会，人们也较为平等地享有同样的经济自由。如果放任自由主义真的重视前提（1），它应该反对由市场竞争决定一切，并赞成政府采取各种措施缓和贫富悬殊,并为有需要的人提供支持,从而接近平等自由的理想。论证 B 因此不能成立。

由此角度出发,放任自由主义和自由主义左翼争论的焦点,并非前者要自由、后者要平等,而是争论哪一种财产分配制度,能在最大程度上平等地保障民主社会中公民享有的经济自由。以下,让我们看看放任自由主义如何反驳我的论证。

五

反驳一:这个回应声称,在一个私有财产受到保障的市场体系中,政府不会以个人的性别、肤色、种族、信仰或阶级等理由,干涉公民拥有、使用及转让财产的自由。就此而言,一个亿万富豪和一个乞丐其实享有相同的自由。穷人欠缺的,只是实践这些自由的能力或条件,却不是自由本身。有了这个区分,一个人的财产多寡和他享有的自由,便再没有关系。每个人都有同样自由去买公园,虽然只有极少数人有这样的条件做得到。

但这个区分并不合理。先重温一下自由的概念:当 X(行动者)能够免于 Y(某些人为的限制、干涉或障碍)而去做或不做 Z(某些事或行动)时,X 是自由的。现在的问题是,在公园的例子中,到底在何种意义上,那位将公园买下变成高尔夫球场的资本家和一般的老百姓,享有同样的自由?首先,他们肯定不是同样地享有使用球场的自由。没有资本家的允许,别人根本不能进去。但我们又可否说,由于所有人都不会因为性别、肤色、种族等差别而受到不公平对待,因此大家享有平等的购买公园的自由?不可以。因为除了这些因素,还要多加一个条件:必须要有足够的金钱。一个人如果没有钱而又想拥有一件属于他人的物品,他必然会受到法律的干涉。

再看另一例子。在寒冬,一个分文俱无的老妇经过一间百货公司,见到橱窗上挂着一件御寒大衣,她十分希望穿上它离开。不用多说,公司保安会立刻上前阻止,甚至将她交给警察。在这种情况下,老妇的自由显然受到限制,而唯一能够使她拥有大衣而又不受限制的,是金钱。在资本主义社会,法律只是保障一个人有钱才有占有大衣的自由。

我这里并不是说老妇应该这样做,更不是说她的自由受到限制是不合理的,而只是指出,在一个财产权清楚界定的制度中,当所有财产都已名下有主并受到法律保障时,在大部分情况下,金钱是一个人从另一个人手上得到物业的必要条件。当一个人没有钱,而又想拥有本来属于别人的物品时,国家会出来干预。因此,自由与自由的条件的区分在这里并不适用,因为贫穷确实使人少了自由,而不只是欠缺自由的条件而已。[28] 或许有人会问,这是否表示若要实践真正的平等的自由,每个人的财富应该大致一样?假设其他条件相同,单就每个人可支配的资源的自由而言,平等的自由的确要求相当大程度的平等的财富分配。[29]

反驳二:这个回应尝试对自由做出一种新的定义,从而为平等的自由辩护。它认为,人为干涉本身(interference *per se*)并非构成不自由的充分条件,而必须考虑该干涉是否违反了一个人的道德权利。如果一个人根本没有权利去做某个行动,那么别人对他的干涉,并不算限制他的自由。相反,只有当他被阻止去做他本来有权利做的事时,他才是不自由的。这是一个以"权利为参照的对自由的定义"(rights definition of freedom)。[30] 依此定义,如果拥有私有财产是人的基本权利，那么当个人财产被侵犯时，政府自然有理由干涉，而这种干涉并没有限制当事人的自由，因为当事人根本没有权利这样做。因此，那些擅闯高尔夫球场而遭拘留的人，又或擅取大衣而被阻止的老妇，他们的自由丝毫没有减少。如果这种说法成立，那么以私有产权为基础的资本主义，无论造成多大的贫富悬殊，也不会限制人们的自由。

这个回应看似巧妙，其实并不成立。首先，正如柯亨指出，这种对自由的定义会出现以下不合理的后果：一个因杀人而被判在铁窗中度过余生的人，仍然被视为自由的，因为他侵犯了别人的生命权。[31] 这是不必要地将"自由"一词的用途，限制在非常狭窄的范围内，使得许多法律上对人的限制，均变得和自由无关。在日常用法中，自由虽然有不同种类和不同的重要性，但我们很少会采取这种道德化的自由观（moralized conception）。相反，我们会用一种中立化的自由观（neutralized conception），即当一个人受到外在的人为限制而不能做他想做的事时，该人是不自由的——无论他所做的事，是否违反了他人的权利。一个人自由与否，与他的行为是否合乎道德，概念上应该分开。[32]

其次，如果放任自由主义接受这个道德化的定义，便等于是说放任自由主义的终极价值是权利，而非自由。我们必须先确定个体是否有绝对的拥有私产的权利，然后才能知道，到底哪种限制应被视为侵犯了个人自由。既然如此，我们再不能说，我们之所以接受私人产权，乃因为它是最有效保障及促进自由的手段。[33] 但如果权利是最高的道德判准，放任自由主义也就等于放弃了论证 B 的大前提，即一个正义社会最重要的目标，是保障每个公民（中立意义上的）平等的自由。

最后，一个更严重的问题是，这个道德化的自由观，将使得放任自由主义无法再批评自由主义左翼不重视自由，因为后者大可以使用同样逻辑，指出前者根本没有充分的道德理由证成绝对的先于制度的（pre-institutional）私有产权。相反，他们会主张，每个公民应有同样受到政府相同关注和尊重的权利（a fundamental right to equal concern and respect）。[34] 从这个权利出发，政府的首要目标，不是保障无限制的私有财产的累积，而是确保每个公民享有公平的平等机会（例如不会因为先天或后天的不利条件而受到歧视），以及在社会合作中得到合理的利益分成。要实现这个理想，自由主义左翼认为在市场竞争之外，政府有必要透过征税或其他方式，进行财富再分配和推行社会福利政策。就论证结构而言，自由主义左翼同样可以宣称限制有产者的财富累积，其实没有削减他们的自由，因为这样做并没违反他们的权利。左右两派自由主义的争论，遂变成个体应有什么权利，以及这些权利如何被证成的问题，而不再是哪一派更为重视自由的问题。放任自由主义一旦采用了这样的自由观，它再没有任何"先在的"（pre-given）道德上的优越位置，声称自己最能保障自由。

如果以上两个反驳都不成立，或许有人会问：为什么会有那么多人如此根深蒂固地相信，一个以私有产权为基础的资本主义社会，是保障每个公民平等自由的最好制度？为什么在许多人的想象中，它是一个类近乌托邦式的完全自由，没有任何宰制的制度？其中一个重要原因，是放任自由主义在为自己辩护时，巧妙地在同一论证中用了两种不同的自由观：当它批评财富再分配侵犯有产者的自由时，它用了中立化的自由观。但当它被质疑私有财产的制度必然会限制无产者的自由时，它却改用道德化的自由观，声称该等限制并不影响无产者的自由，因为他们根本没有权利去占取别人的财产。如果将这两者合在一起，资本主义自然是个自由乌托邦。但很明显，这个结论纯粹是由于在同一论证中用了两种不同的对自由的定义所致。[35]

如果放任自由主义前后一贯地（consistently）使用中立化的自由观，那它必须承认，私有产权在保障有产者的自由的同时，必然限制了无产者的自由，因此资本主义根本不可能实现平等的自由的理想。如果放任自由主义改为前后一贯地使用道德化的自由观，那么它便等于放弃了自由论证，而改为论证为什么社会上一小部分人有权利占有那些稀有的、本来不属于任何人的有用资源，并且可以将其无限制地继承累积下去。它也必须告诉我们，为什么像资本主义这样一个导致贫富不均、弱肉强食、机会不等的社会，仍然可以被视为保障公民平等的权利和自由的最好制度。

六

讨论至此，如果市场资本主义既不能极大化我们的自由，亦不能平等地保障我们的自由，那么放任自由主义还可以如何替自己辩护？在这一节，我将介绍两个甚为流行的论证，然后指出其不足。

第一个论证认为，两害相权取其轻，即使资本主义不是最好的保障平等自由的制度，也总较其他制度好，尤其较社会主义的集体所有制和计划经济好。在"冷战"时期，这种论证策略非常有效，因为它简单直接，而且有很多历史经验支持。例如哈耶克在

《到奴役之路》中指出，虽然在竞争性市场中，穷人的机会远较富人为少，家有财产的人变得更富有的概率，也远较无产者高得多，但一个在西方资本主义生活的非技术劳工，在"计划自己的人生"（shape his life）方面享有的自由，其实远较社会主义的苏联的一个更高工资的工程师或经理大得多，因为前者可以自由就业、自由迁徙、自由发表意见，以及选择自己喜欢的休闲方式，而不用时时受到集权国家的监管限制。更重要的，是社会主义将所有的个人所得及生产工具收归国有，令国家有至高无上的权力操控人们的生活，令个人完全失去自主的空间。[36]

哈耶克这本经典著作写于第二次世界大战尚未结束的1944年，在当时的历史处境下，他对社会主义计划经济的分析批判，的确深刻有力。但这个对资本主义的辩护有两个问题。一、如果哈耶克承认市场经济会导致贫富悬殊及阶级分化，根据上面的分析，他必须也承认，穷人享有的经济自由其实较富人少得多。他也难以否认，在"计划自己的人生"这一点上，富人所享有的自由，其实较穷人多得多。他不能以社会主义缺乏其他自由为由，来回避资本主义本身也限制了人们的自由这个事实，从而令人们有一错觉：因为资本主义有许多社会主义不容许的自由，因此它是完全自由的。[37]

二、哈耶克的论证，常常预设了一个两极化的立场：要么全盘接受市场资本主义，要么全盘接受计划经济和由之而来的极权主义，乃至丧失所有的政治和经济自由。既然计划经济会导致奴役之路，那么资本主义便是唯一的选择。但这个图像实在过于简化，因为这个世界并非只有两种选择。第二次世界大战后，西方民主国家在社会福利方面的实践告诉我们，我们可以既坚持民主宪政和基本自由的优先性，同时赞成国家采取积极措施，为公民提供一系列的社会福利（食物、医疗、教育、失业和退休保障等），确保公平的平等机会（征收遗产税、取消贵族学校等），乃至更公平的财富分配。[38] 这是自由主义左翼的基本立场：它反对中央集权的计划经济，因为这样会严重限制人们的政治和经济自由；它也反对彻底的市场资本主义，因为这样不仅无法确保平等的经济自由，而且会造成严重的社会不公。

当代自由主义左翼的代表罗尔斯，便从这样的视角思考问题：正义是社会制度的首要德性。因此，"用什么原则规范社会合作才是公正的"遂成为政治哲学的首要问题。要回答这个问题，必须先弄清楚什么是社会合作。社会合作既非自利的个体之间你死我活的零和游戏，亦非牺牲小我、完成大我的完全利他行为，而是自由且平等的公民之间的公平互利的合作计划。一套合理的正义原则，必须能够充分体现这种社会合作的理想。而自由、财产、市场等在社会基本结构中应扮演什么角色，以及应受到什么保护和限制，必须从社会正义的观点去考虑。例如：什么自由对促进公民的道德能力和人生理想最为重要？这些自由应按什么方式排序，才会得到平等的公民的合理同意？财产和收入应根据什么原则分配，市场竞争要满足什么条件，才能体现公平合作？

以上问题可以有不同答案。我这里旨在指出，自由和平等并不是必然对立、互不兼容的政治价值。恰恰相反，它们彼此息息相关。一个合理的自由主义正义观（liberal conception of justice），必须将自由和平等好好地统合在一起，并体现在政治和经济生活各个层面。放任自由主义指摘自由主义左翼为了平等、福利而牺牲自由，并不正确。自由主义左翼不仅重视自由，而且是以更公正的方式去重视自由。罗尔斯的第一条正义原则，明确规定"每个人都有同等的权利，在与所有人同样的自由体系兼容的情况下，拥有最广泛的平等的基本自由体系"（*TJ*, 302/266 rev.）。这些自由包括民主社会中的政治和公民自由，但却不包括无限制地拥有及累积财产的自由，罗尔斯的其中一个重要考虑，是因为过度的贫富悬殊，会大大破坏政治自由的公平价值（fair value of political liberties）。

　　罗尔斯的担忧，正好带出放任自由主义的第二个辩护，亦即认为资本主义是政治自由的必要条件。这里的政治自由，可指结社组党、参选与被参选、发表不同政见的自由等。如果这个论点成立，那么即使私有财产制导致经济不平等也是可以接受的，因为它保障了所有人的政治自由。历史告诉我们，社会主义的集体所有制和计划经济，的确对政治自由构成极大威胁。但这并不表示，资本主义因此是最合理的保障政治自由的制度。它造成的巨大贫富悬殊，同样会威胁民主社会中公民的平等的政治自由，因为它不仅令公民享有不同的物质生活，更会入侵其他领域，导致形形色色的不公平和宰制。民主政治中，最基本的政治原则是政治平等。财富多寡不应影响公民的政治权利。但现实上，大资本家却可以透过不同方式（例如传媒控制、政治游说、政治捐款，甚至贿赂）影响政府的决策。而在欠缺足够财政支持下，低下阶层除了几年才举行一次的投票，实际参与政治的程度其实相当有限。所以，容许无限制的私有财产的累积，不仅不是平等的政治自由的必要条件，甚至对民主政治的健康发展带来危害。

　　没有人能否认自由的价值。本章旨在表明，任何的自由理论必须进一步告诉我们，它所推崇的是哪些自由，那些自由又应以何种方式分配，以及它们如何构成一个自由的体系，并在社会政治经济制度中，得到合理体现。在本章中，我尝试论证放任自由主义的自由观及其主张的制度安排，并不能很好地回应这些问题。一个重视自由的自由主义者，不应以自由之名毫无保留地接受市场资本主义。

【注释】

1. Libertarianism 一词，也有人将其译为"极端自由主义"、"自由至上主义"、"右派自由主义"、"保守自由主义"等。
2. Milton Friedman, *Capitalism and Freedom* (Chicago: University of Chicago Press, 1962), p. 5.
3. 当然，他们大多会接受一个类似密尔所说的"伤害原则"，即实践个人自由的同时，不可以伤害其他人的自由。J. S. Mill, *On Liberty* (New York: Macmillan, 1956), p. 13.
4. 这个对资本主义的定义，见 Friedman, *Capitalism and Freedom*, p. 13。
5. F. A. Hayek, *The Road to Serfdom* (Chicago: University of Chicago Press, 1994), p. 16;Friedman, *Capitalism and Freedom*, p. 10; John Hospers, "What Libertarianism Is", in *Social Ethics*, ed. T. Mappes and J. Zembaty (McGraw Hill, 6th edition, 2002), pp. 319–326.
6. Jane S. Zembaty, "Social and Economic Justice", in *Social Ethics: Morality and Social Policy*, p. 312.
7. Thomas Nagel, "Libertarianism without Foundations", in *Reading Nozick*, ed. Jeffrey Paul (Oxford: Basil Blackwell, 1982), p. 192.
8. Friedman, *Capitalism and Freedom*, p. 5; Hayek, *The Road to Serfdom*, pp.

xxxv-xxxvi；亦可参考 Ludwig von Mises, *Liberalism: The Classical Tradition* (Indianapolis: Liberty Fund, 2005; first published in German in 1927)。

9. 诺齐克甚至称它为乌托邦。*Anarchy, State, and Utopia* (Oxford: Basil Blackwell, 1974).

10. 在有关效益主义的讨论中，效益亦可被界定为快乐、欲望的满足，又或一个人的理性偏好（rational preference）。

11. Isaiah Berlin, *Four Essays on Liberty* (Oxford: Oxford University Press, 1969), p. 122.

12. Nozick, *Anarchy, State, and Utopia*, p. 31. 对于这一传统的最新讨论，可参 E. Paul, F. Miller, J. Paul (eds.), *Natural Rights Liberalism from Locke to Nozick* (Cambridge: Cambridge University Press, 2005)。

13. Charles Taylor, "What's Wrong with Negative Liberty", in *Philosophy and the Human Sciences: Philosophical Papers 2* (Cambridge: Cambridge University Press, 1985), p. 219.

14. 同上书，页 218。这并不是说，信仰自由只是对教徒重要。信仰自由不仅意味着脱离或转信某种宗教的自由，也包含了政府或教会不应强迫非教徒相信任何宗教。

15. 这个定义出自 Gerald C. MacCallum, "Negative and Positive Freedom", in *Liberty*, ed. David Miller (New York: Oxford University Press, 1991), p. 102。

16. 详细讨论可参 John Rawls, *Political Liberalism* (New York: Columbia University Press, expanded edition, 2005), pp. 289-371。

17. 但在很多实行市场资本主义经济制度的国家，政治和公民自由却未必得到保障。

18. Friedman, *Capitalism and Freedom* (Chicago: University of Chicago Press, 1962), p. 14.

19. 同上书，页 15。亦可见 Hayek, *The Road to Serfdom* (Chicago: University of

Chicago Press,1994), p. 41。

20. Friedman, *Capitalism and Freedom*, pp. 15-16; Hayek, *The Road to Serfdom*, p. 115.

21. Friedman, *Capitalism and Freedom*, p. 174.

22. Nozick, *Anarchy, State, and Utopia*, p. 169. 对于诺齐克理论的详细讨论,可参 Jonathan Wolff, *Robert Nozick: Property, Justice and the Minimal State* (Stanford, California: Stanford University Press, 1991)。

23. 这里须留意,放任自由主义不一定视个人自由为最高价值。诺齐克便认为,个人权利(尤其是私有产权)才是最重要的道德考虑。我在下面将指出,权利的保障并不必然促进自由,这两者没有必然关系。但放任自由主义者并不愿意作这样的区分。他们往往强调,私有产权和自由密不可分,没有私有产权,便没有个人自由。其后的讨论,我将集中探讨私有产权作为一种手段对自由的影响,而非视私有产权本身为右派自由主义的道德基础。

24. 这里说的"理应"乃一价值判断,并相信这是放任自由主义最强的"自由论证"。

25. 当然,"平等"是一个本质上具争议性的概念(essentially contested concept),容许不同诠释。放任自由主义对平等的理解,大可和其他理论不同,却不表示它可以完全将平等放在一边,置之不理。

26. 这节讨论主要得益于 G. A. Cohen, "Capitalism, Freedom and the Proletariat", in *Liberty*, ed. David Miller, pp. 163-182。亦参 Will Kymlicka, *Contemporary Political Philosophy* (New York: Oxford University Press, 2nd edition, 2002), pp. 148-153。

27. 有人或会这样质疑:如果这个政府是民主的,市民亦皆同意政府出售公园,并将收益平均分配给每个市民,那么这个交易有何问题?但这个例子的目的,并非质疑这个交易是否合理,而在指出交易前后不同人的自由的增减。即使市民得到卖地的一部分收益，他们从此失去使用这个公园的自由这个事实依然不变。

28. 这里要小心，我并不是说富人与穷人在其他方面不可以享有同样的自由。我的讨论只是集中在财产方面。

29. 但这并不表示我们必须要这样做，因为除了经济自由以外，社会分配还可以有其他道德考虑，例如权利、应得、需要、个人自主及其应负的责任等。

30. Cohen, "Capitalism, Freedom and the Proletariat", p. 170. 亦可见 Kymlicka, *Contemporary Political Philosophy*, p. 151。

31. Cohen, "Capitalism, Freedom and the Proletariat", p. 171.

32. 这里所指的中立化的自由观，和前文谈及的不同自由的重要性，是两个不同问题，两者没有冲突。我们可以接受前者，然后指出不同种类的自由在人类生活中不同的重要性。

33. Kymlicka, *Contemporary Political Philosophy*, p. 142.

34. 例如可见 Ronald Dworkin, "Liberalism," in *Public and Private Morality*, ed. Stuart Hampshire (Cambridge: Cambridge University Press, 1978), p. 125。

35. Cohen, "Capitalism, Freedom and the Proletariat", pp. 171-172.

36. Hayek, *The Road to Serfdom*, pp. 113-114.

37. 当然，这并不表示我们因此要接受社会主义。

38. 英国工党的智库 IPPR（The Institute for Public Policy Research）对于工党的政治理念和立场，有相当清楚的论述。Nick Pearce and Will Paxton (eds.), *Social Justice: Building a Fairer Britain* (London: Politico's, 2005).

第四章　自由主义、宽容与虚无主义

一

我们应该如何活在一起？这是政治哲学最关心，也是任何政治社群必须面对的问题。但在多元的现代社会，这个问题却变得甚为棘手，因为对于何谓公正的社会，又或何谓美好的人生这些根本问题，不同宗教和文化背景的人常常有很大分歧。这些分歧，轻则导致争论不休，重则带来流血冲突。如何找到一组政治原则，令不同观点不同信仰的人能够合理地和平共处、彼此衷诚合作，是现代政治的极大挑战。

但我们知道，这组原则不可能再像前现代社会那样，诉诸任何超越的外在权威，例如上帝或体现上帝旨意的自然法，亦不能再诉诸不变的自然秩序或传统习俗，因为十七世纪欧洲启蒙运动和自然科学的兴起，深刻地改变了现代人看世界的方式。现代人相信，人不仅能了解及支配自然，也能凭借人的理性和感性能力以及对人性和社会的认识，在世间建立一个理想的政治秩序。这种对道德及政治的理解，是一种"范式转移"（paradigm shift）。[1]这个转移，大大提升了人的地位。人既不隶属于上帝，也不再是自然秩序的一部分,而是独立自主的理性主体。但这个转移也带来新的挑战:如果政治原则的终极基础只能源于人心,而人却拥有各种不同且常常冲突的世界观,那么众多自由独立的个体,如何能够找到共识,建立具有普遍权威的政治秩序? 这是现代社会的大问题。[2]

自由主义对于这个问题,提出了一套相当系统的方案。它主张政教分离,重视宽容,反对家长制,并强调每个公民享有一系列基本自由和个人权利。[3] 国家的角色,不是教人民应该如何生活,而是提供一个正义的制度框架,让人民能够自主地追求自己的人生价值观(conception of the good)。[4] 换言之,自由主义维系多元社会的方式,既非靠高压统治,亦非靠宗教或道德教化,而是建基于自由原则和宽容原则。这样一套理念,被广泛认为是回应多元社会最合理最有效的方式。而作为一套政治伦理,自由主义必然预设了某种道德理想。那么,自由主义的理想是什么? 它为什么主张自由和宽容?

施特劳斯(Leo Strauss)认为,自由主义背后的预设,不是什么道德理想,而是价值虚无主义(nihilism)。自由主义之所以主张宽容,是因为它认为"既然我们无从获得有关什么才是内在地便是善的(good)或正当的(right)知识,我们便不得不容忍各种关于善的或正当的意见,又或承认所有的偏好和'文明',都同样值得尊重。因此,唯有漫无限制的宽容才符合理性"。[5] 因此,虚无主义是因,宽容是果。倘若我们相信有普遍性的永恒的自然正当(natural right),宽容自无必要。[6] 但自由主义既然选择了宽容,这即意味着它认为人们所有的观点和选择均应平等视之,没有好坏可言,而指导我们行动的原则,只是盲目的喜好而已。这样的结果,往往导致价值规范崩溃,人们想做什么便做什么,"宽容成为不宽容的温床",政治蒙昧主义由此而起。[7] 因此,自由主义主张宽容,不仅没有理想可言,反而揭示了现代政治哲学乃至整个现代性的危机。[8] 施特劳斯认为,政治哲学的目标应是探究什么是正义的或最好的社会秩序,因此我们必须做出价值判断,而且这些判断须具普遍性的效力。但虚无主义的主张,却等于宣布政治哲学是不可能的,又或只是一个高贵的梦想而已。[9]

施特劳斯又认为,这个现代性危机始于马基雅维利,历经霍布斯、卢梭、康德以至尼采,一波甚于一波地将政治哲学推向虚无主义。[10] 严格点说,这个危机是这些思想家有意识的选择造成的,历史本应有其他可能性。[11] 克服虚无主义的唯一出路,是返回以柏拉图及亚里士多德为代表的古典目的论式的政治哲学传统,找到人的自然本性或人的自然目的(natural end),以追求美善的生活及实践人的德性为目标。而"所谓美善的生活,就是那符合人作为人的自然秩序的生活"。[12] 而人的本性和目的,具有普遍性和客观性,不受历史文化条件影响。[13] 施特劳斯进一步指出,最佳的政体(the best regime)只有一个,而且普世皆准,那便是最能引导我们发现及完善我们的自然本性的制度。[14] 用他自己的话:"为了达到人类最高的境界,人必须生活在最好的社会当中,亦即最能导致人类完善的社会。"[15] 但这样的社会,并不主张人人有平等的权利,因为每个人实践人性的能力各有不同,有些人需要别人的指导,有些人则先天地优越于他人。因此,最适合做统治者的乃是智者,因为他们最了解人的本性,而最佳的政体是贵族制(aristocracy)。智者统治不智者是合乎自然的,因为只有智者才真正知道什么对人的灵魂最好,一如只有医生才知道如何帮人治病。因此,给予人人平等的权利,反是最不正义的做法。[16] 施特劳斯因此认为，自由主义所主张的给予公民自由选择生活的平等权利，毋宁是一种堕落，因为"我应该如何生活"的答案不可能也不应该是多元的。接受多元、拒绝自然正当（natural right），就等于承认虚无主义。[17]

甘阳在《政治哲人施特劳斯》一书中，基本上接受了施特劳斯对自由主义的批评，并且有意识地将施特劳斯和以罗尔斯为代表的当代自由主义加以比较，并对后者提出强烈批评。[18] 例如他说："（施特劳斯）对霍布斯以来西方近代'自然权利说'或'天赋人权说'的批评，事实上早已提出了桑德尔和麦金太尔等在八十年代提出的几乎所有问题。因为他对霍布斯的批判，就是在批判后来罗尔斯等主张的'权利对于善的优先性'，就是在批判今天所谓'权利本位的自由主义'。"[19] 甘阳又认为，罗尔斯对自由的理解，结果只会是"等于将所有人都连根拔起，等于必须以'虚无主义'才能奠定政治社会，结果只可能是彻底动摇政治社会的根基"。[20] 甘阳显然希望将施特劳斯带入当代政治哲学争论的中心，从而彰显其理论的重要性，例如他说："在讨论施特劳斯问题上，我的目的同时是要勾勒出西方自由主义理论与后现代左翼理论的同源性，从而突现施特劳斯政治哲学是对自由主义与后现代理论的双重批判。"[21]

如果施特劳斯及甘阳的批评成立，自由主义自然面对极大的理论危机。道理不难理解。自由主义作为一套规范性的政治伦理，本身肯定一系列政治价值（自由、平等、宽容、权利等），并声称这些价值具有普遍性和优先性。如果自由主义预设了虚无主义，那它便会自我推翻（self-defeating），无法证成它所坚持的政治价值，因为自由主义再没有任何理由声称这些价值优于其他非自由主义（nonliberal）的价值。用施特劳斯的话，其结果会是食人族的道德和自由主义的道德，有着同样坚实的基础。[22] 因此，"自由民主制的危机，最恰当的理解，其实是道德基础的危机"。[23]

我在本章将指出，施特劳斯及甘阳这种对自由主义的批评，不能成立。我将论证，自由主义作为一套政治伦理，有它独特的对人的看法，也有它独特的道德理想，它不可能接受价值虚无主义作为它的基础。同时，自由主义主张宽容和个人自由，并不是因为它接受虚无主义，而是因为它相信这样做最合乎道德上的要求。

本章的篇幅相当长，但整个讨论将环绕两个核心问题：一、论证宽容作为一种德性，和虚无主义在概念上并不兼容；二、探讨宽容在自由主义传统中的道德基础，从而指出自由主义不必也不可能接受价值虚无主义的立场。文章结构如下。在第二节，我将界定虚无主义及宽容这两个概念，然后指出两者不仅没有任何必然联系，而且在概念上并不兼容。在第三节，我将讨论洛克及密尔的思想，指出他们支持宽容的理由，和虚无主义完全无关。第四节则进一步分析密尔对个人自主的看法，并指出其和效益主义之间的张力。承接第四节提出的问题，第五及第六节探讨罗尔斯如何从自由人的观点，证成个人自主是宽容的道德基础，并反驳甘阳对罗尔斯的批评。我选择这三位不同时期的自由主义哲学家作为讨论对象，因为这既可具体地回应施特劳斯和甘阳的批评，亦可借此阐明自由主义传统的一些基本理念。最后第七节，我将尝试回应在第二节提出的"宽容的悖论"（the paradox of toleration），指出自由主义如何能够既坚持宽容，同时无须接受虚无主义。

进入讨论之前,有几点宜先留意。

一、本章讨论的对象是自由主义的伦理基础,而非自由社会中的一般文化现象。在一个自由社会,人们可以持有各种不同甚至彼此相冲突的哲学观,虚无主义也许是其中一种。但我们不能因此说,自由主义本身必然导致虚无主义,又或自由主义预设了虚无主义。这显然是两个不同的问题。

二、当我说宽容作为一种德性时,它既是指在个人行动中表现出来的一种态度,同时亦指在社会制度设计上,如何体现宽容背后的道德理想,以及如何确保宽容在社会实践中成为可能。[24]

三、本章论证的一个主要策略,是指出从第一身的观点看(from a first-person point of view),一个人不可能既是自由主义者,同时又是虚无主义者。至于自由主义者所持的价值本身的性质为何,以及这些价值如何才能建立其客观性和普遍性,则属于哲学伦理学(philosophical ethics)层次的问题,第六节虽然有所触及,但并非本章重点,因为我的主要目的是指出自由主义有充分的理由拒绝虚无主义,而作为一套规范的政治理论,自由主义能够和不同的后设伦理观兼容。[25]

四、本章不像施特劳斯般,将自由主义等同于现代性。[26]自由主义只是回应现代社会的其中一种政治理论,还可以有其他的回应方式,施特劳斯本人的理论便是其中一种。[27]这个区分很重要,因为自由主义无须也不应自动及不加分辨地为现代性带来的种种问题负责。此外,我们亦应将"自由主义理论"(liberal theories)和"自由主义社会"(liberal societies)作一区分。前者作为一套道德和政治理想,由于种种限制,往往未能在社会中得到充分实现;而后者出现的许多问题,却不能不问情由地归咎于理论的不足。[28] 事实上,自由主义理论发展到今天仍然充满活力,其中一个主要原因,是这个传统仍然有足够的知性资源,对自由社会出现的各种问题(例如贫富悬殊问题、种族和性别歧视问题等)做出有力批判。

二

一如其他哲学概念,"虚无主义"可以指涉不同意义。[29] 施特劳斯所指的虚无主义,大抵是这样一种观点:即认为世间根本没有任何客观的有关善恶、对错、好坏、正义与否的标准。一切的价值判断都是变动不居,因历史和因人而异。由此而推到极端,则"所依据的原则除了我们盲目的喜好之外别无根据"。[30] 它彰显了理性的无力。对于什么是正义的社会秩序,又或什么是美好的生活方式,理性本身不能给我们任何指引。相反,"我们愈是培植理性,便愈多地培植起虚无主义"。[31] 换言之,虚无主义者不相信世间有任何普遍性的道德标准,也不相信事物有任何内在价值。所有价值争议,本质上只是人们不同口味及喜好的反映,因为我们根本提不出任何有效的理由,去支持或反对某种价值高于另一种价值。丧失普遍性的客观的价值判准,是虚无主义的主要特征。施特劳斯认为,虚无主义是现代性的产物,也是现代性危机的症结。

但为什么会这样呢?在《自然权利与历史》一书中,施特劳斯提供了两个解释。第一个和"彻底的历史主义"(radical historicism)的出现有关。历史主义认为,所有人类思想都是历史性的,都属于某一特定的"历史世界",某一"文化"、"文明"或"世界观",人类的认知能力注定不能超越特定的历史时空,因此没有所谓普遍有效的观点,也没有跨历史、跨文化的价值和政治秩序。一切都在恒常变动之中。某种思想或价值判断的有效性,必须视乎其出现的特定的历史背景。因此,"没有任何有关全体的观点,尤其是有关全部人生的观点能够号称是最终的,或者是普遍有效的"。[32]这显然是一种历史和文化相对主义的立场。施特劳斯认为,这种相对主义推到极端,终点将是虚无主义。如他所说:

> 唯一能够继续存在的标准,乃是那些纯属主观性的标准,它们除了个人的自由选择之外别无其他根据。从而,在好的与坏的选择之间的分别,并无任何客观标准可言。历史主义的顶峰就是虚无主义。[33]

第二个解释,则和事实(fact)与价值(value)的分野有关。这种观点认为,事实与价值是性质截然不同的东西。我们无法从某一有关事实的命题中直接推导出一个价值命题,因为价值是人主观赋予事实的。同样地,我们也无法从某物之被视为有价值或可欲,推断出它在事实方面具有某种性质。这是休谟最早提出、有名的"事实与价值的鸿沟"的论旨,即从实然推不出应然的观点。既然价值只是人们主观的喜好或选择的结果,那么在"应然"的领域自然不能建立任何真正的知识。对于决定人类行动的种种相互冲突的终极价值,理性无法裁断不同价值的高低,而只能留给每个个体自由的、非理性的(non-rational)决断。这正是韦伯(Max Weber)所称的"价值多神主义"。施特劳斯认为,"韦伯的命题必定会导致虚无主义,又或是这样一种观点:每一种取舍,无论其如何的邪恶、卑下或无辜，都会在理性的祭坛前被判决为与任何别的取舍一样合理"。[34]

施特劳斯对于历史主义和实证主义的批评，和自由主义有何关系？施特劳斯指出，正是因为自由主义接受了虚无主义的价值观，才会大力鼓吹所谓的宽容（toleration）精神，才会任由人们对于种种价值问题做出自由的抉择。甘阳对此有很精要的解释：

> 他（施特劳斯）说二十世纪的"大方的自由派"（generous liberals）认为，由于人不能获得关于绝对好和绝对正确的真正知识（genuine knowledge of what is intrinsically good or right），因此必须对所有关于"好或对"的意见给予宽容，承认所有的偏好和所有的文明都是同样好同样值得尊重的。"自由主义的相对主义（liberal relativism）之根源在于只讲宽容的天赋权利传统，亦即认为每个人都有天赋权利去追求他自己理解的幸福。"这自然正是密尔在《论自由》中首先奠定而今天罗尔斯等继续展开的自由主义的基本立场，但施特劳斯则强调，"在尊重差异性和个别性（diversity and individuality）与承认自然正确之间是有张力的"，因为"当代对自然正确的拒绝就导致虚无主义而且就等同于虚无主义"。[35]

根据施特劳斯的说法，自由主义支持宽容的理由如下：它首先接受虚无主义对价值的基本看法，即接受不同的价值和人生观之间根本没有客观比较的基础，由此推出所有价值都是同样地好，以及我们应该宽容人们的各种选择。正因为谈不上对错好坏，才会得出

"只有毫无限制的宽容才合乎理性"的结论。[36] 而不宽容之所以受谴责，乃因为"它们建立在一个显然虚假的前提，即人们知道什么是善（good）的基础"。由此可见，现代性危机的最深根源，是现代社会广泛地接受了虚无主义的价值命题，而自由主义则是虚无主义泛滥下的必然产物。

但施特劳斯这种对自由主义的理解，大有问题。第一，自由主义虽然主张宽容，并给予人们很大空间去选择自己喜欢的生活方式，但它绝对没有说要漫无限制地容忍所有的偏好和文明。[37] 作为一套规范性的政治原则，它清晰界定了公民的权利和义务，并透过各种制度安排，确保这些原则得到严格服从。自由主义的政治原则从一开始便限定了什么人生价值的追求是可以被容许，什么是不被鼓励乃至要被禁止的，它不会容忍那些背离自由主义基本原则的行为。这正是罗尔斯所称的"正当优先于好"（the right is prior to the good）的基本意思："正义的优先性，部分出于以下主张：凡违反正义原则的利益，都没有价值。由于一开始便没什么可取之处，它们因此不能凌驾正义的要求。"（TJ, 31/27 rev.）所以，对于那些反对信仰自由、主张种族歧视，又或反对政治平等的观点，自由主义都不会尊重。以罗尔斯的正义原则为例，它要求政府确保人们享有平等的基本自由、公平的平等机会，以及经济不平等分配必须对社会的弱势者最为有利（TJ, 302/266 rev.）。这些原则体现了罗尔斯对自由平等和公平的社会合作的理解。所以，自由主义不可能会同意施特劳斯所说，"不宽容是与宽容具有同样尊严的一种价值"。[38]

第二，在自由主义传统中，尊重个别性和差异性的原因，并非因为无法判断这些人生价值的好坏高低，亦非因为凡是人们选择的便是合理的，而是因为其他的道德考虑，例如对国家的权限的理解、对人性和幸福生活的看法，以至对个人自主和平等尊重的坚持等。因此，证成宽容可以有不同的理由，而宽容和虚无主义之间没有任何必然的关系（这些理由将在下面详细讨论）。

第三，施特劳斯的逻辑推论大有问题。按定义，虚无主义是指没有任何可作价值比较的客观标准。如果这样，我们根本不能从"不能获得关于绝对好和绝对正确的真正知识"推论出"所有的偏好和所有的文明都是同样好同样值得尊重（equally respectable）"这个结论，因为"同样好同样值得尊重"本身已预设了两者是可以比较的，而任何的比较均必须预设一个可供比较的标准。如果虚无主义为真，那么合理的推论，应是所有的价值根本不能互相比较（incomparable）。既然如此，我们便不能说，所有偏好是"同样好同样值得尊重"了。

再进一步，"值得尊重"本身是个规范性的价值判断。如果虚无主义为真，那么我们又如何可以得出"所有的偏好和文明同样值得尊重"这个普遍性的结论呢？要证成后者，我们必须加入一个普遍性的道德前提。例如我们可以说，虽然价值无法比较，但因为价值是人们选择的产物，而不管选择的内容是什么，选择本身是有同等的道德分量的，因此应该受到平等的尊重。[39]但这个回应意味着"选择"本身便是内在地有价值（intrinsically good）的东西。但这个普遍性的价值命题，恰恰是虚无主义要加以拒绝的。因此，从虚无主义推导不出宽容和尊重。既然自由主义主张宽容，那么它自然不可能预设虚无主义。

最后，也是最重要的，是施特劳斯似乎从根本上误解了"宽容"这一概念的意思。自由主义所说的"宽容"作为一种德性,是指一方(宽容者)虽然相信有合理的理由指摘另一方(被宽容者)的行为、信仰或生活方式在道德上不能被接受,同时宽容者有能力对被宽容者做出强制干预,但却有意识地克制自己不采取任何行动。[40]宗教宽容是这样的例子。我们见到,宽容问题之所以会出现,正因为宽容者有强烈的道德信念,并且相信这些信念具有普遍性。因此,他不可能是个虚无主义者,否则宽容作为一种德性的语境(context)将被彻底消解,宽容者面对的道德两难,也将变得无从理解。

或许有人提出以下反驳:"虽说一个虚无主义者不可以对他人示以道德反感,但可以有情绪上的反感。正由于虚无主义者自觉到自己的反感只是情绪上的,根本没有理据干预他人,所以选择宽容。"[41]但如果只有情绪上的反感,那么宽容便不能被视为一种德性,因为他知道自己的反感并没有合理的理由支持。(如果任何反感都被容许,则会出现一个人愈多无理的反感,然后努力克制自己,则他变得愈有德性的奇怪结论。)再者,即使人自觉到自己的情绪没有根据,也推不出宽容便最合理,因为在这种情况下,选择不宽容也谈不上道德上错。要令上述说法成立,必须加入以下论证:"虚无主义者意识到自己的反感没有根据,同时意识到他人和自己在道德上是平等的,每个人都应受到平等的尊重,所以选择宽容。"问题却在于,一个表里如一的虚无主义者无法提出"道德平等"这样的论证。

施特劳斯或会回应,他只是相当宽松地使用"宽容"来指涉一种放任不干涉的态度而已,而不是视宽容作为一种德性。如果是这样，我们有必要将宽容作为一种道德理想（a moral ideal），和宽容作为一种政治实践（a political practice）区分开来。[42] 作为一种实践，是说人们在实际生活中表现出来的对他人的克制和容忍。但这种克制，却不一定出于人们认同宽容是一种道德理想，而是基于其他和道德无关的考虑。例如由于双方势力相若，为了保障自己的利益，大家视宽容为迫不得已的暂时妥协（modus vivendi）或某种理性选择（rational choice）的策略而已。但这意味着，当双方的权力关系一旦改变，彼此宽容的关系便有随时破裂的危机，而强势一方即使采取任何不宽容的举动，也不能被视为道德上错。[43] 因此，当宽容只是一种行动策略时，它并不是自由主义所理解的德性。尽管如此，如果我们继续追问虚无主义是否必然导致宽容这种政治实践，答案仍然是否定的。

首先，这与历史不符。政治思想史家德克（Richard Tuck）指出，在十六及十七世纪的欧洲，价值怀疑论者往往会赞成宗教迫害，而非宗教宽容。[44] 根据德克的研究，当时的新斯多葛学派（neo-Stoicism）的怀疑论者，追求一种"平静沉稳"（imperturbability）的生活，接纳道德相对主义的立场，不相信有任何客观普遍性的道德和宗教真理。[45] 可是在当时的社会，却有很多虔敬教徒，狂热鼓吹他们的信仰。怀疑论者于是面对这样的难题：如果压制这些教徒，则和他们本身主张的生活信念不兼容；如果放任不管，却有可能导致社会分裂，秩序不稳，甚至危及自身。在这种处境中，怀疑论者往往置道德信仰于政治原则之下，即为了确保社会秩序而采取宗教不宽容的措施。德克因此认为，历史上怀疑主义和宽容没有任何必然关系。即使有，也只是在某些情况下，宽容是维持社会安定较为有效的一种方式而已。

由此可见，如果我们永远不可能得到有关道德及宗教的知识，又或不可能知道这些信仰及价值的对错好坏，那么在某些情况下，如果允许信仰自由，有可能令社会不稳，又或增加不同教派冲突的机会，那么选择不宽容是明智的。虚无主义和宽容作为一种政治实践，两者没有任何内在联系。但这不可能是自由主义的立场，因为它坚持宽容和信仰自由在价值上优于不宽容和宗教迫害。自由主义选择宽容，不是因为在政治道德中没有对错，而是因为宽容本身是一种值得坚持的道德理想。

施特劳斯或会换一种方式继续质疑：如果自由主义不是放弃"自然正当"（natural right），那么又怎会容许多元和个性的发展？如果我们拥有"什么是好的生活方式"的知识，为什么还要视宽容为一种德性？毕竟，在尊重差异性与承认自然正当之间存在着张力。这是一个合理的质疑。自由主义要证成宽容作为一种德性，便须指出为什么即使有客观的判断价值对错好坏的标准，我们仍然选择宽容。

要回答这个问题，自由主义遂要面对所谓"宽容的悖论"（the paradox of toleration）。当代哲学家威廉斯（Bernard Williams）曾将这个悖论刻画得入木三分。他说，最迫切需要宽容的环境，正是社会不同群体之间存在极难化解的政治、道德及宗教冲突的时候，因为如果彼此不宽容，最后只能以武力解决争端。吊诡的是，最需要宽容的对象，正是一个人道德和信仰上最难忍受的东西。设想你是虔诚的教徒，一方面深信自己的教派代表了真理，另一方面则视另一教派为亵渎神明的异端。你同时清楚信仰不仅仅是个人的一己选择而已，对方还会不断鼓动其他人信他们的宗教，影响下一代心灵，甚至破坏社会的和谐团结。如果对方的信仰明明是错，明明不该存在，我们为何还要宽容？而宽容为何仍是一种德性？这是宽容的悖论。[46] 要回答这个问题，我们必须探问宽容的道德基础。以下我将考察自由主义传统如何处理这个问题，并进一步从正面论证宽容的道德基础。我将先讨论洛克及密尔的思想。

三

在自由主义传统中，最早替宽容做出有力辩护的，是洛克的《论宗教宽容》。[47] 洛克不是虚无主义者，他是一位清教徒。洛克主张不同的基督教教派之间要彼此宽容，主要是根据他对国家和信仰的性质的理解。洛克认为，国家是由人民透过契约，自愿组成的具强制性的机构，目的是维护公民的自然权利和促进他们的利益，包括生命、自由、健康及财产的保护等，但却不包括灵魂的救赎。灵魂救赎是每个人自己的事，并不属于政府管辖的范围，官员的权力"不能也不应当以任何方式扩及灵魂拯救"。所以，"必须严格区分公民政府的事务与宗教事务，并正确规定二者之间的界限。如果做不到这点，那么这种经常性的争端，即以那些关心或至少是自认关心人的灵魂的人为一方，和以那些关心国家利益的人为另一方的双方争端，便不可能结束。"[48] 由此可见，洛克这里是主张政教分离。洛克这种对国家的理解，和古典政治哲学有着根本的不同。国家不再无所不在地介入人们的生活，按照它认为理想的方式，培养人们的德性，教导人们如何过一种美善的生活。相反，国家权力的运用，只限于保障个人的基本权利。对施特劳斯来说，洛克是沿着马基雅维利的路,将政治生活的目标降低,从而与大多数人实际所欲求的贴近了。[49] 但如果我们换个角度看,洛克强调政治权力的正当性,必须得到自由平等的个体的同意,其实是将目标提高了,因为人不再由于天生能力或阶级背景的不同而受到不平等的对待,个人权利及政治平等受到真正重视。而容许每个人有自由去选择自己的终极关怀,并对其负责,也肯定了人的主体性和自主性。

施特劳斯或许会质疑,为什么非要将政治和宗教分离?灵魂的拯救,不是人生的头等大事吗?洛克的回应是,正因为信仰是头等大事,而将这等大事交托给一些并不见得较一般人高明、但却拥有庞大权力的官员的手上,是最不明智的事。这关乎洛克对信仰的性质的理解。洛克认为,信仰关心的是灵魂的救赎,而灵魂救赎的必要条件,是人们必须从内心出发,真心相信自己所信的为真理。"真正的宗教的全部生命和动力,只在于内在的心灵的确信,没有这种确信,信仰就不成其为信仰(faith is not faith without believing)。"[50] 因此,政府如果以法律、刑罚等强迫人们信奉某一教派,人们只会表面服从,内心却会极力反抗,这样反会成为灵魂拯救的巨大障碍。因此,宗教不宽容其实是一种非理性(irrational)的做法:它根本不能达到当权者想达到的目的。这里证成宽容的理由,是源于对信仰的性质的理解,和虚无主义无关。宽容者之所以选择宽容,正因为相信有真理存在,所以才会如此关注什么方式才能够使人得到真理。

但洛克的论证有其限制。第一,洛克并不主张对天主教徒、穆斯林及无神论者实行宽容,因为前两者忠于外国的力量,会危及国家的管治权威,后者则由于不值得信赖,因为"诺言、契约和誓言这些人类社会的制约对无神论者是不可能具有约束力的"。[51] 第二，洛克的理论只是特别针对宗教宽容，却未必适用于其他领域。第三，洛克虽然解释了不宽容为何是不理性的，但却没有论证为什么在道德上是错的。我们可以想象，如果宽容者能够找到更有效的方式令其他人相信他的信仰（例如透过教育或洗脑的方式改变异教徒的信仰），那么宽容便不一定是必要的。因此，洛克的理论很难充分解释宽容为何是一种德性。[52]

密尔在其名著《论自由》中，则尝试为宽容寻找更为合理的道德基础。相较于洛克，密尔关注的并不限于宗教宽容，而是扩及生活每一层面，尤其是关注政府及社会所能正当地行使其权力于个人的性质及限度，以及个人享有多大程度的自由。[53] 密尔提出了他所谓的极为简单的"伤害原则"（harm principle）：

> 对于文明社会中的任一成员，在违反其意志而又不失正当地使用权力的唯一目的，是防止对他人的伤害。若说这样做是为了他的好——无论身体上或道德上——理由都不充分。一个人不应该被强迫做或不做一件事，并说因为这样做对他较好，又或使他更加快乐，又或从第三者看来，这样做是明智的或正确的。……任何人的行为，只有涉及他人的那部分才需向社会负责。至于仅涉及个人的部分，他是有理由绝对独立的。对于他本人，对于他的身体和意志，个人是最高的主权者。[54]

伤害原则充分体现了自由主义的精神：每个公民作为独立自主的个体，只要不伤害他人，便应享有充分的自由，选择自己喜

第四章　自由主义、宽容与虚无主义 | 129

欢的生活方式。这些自由包括思想和信仰自由、言论及出版自由等。因此，政府及社会应该宽容人们的选择——无论这些选择在他人眼中，是多么地离经叛道和难以接受。密尔不仅反对政治不宽容，也反对社会不宽容，也即托克维尔所称的民主社会的"多数人的暴虐"。这种暴虐最具体的表现，是社会大多数人常常将他们的意见和价值观，透过舆论压力和其他方式，强加在少数人身上。密尔甚至说："社会暴虐较那种种的政治压迫更为可怕，因为它虽不常以各种极端的刑罚为后盾，但却深入渗透于生活的每一细节，奴役人的灵魂，令人难以逃避。"[55] 要防止这种情况，首要的是确保在只关涉个人事务的领域，个人享有高度的行动上的自由。

伤害原则的理据在哪里？密尔在《论自由》开首，引用了德国哲学家洪堡特（Wilhelm von Humboldt）的话："在本书中展开的每个论证，都将直接指向一个总体的首要原则：人类最为丰富的多元发展具有绝对而根本的重要性。"[56] 由此可见，如何确保人的多元发展，是密尔的根本关怀，而伤害原则能够最有效达到这个目标。但多元为何如此重要？社会单一固然不好，但这并不表示愈多元便愈好。如果社会充斥各种低俗的生活方式，人们的道德及生活质素岂不是不升反降？社会过度多元，难道不会不利于社会团结和谐？密尔的同时代人史提芬（J. Fitzjames Stephen）便提出质疑："一个人人清醒的国家，会更快乐、更美好和更进步，虽然它较一个一半国民清醒、一半国民是长期酒鬼的国家，少了一些差异。"[57]

密尔之所以提倡多元，是因为他认为一个价值和生活方式多元的社会，才最符合人性的发展，因为人类不是根据同一模型铸造出来的千篇一律的机器。相反,每个人的性格、喜好、潜质均各有不同,没有所谓唯一的适合所有人的生活方式(mode of life)。因此,一个人活得丰盛幸福的必要条件,是容许他有充分的自由,找到最适合他的生活方式,发展自己的个性和潜能,活出真我。密尔对此有很精彩的描述,值得详引:

> 我们没有理由相信,人类的所有存在方式,只能建基于一种或相当少数的几种模式。如果一个人拥有相当的常识和经验,他为自己的生活所设计的模式是最好的。这并非由于它本身是最好的,而是因为那是他自己的模式。人不像羊,更何况羊也不是无所区别。一个人不能得到一件称身的大衣或一双合脚的靴子,除非那是度身订造,又或从一个大商店中随意挑选。难道给这个人一种合适的生活,较给他一件合适的大衣来得容易?又或者人类彼此在身体及精神构造上,较他们的脚形有更多的相似?只要指出人们有多元的嗜好,便足以构成不要尝试将人们铸成同一个模型的理由。而不同的人,也需要不同的条件,满足他们的精神发展。……人类在快乐的来源、对痛苦的感受,以及不同物质及道德能力对他们的作用上,都是如此千差万别。除非在生活方式上有相应的多元性存在,否则他们不能公平地得到属于他们的幸福,也不能在精神、道德及审美方面成长到他们的本性所能达到的境界。[58]

由此可见,密尔之所以赞成多元,完全基于他对人性的理解。人性是多元的,因此没有古典政治哲学中所谓唯一的普遍的自然目的，也没有适用于所有人的生活方式。相反，不同方式对不同人会有不同意义。人们应该宽容那些从自己的观点看来难以接受的价值观，因为海畔有逐臭之夫，对你来说难以忍受的生活方式，他人却可能甘之如饴。密尔主张"生活的实验"（experiments of living），认为只有多加尝试、勇于选择，个体才能发展自己的心智和道德能力，实现真我。但这不是价值虚无主义，因为虽然没有一双鞋是所有人都合穿的，却不表示没有一双鞋是我最合穿的，亦不表示鞋本身没有价值。密尔支持的毋宁是一种人性多元论，反对有一种生活方式适用于所有人。[59]

四

密尔的论证却可能遭到以下质疑：即使"人性多元"这个说法合理，也不表示个人最清楚自己的个性，并晓得选择最适合自己的生活。即使一个心智成熟的人，有时也会做出非理性的选择，例如由于意志薄弱，又或目光短浅，因而看不到什么才是自己的真正利益。在这种情况下，一定程度的家长制，不是显得十分合理吗？伤害原则似乎对此断然拒绝。但理由是什么呢？密尔当然不能说，凡是个人当下选择的便是最好的，因为这与经验不符。密尔的真正理由，是一个人"为自己的存在所设计的模式是最好的。这并非由于它本身是最好的，而是因为那是他自己的模式"。[60]所以，重要的不是一个人的选择的内在价值，而是他用什么方式去做。由此我们引入密尔证成宽容的第二个论证：个人自主（personal autonomy）。[61]这是自由主义十分重视的一个价值，也被认为是支持宽容的核心论证。[62]

"自主"这个概念，一般被认为包含三个条件。[63] 第一，一个自主的行动者必须能够自由行动，不会受到外力的限制，例如武力的干涉或法律制裁的威胁等。第二，他必须是个理性自由的能动者(free agent)，不会受到不能控制或自己不认同的欲望所支配，并能够对自己的欲望（first-order desire）做出反省和价值评估。就此而言，人具有自由意志，并能对自己的行为负责。有些哲学家认为，这是人之所以为人的本质特征。[64] 第三，一个自主的人，可以独立于他人的意志，并服从于自己为自己所订立的法则。如果我们接受自主的重要性，宽容的必要似乎不难理解。即使他人有充分的理由认同或反对某种生活方式，也不应强迫一个理性自主的人接受，因为这样会侵犯他的自由意志，将他只当作手段而非目的来看待。而对自主的重视，亦可反过来支持多元的重要。一方面，自主的人会自然地追求不同的、适合自己的生活方式。另一方面，实践个人自主，也要求一个多元的社会，使得个人有足够可供选择的生活方式。

我想施特劳斯在这里或会质疑，密尔的人性多元和个人自主的观点，实在过于空洞，因为它没有告诉我们任何有关美善生活的实质答案。密尔似乎在说：好好运用你的理性，选择你自己认为最适合的生活方式吧，唯一条件是你不能伤害别人。至于选择什么样的生活，以及这种生活对一个人的意义，完全属于个人事务，没有什么客观性可言。但当有关美善人生的问题被放进私人领域，当个人选择成了判断某种生活方式的价值高低的唯一标准时，岂不正承认了在这些根本问题上，并没有客观答案可言？在一个无所事事终日赌博的赌徒，和另一个敬业乐业行善好施的人之间，一个自由主义者似乎不能做出客观的价值评断，因为选择之上没有更高的标准。

选择成了唯一的标准。[65] 施特劳斯然后会下结论："如果我们的原则除了我们盲目的喜好之外，别无其他根据，那么凡是人们敢于去做的事，都是可容许的。当代对自然正当的拒斥导致虚无主义——不，它就等同于虚无主义。"[66]

但这个质疑依然须面对我在第二节提出的批评，即如果虚无主义为真，则表示包括自由主义原则在内的所有价值，都没有客观性可言。但密尔的伤害原则，显然是被视为普遍性及具约束力的道德原则，它同时肯定自由是发现真理、培养个性及发展个人自主的重要条件，不是个人任意的喜好而已。再者，如果所有原则均只是盲目的喜好，那么"个人选择"本身也不能成为一个压倒性的道德价值。既然虚无主义不能建立价值的规范性（normativity），自然不能证成自由主义。

有人或会为施特劳斯辩护，指出自由主义并非彻底的虚无主义，因为自由主义只是在"好"（good）的领域相信虚无主义，而在"正当"（right）的领域则接受价值客观主义。[67] 这意味着自由主义刻意将人类的价值划分为两个范畴。"正当"领域处理的是界定个人权利与义务的正义原则，以及人与人之间的道德责任问题；"好"的领域则关心什么才最能满足一个行动者的喜好和欲望，以及什么才构成一个幸福和有意义的人生等。具体点说，自由主义的基本价值，如自由、权利、平等、宽容等，属于"正当"的领域，而人们的美善人生的观念、宗教信仰、生活方式以至各种喜好欲望，则属于"好"的领域。不少人认为这种二分是自由主义的一个重要特点。[68]

姑勿论这个区分是否合理，但它并不适用于密尔，因为决定人们道德责任的伤害原则的理由,建基于这是追求个人幸福的必要条件。"好"与"正当"不仅不能分,而且密切相关。我相信其他自由主义也不会接受这样的立场,因为它根本站不住脚。第一,自由主义的政治原则,本身即包含了一组道德价值。它没有理由说这组价值必然是道德知识,而那些被归入私人领域的价值则是主观相对的喜好而已。第二,即使我们同意这种区分,又如何能够从这两者性质的不同,推出自由原则的优先性?要论证自由的重要性,必须指出它到底保障了我们什么样的根本利益(fundamental interest)。如果这些利益本身只是任意主观的喜好,自由原则亦不见得是社会最根本的正义原则。第三,设想一个虔诚的基督徒,如果他接受自由主义的先决条件,是要先承认其信仰本质上和虚无主义无异,那么他根本没有理由会接受自由主义的原则的优先性,因为这等于要他先彻底否定自己的信仰。所以,这种将"公共领域＝价值客观 vs. 私人领域＝价值虚无"的做法,难以成立。

但上述的批评,的确点出了"个人自主"的一个重要问题,即我们无法保证,一个自主的人必然会选择过一种好的或幸福的生活。个人自主似乎只是要求人们以某种方式去生活,即重视个人的理性选择,但它却无法进一步限定这种生活的实质内涵。对于其他自由主义者来说,这不仅没有不妥,甚至是一项优点,因为它可以包容众多不同的人生观。但对密尔来说,这却是个难题,因为他是一个效益主义者(utilitarian),"视效益为所有伦理问题的最后裁判"。[69] 什么是效益原则呢?那便是"行动的正当性,和它们可能产生的快乐成正比;行动的错误,和它们产生的痛苦或快乐的反面成正比"。[70] 它是自由及个人自主最后的道德基础。

但个人自主和整体效益之间,可能会发生冲突。倘若一个人的选择,并不能产生最大的快乐,那密尔似乎没有理由坚持个人自主的优先性。唯一的解释,是自主的选择必然总是能产生最大的效益。这的确是密尔的想法。例如他强调他所指的效益,是从人作为一个进步的存有(progressive being)的长久的利益来立论。[71] 而"自由是进步的唯一可靠而永久的源泉,因为一旦有了自由,那么有多少的个体,便有多少个独立的进步中心"。[72] 但密尔在这里显然过于乐观,因为自由原则和效益原则并不总是重叠的。效益主义最遭人批评的地方,正是在某些情况下,它会为了整体利益而牺牲个人的自由和权利。这点亦是罗尔斯在《正义论》对效益主义攻击最为着力之处。

因此,虽然密尔的伤害原则清楚显示出宽容和虚无主义无关,但他的效益主义立场却与个人自由存在很大张力。问题于是变成:自由主义可否既不预设效益原则(principle of utility),又不用接受虚无主义,却仍然能够证成宽容的重要性?当代自由主义哲学家罗尔斯对此提出了最有系统的论证。以下我将集中讨论他的理论,并同时进一步回应施特劳斯及甘阳对自由主义的批评。

五

罗尔斯的正义体系,包括两条原则,第一条是平等的基本自由原则(principle of equal basic liberties),即"每个人都有相同的权利,在与所有人相同的自由体系兼容的情况下,拥有最广泛的平等的基本自由体系"。[73] 这里的基本自由包括人身自由、思想信仰自由、结社言论自由、政治参与自由等。这些自由构成一个自由的体系,而由于不同自由之间难免会发生冲突，所以没有任何一种自由是绝对的，彼此必须做出调整均衡。这条原则意味着只要不侵犯他人的基本自由，每个人皆有权利追求自己的人生理想和宗教信仰。

罗尔斯如何证成他的原则呢？他称他的理论为康德式的道德建构主义（Kantian constructivism），基本特点是："透过明确规定一种特定的人的观念，并视其为一个合理的建构程序的元素，而最后得出的结果，则决定首要的正义原则的内容。"[74] 顾名思义，建构主义不持某种道德实在论（moral realist）的立场，认为有先验的或独立的道德实体，等待我们去发现。相反，正义原则的证成，是我们透过实践理性的运用而构造出来的。这个建构程序，是罗尔斯所称的"原初状态"（original position）。而将所有个人资料排除出去的"无知之幕"（veil of ignorance），其目的是确保这个程序公平合理。具体点说，原初状态是扮演中介者的角色，将人作为自由平等的道德人的观念（a conception of moral person as free and equal）体现于契约之中，然后透过理性选择，得出一组正义原则。罗尔斯的正义理论可被理解为建基于某种特定的道德人的观念之上。

所谓道德人，乃由人的两种基本道德能力构成。它们是正义感的能力，及形构理想人生观的能力。前者是指人们具有能够了解、应用并依从正义原则行事的能力，后者则指一种形成、修改及理性地追求不同人生目标的能力。这种能力使我们能理性安排自己的生活，并对自己的选择负责。罗尔斯进一步设定，在社会合作中，道德人有两种相应的最高序的旨趣（highest-order interests）去实践这两种能力。[75] 所谓平等，是指当人们最低限度拥有这两种能力时，彼此具有平等的权利去决定正义原则。而所谓自由人，最少有三重意思。第一，作为独立自主的个体，人们能够自发地对社会正义原则提出自己的观点和要求。第二，人们有能力对当下的欲望、目标以至最基本的信仰做出理性反省，并在必要时进行修正、调整甚至放弃。第三，人们能够对自己的选择负责。

原初状态分为两部分。第一部分是对原初状态的立约条件设下的种种限制，其目的是反映道德人的信念。例如透过无知之幕，将人们的社会背景及天赋能力等资料排除出去，便是反映人人平等的公平的理念，确保每个人有相同的议价能力。罗尔斯称这些限制为"合理的"（reasonable）部分。第二部分则是在原初状态中的立约者。他们被假定为理性自律的人（rational autonomy），即不受任何既定的原则的限制，可以自由地选择对他最有利的原则。这部分被称为"理性的"（rational）部分，而且它从属于（subordinate）"合理的"部分，即表示个人利益的追求必须受到道德原则的限制，这亦是罗尔斯所谓的"正当优先于好"的意思。

由此可见，若要了解罗尔斯的契约论，必须从整体看，而不要误以为正义原则只是一群自利者在自然状态中进行议价妥协的结果。原初状态本身是个道德设计，从一开始便约束了正义原则的内容及范围。"这些约束表达了我们视之为社会合作的公平条款的限制。因此，观察原初状态这个理念的一种方式，是视其为一个说明性的设计（expository device），统合这些条件的意义并协助我们引导出它们的后果。"（*TJ*, 21/19 rev.）严格而言，公平式的正义的证成基础并不在于理性自利者的同意，而在于规定原初状态的合理的条件上。这些条件背后的理由，才是支持得出两条原则的主要根据。"他们同意的基础，已由对立约环境的描述及他们对基本有用物品的偏好所设定。"（*TJ*, 147/127 rev.）因此，罗尔斯称由原初状态推导出两条正义原则，仿如严格的演绎关系。"我们必须留意，这些原则的被接受，并不是一种心理学定律或概率的猜测。理想而言，我希望显示，接受它们是符合原初状态的全面描述的唯一选择。"（*TJ*, 121/104 rev.）

有了以上背景，在继续讨论下去之前，我们可以先评估一下甘阳对罗尔斯的批评是否成立。甘阳认为，罗尔斯的假然契约论面对一个康德式的困难，即一个自由人在原初状态中为何必然会选择道德。甘阳于是质疑：

> 何以见得这个彻底自由的人一定会选择有法而不是无法？何以见得这个彻底自由的人一定选择把人当目的，却不会偏偏把人当手段？何以见得这个被"无知之幕"搞得连自己是男是女都还不知道的自由人，一定会选择"正义原则"而不是偏偏选择弱肉强食呢？[76]

这个批评纯粹出于对原初状态的性质的误解。第一，立约者并没有绝对的自由作任意选择。他们表面看来是理性自利的选择，其实一开始已受到原初状态各种道德条件的限制。而他们有一个共同目的，即希望找到最能实践及表现他们两种道德能力的原则。[77] 第二，立约者之所以选择有法而不是无法，因为这是他们进入原初状态的目的，即希望找到一个互惠（reciprocity）的公平合作原则。第三，他们之所以视人为目的而非仅为手段，之所以不选择弱肉强食，因为原初状态的限制，使立约者只能从一公正无私（impartial）的角度去思考。罗尔斯因此说："极端选择（radical choice）的想法，即通常和尼采及存在主义相关的观点，在公平式的正义中没有位置。原初状态的立约各方最为渴望得到的是基本有用物品（primary goods），而这种渴望，则是基于他们视发展和实践他们的道德能力为最高序的利益。此外，立约各方的同意亦受限于那些体现了合理条件的限制。"[78] 甘阳的批评忽略了原初状态的设计中"合理的"部分，以为正义原则只是一群理性自利者自由选择的结果。实际情况却是，罗尔斯整个理论从一开始已奠基于一种对"道德人"的理解之上。[79] 因此，要批评罗尔斯，最直截了当的方法是质疑他对人的理解。

事实上，甘阳亦朝这方向提出他的批评。例如他质疑罗尔斯的"自由人"，其实是将人变成"赤裸裸的孤立的个体"，将人置于"虚无"之中，然后试图在虚无之中重建家园。甘阳又指出，"奠定自由的途径因此绝不能像康德、罗尔斯那样先把人都提升到'绝对自由'的状态，这等于把所有人都连根拔起，等于必须以'虚无主义'才能奠定政治社会，结果只可能是彻底动摇政治社会的根基。"[80] 这个批评十分严厉。如果我的理解没错，甘阳应是指罗尔斯为了保证人们不受任何人生观的限制而获得绝对的自由，才透过无知之幕，将人们一切历史的、宗教的、族群的，甚至性别的各种偶然性排除出去，最后只剩下"光秃秃的个人"。而这种对自由人的理解，不仅与我们的生活经验不符，在道德上亦不可取，因为它一旦将我们的人生观打进私人领域，这个桑德尔所称的"没有任何承载的自我"（unencumbered self）便变得十分空洞，而只剩下选择的能力。由是，甘阳才会说"这个'自由'正是'虚无主义'的问题"。[81]

但这个批评对罗尔斯并不公平。首先，我们应留意，原初状态中的人不是真实生活中的人。原初状态只是一个人为的设计，目的是反映罗尔斯的道德信念。"加诸于原初状态立约各方的限制，以及他们之所以被如此理解，是要体现在一个良序社会中对自由平等的道德人的理解。"[82] 罗尔斯完全同意，在真实生活中，人们有不同的身份，亦有不同的宗教价值信仰。他从来没有要求我们放弃这些信仰，成为光秃秃的个体。他的意思毋宁是，既然我们的目的是要建构一套政治原则去规范社会合作，那我们必须先有一种对人及社会的特定看法。它们是建构主义的材料（materials）。没有它们，我们根本无从设计出一个合理的建构的程序。因此，罗尔斯要求我们暂时从种种特定的身份中抽离出来，只从"自由平等的道德人"这个观点去考虑正义问题。

这种"抽象化"（abstraction）的工作，在政治哲学中不仅无害，而且是必要的。例如果容许立约者知道自己的社会出身及天赋能力，我们将无法确保一个公平的商议环境。抽象化只是要求我们采取一种特定的视角，或将那些从道德的观点看并不相干的元素暂时"括号"（bracket）起来，而不是拒绝或放弃它们。[83] "抽象化"和"理想化"（idealization）不同，后者往往倾向将某些元素夸张扩大，从而扭曲事实。例如经济学中将人假定为纯粹的理性自利者，又或效益主义假定人总有足够的利他动机服从效益原则，便常遭人批评为过度理想化。[84]

那么，罗尔斯的"自由人"是否过度理想化？原初状态将和我们密切相关的人生观从无知之幕中排除出去，是否默认了一种价值怀疑主义，暗里承认我们不可能对于这些问题有真正的知识？罗尔斯告诉我们他这样做，至少有两重考虑。第一是和合理的多元主义有关。立约者知道真实世界是个价值多元的世界，每个人持有不同的宗教观世界观。他们亦了解到，除非使用暴力，否则人们不可能会共同信奉某种整全性的人生观（comprehensive conception of the good）。因此，社会合作的基础不可能建基于任何形式的人生观上，因为它不可能得到自由平等的参与者的同意。[85] 第二重考虑则和罗尔斯对自由人的理解密切相关。如前所述，人之所以自由，最具体的表现是人具有理性自主的能力，能够对自己的人生目标及价值信仰做出独立反省，并在有必要时修改或改变自己的世界观。立约者因此认识到，正义原则最重要的不是保障某种特定的人生观，而是确保一个实践个人自主（personal autonomy）的制度环境。人对个人自主的重视，优先于任何特定的人生观。基于这两种理由，立约者遂将我们的人生观排除出去。

罗尔斯的论证相当复杂，但其核心理念却相当清晰：我们视自己为自由人，并极度重视这个身份，因此我们有最高序的欲望，选择最能发展及实践我们的自主能力的原则。但我们不能只考虑自己的利益，因为我们同时接受平等原则的规范。我们的选择，必须得到其他人的合理同意。因此，最好的选择是人人享有平等的自由。自由和平等在这里并非对立的关系，而是属于两个不同层次。"自由"界定了我们的目标，"平等"限定了自由人之间的关系。个人对自由的追求，必须尊重平等原则设下的限制。既然平等和自由是罗尔斯理论的基石，虚无主义从何谈起？！

六

但我们为何如此重视个人自主？这显然不是自明的事实。对很多宗教信徒来说，毫无保留的相信也许远较事事反省来得重要。为回应这个批评，后期的罗尔斯做出一个"政治自由主义"的转向。他强调他的"人格观"只是一个"政治人的观念"（a political conception of the person），源于民主社会的公共文化，只适用于政治领域。而在非政治领域（nonpolitical sphere），人们则可持有其他不同的对人的理解。但这个回应难以令人满意。问题不在于一个人不可以同时相信不同的"人格观"，而在于按罗尔斯的说法，正义原则从我们一出生开始，便已深刻地影响我们生活的每一部分。和其他价值比较，正义原则更享有绝对的优先性。因此，它预设的"人格观"很难在内容上如此单薄，在适用范围上如此狭窄。例如当两种"人格观"发生冲突时，罗尔斯必须论证，人们为何必须给予自由主义的"政治人"优先性。至于罗尔斯辩称这种对人的理解来自民主社会的公共文化，亦有问题。困难不仅在于在多元社会中不同信仰的人，对人的性质及关怀有极为不同的理解。即使这问题解决了，罗尔斯依然必须告诉我们，为什么他心目中的"平等的自由人"，在道德上是值得追求的。因此，要证成自由主义，必须具体论证个人自主对我们生命的重要性。只有这样，自由主义才能得到人们由衷的支持。我以下尝试提出两个这样的论证。

第一个论证主张，个人自主是追求美好生活的重要条件。一个人活得不自主，很难称得上是在过一种幸福的生活。为什么呢？这牵涉到自由主义对人生的理解。我们只能活一次，而生命完全属于我们自己。我们在乎自己。我们希望活得精彩，过得丰盛。而人作为有自我意识及目的性的动物，我们的行动并不只是由本能推动。当基本的生活需要得到满足后，人自然有更多更高的追求，例如我

第四章　自由主义、宽容与虚无主义 | 143

们在不同领域追求卓越；我们透过生产和创造，展现人的原创性；我们关心灵魂的完善和救赎；我们盼望得到别人的认同和尊重；我们重视各种人际关系。这些东西是构成美好人生的重要元素，但这些元素在每个人生命中的比重及重要性，却各有不同。之所以不同，因为我们有不同的人生观、世界观。所谓人生观，是指一种指导我们看人生、看世界的方式。它告诉我们怎样的一种生活才有价值，什么是理想的人格及人际关系，人和自然及世界的关系等等。[86]它提供一个参照系，指导我们思考和行动，并使我们的生命具有相当程度的统一（unity）。[87]我们因此可以说，幸福人生的一个必要条件，是我们能够实现自己的人生观。[88]

但这是否表示只要我们能够实践当下的人生计划，人便得到幸福？不然，因为人有犯错的可能。[89]犯错可以源于不同原因。例如掌握错误的信息、错误估计自己的能力、受到他人的误导等。我们不仅手段上可能犯错，目标上也可能犯错。很多人或会有这样的经验，即在某段时间曾坚信不疑的信仰，又或矢志不移追求的事业，他日看来却是毫无价值。这可能是由于自己对问题的看法改变了，也可能是那些信仰本身便是错的。因此，我们应该发展我们的反省能力，能够站得远站得高一些，对既有的价值信念做出批判性的检讨评估。我们不必视自己的幸福必然系于某一特定的人生观。苏格拉底的名言"未经反省的生命，是不值得过的生命"，无疑体现这种精神。但这不是价值虚无主义，恰恰相反，正因为我们深信生活有好坏高低之分，深信我们有犯错的可能，我们才会重视反省，并力求活得更好。否则，反省这一活动将变得毫无价值。

有人或会马上质疑，既然我们的信仰有可能犯错，那是否表示其他可能知道正确答案的人,可以用各种方式强迫我们选择正确的答案?不可以。因为自由主义会多加一个条件,即幸福的生活必须在理智清醒的情况下,得到当事人真心真意的认可(endorse)。[90]别人可以提醒和劝导我们,但不可以强迫我们。"没有人的生命,会因为那些不被个人认可的外加的价值而变得更好。"[91]这是自由主义传统很深的一个信念。从前面的讨论我们已见到,洛克及密尔的思想中都有这种想法。例如洛克认为,真正的宗教信仰,必须得到人们内心真正的认同;密尔亦认为,一个人自己选择的生活模式是最好的,不是因为它本身是最好的,而是因为它是属于自己的模式。

个人内在的认可,为什么对幸福的人生这么重要?一个较直接的解释,是认为生命属于每个独立的个体。而在大多数情况下,个人才最清楚及最关心自己的生存境况,也只有个人才对自己的生活负责。[92]如果某种价值得不到一个人真心真意的认同,而是强加其上,那么即使从第三者的观点来看是多么理想,当事人的生活质素也不会因此而提高,他亦很难有足够的动机去实现这些价值。因此,一种价值是否对某个个体产生影响,需要一个内化(internalize)的过程。

有人或会再次提出质疑:自由主义这种观点,岂不正承认了价值全赖个人的主观选择?如果某种生活方式或活动,可以对不同人有不同的意义和重要性,岂不正说明了它们本身根本没有客观性可言?自由主义之所以重视选择自由和个人自主,岂不是骨子里接受了价值主观主义?

这是对价值的一个误解。要澄清这个误解,我们应认识到,"一种活动需要得到某人的认同接受,才变得对其有意义",和"一种活动本身可以独立于一个人的选择而对人有价值"两者是可以并行不悖、同时成立的。关键之处，在于这是从两种不同角度理解价值。以弹钢琴为例：在今天，我们普遍认同弹琴是一种有价值的活动。这种认同，体现在我们的音乐传统、各种各样的音乐会、教育、政府的艺术政策等上面。我们因此可以说，弹琴的价值已得到社会广泛的认同，并已深植于人们的审美意识之中。换句话说，它的价值并不赖于个别人当下的主观喜好。尽管如此，弹琴是否对"我"的生命有意义，却必须得到我的认同和接受。我可以一方面认识到弹琴的价值，另一方面却选择从事其他活动。原因可以有很多，例如我没有这方面的天资、我对其他活动有更大兴趣等。一旦接受这种区分，我们将发觉重视个人自主和肯定价值的客观性，两者没有冲突。当然，我们可以进一步追问弹琴的价值源于何处。这可以有很多不同的解释，例如它可以有效地表达人类的情感，又或者音乐令我们身心愉悦等。我这里只是要指出，个人自主的重要性并不需要默认价值虚无主义。

批评者或会退一步，指出当"我"选择弹琴时，这个选择本身至少是完全任意及主观的。这是另一个误解。不错，一个理性的人在选择其行动时，他必然是由理由（reasons）推动。[93] 这些理由可能源于他当下的某些欲望，也可能源于他的人生观，甚至源于他对道德原则的尊重。一方面，我们要求这些理由必须合乎工具理性，即在一个给定的目标下，这些理由是否能最有效实现这些目标；另一方面，我们也可以追问这些目标本身是否合理，尤其是当选择者的决定遭到他人质疑时，当事人通常会提出进一步的理由合理化自己的决定。这些理由，原则上必须是与选择者进行对话的人能够理解及可以接受的。[94] 换言之，这些理由至少是交互主体性的（intersubjective），而不是完全主观的。[95] 因此，我们的很多选择必须放在一个广阔的意义的世界中，才可得到充分的解释和证成。这个意义的世界包括我们的传统、文化、制度，以及一些被社会广泛接受的价值判断和道德实践。就此而言，"选择"本身绝非使得某种活动有价值的必要或充分条件。选择之所以重要，在于它使这些活动和我们的生命联结起来，彰显我们是独立自主的理性主体，并促使我们有动力去实现这些活动的价值。因此，重视个人自主和价值虚无主义没有任何关联。

如果以上分析成立，则追求一个美好的人生，必须满足两个条件。一、我们必须根据自己认同的人生目标引导自己的生活；二、我们必须有自由对自己当下的信念进行理性的反省。因此，国家需要提供一系列的基本自由（信仰及思想自由、人身自由、言论及结社自由）以及其他物质资源，帮助每个公民实践他们的个人自主。[96] 这部分解释了罗尔斯的"自由人"为什么会选择平等的基本自由为社会正义的首要原则。

但我有必要澄清几个可能的误解。第一，个人自主最多也只是幸福人生的必要条件，却非充分条件。一个美好人生，还需要其他条件配合，例如一个社会所能提供的选择的多寡、所选择的人生观本身是否有价值、个人运气（luck）等。因此，一个自由主义者大可以在容忍一个人选择做赌徒的同时，批评他的生活方式价值较低，例如赌博对个人品格的健康发展以及对家庭关系的损害等。自由主义没有必要说，凡个人选择的便有价值，又或有同样的价值。第二，个人自主并不要求人们时时刻刻对自己的信仰做出批判怀疑，亦不需要鼓励人们不断作出选择。这既不可能亦不可取。事实上，愈对我们影响深远的人生观，愈不容易改变。而一个人生命的深度，往往与他对自己的信念的坚持和投入程度有关。正如威廉斯指出，我们人生中的"根本计划"（ground project），会在最深刻的层次决定我们的人生意义及生存价值，不是我们想放弃便能放弃的。[97]自由主义没有必要否认这点。自由主义只需指出，正因为这些计划如此重要，所以我们才要尽量避免它们出错，才要防止别人强加这些计划在我们身上，国家才有必要保障我们的基本权利和自由，并使我们能自主地追求各自的人生目标。[98]

最后，重视个人自主，并不需要如社群主义所称的，将人变成孤零零的个体。自由主义完全可以同意，个人是社会性存有，人并不是一出生便知道自己想过什么生活，而总是透过不断学习，透过和重要的他者（significant others）对话，逐渐从文化传统中吸收养分，从而清楚自己的兴趣、能力和关怀，并形成自己的人生观、世界观。[99]自由主义因此理应重视营造一个良好的文化环境，提供足够的有价值的生活方式供人们选择，从而帮助人们发展其自主的能力。[100]大学教育常常强调批判性思考的重要性，道理便在于希望我们成为自主的人，学会如何生活。但个人自主是一个程度（matter of degree）而非零和（zero-sum）的概念。发展这种能力，无须将人连根拔起（事实上，这亦不可能）。任何批判必须同时预设一个批判的基础，自由主义强调反思批判的重要，却不必将人变成无根的虚无的个体。

以上论证，主要强调个人自主对追求幸福生活的重要性。以下我讨论第二个论证。这个论证强调"自由人"本身便值得我们珍视，因为实践自由体现了人作为人的本性。这种观点认为，人异于动物者，在于人有自由意志，可以理性地按自己的计划行事。如前所述，自由人体现于三方面。一、人可以自由地选择及反省自己的人生观；二、人可以对自己的选择负责；三、人可以透过实践理性去证成道德原则。因此，当我们被迫屈从于他人意志而不能按自己意愿行事的时候，当我们受制于偶然的外在的环境及内心的欲望，而不能独立地选择道德原则的时候，我们相当程度上丧失了人作为道德人这个重要的身份。自由主义认为，人的尊严和终极价值，系于"人是自由人"这一点上。当我们说我们应该平等尊重每个人，或给予每个人平等权利的时候，既不是考虑该人的社会地位或自然天资的高低，也不是考虑他所持的特定的信仰或人生计划，而是尊重人作为一个自主的行动者（autonomous agent）这个特点。换句话说，我们之所以在乎自己活得怎么样，之所以在乎行为的对错，之所以懂得问这些问题，背后正预设了我们视自身为自由人这个重要身份。失去自主，人与动物无异。

一旦认识到这点，我们不难看到，我们应该有最高序的（highest order）欲望去实践我们的道德能力，并建构一个最有利的社会制度，保障人的自主性。这解释了罗尔斯为何会如此重视"人是平等自由的道德人"这个身份，并将这个理念用不同方式反映在原初状态的设计上。[101] 而当我们按照从原初状态选择出来的原则行动时，我们便在体现作为自由人的本性，因为"要表现一个人作为某类特殊存有的本性，便须按照某些原则行动——如果人的本性是这些原则被选择的决定性因素的话"。(*TJ*, 252-253/222 rev.) [102] 罗尔斯称他的想法主要参考自康德的自律伦理学，原初状态可被视为在一个经验性框架内，对康德的自律观念（conception of autonomy）的一个程序性诠释。

有了以上两个论证，我们该可以明白自由人的重要性，并对罗尔斯的道德建构主义有更深入的了解。更重要的是，我们可以回答施特劳斯提出的挑战：自由主义之所以重视每个人有平等的权利按照他们对幸福的理解去追求他们的生活，不是因为世间再无好坏对错，而是因为只有这样，人才能追求到自己的幸福，才能实践人的本性。施特劳斯当然可以不同意这种对人的理解，但却不能说这是"自由主义的相对主义"（liberal relativism），又或虚无主义。[103]

七

最后，让我们回到"宽容的悖论"的问题。一个自由主义者，怎么可以宽容那不可容忍的，而同时坚持宽容作为一种德性？首先，我们须知道，自由主义不是凡事宽容。因为有些事情本身便不应该被容忍，因为这些行为被广泛认为是道德上错的，例如种族和性别歧视。另一方面，有些事情一开始便不应该反对，因此它们不应属于宽容的对象，例如一个人的生活喜好及品位，旁人没有理由干涉。撇除这两种情况，宽容的范围只限于那些宽容者有相当充分的理由反对，但却有意识地限制自己不做出干涉的信仰和行动。[104]这类情况通常存在于一些极富争议性的价值争论，又或社会大多数人相当不满的行为及信仰之中，例如堕胎问题、同性恋婚姻合法化、安乐死、色情刊物应否禁制，以至不同宗教教派的争论等。

我认为要疏解宽容的悖论，必须区分两类彼此冲突的理由。第一类是那些一开始便使得人们对该信仰产生道德反感或厌恶的理由；第二类是那些教我们采取克制态度的理由。换言之，我们要将尊重一个人的信仰和尊重人本身作一区分。当我们选择宽容，即表示一个人虽然对另一个人的信仰或行动有强烈不满，而且从前者的观点看，这些不满是有合理的理由支持，但基于对持有这些信仰或行动的人的尊重，他采取克制的态度。尊重人的什么呢？尊重每个人作为独立自主的道德主体。宽容的基础在于尊重人的自主性，并给予它在价值上的优先性。但宽容并不要求宽容者放弃自己的信念或接受虚无主义。宽容者一旦成为虚无主义者，那么宽容的悖论便不再存在，宽容也不再成为一种道德理想了。

培养宽容这种德性，绝不容易。最需要宽容的时候，通常是社会及群众压力最大的时候。宽容的艰难，在于必须能够穿过人们外在的种种差异分歧，看到人在最深的层面，分享着共同的人性，看到我们需要给予人平等的尊重。[105] 这不仅需要理性的认知，还需要有对人有真切的关怀和重视。社会没有宽容，哲人或许只能被迫从事施特劳斯所称的那令人费解的"隐讳教导"（esoteric teaching），而不能自由地畅所欲言。无待赘言，现代性和自由主义有很多难以克服的问题。但自由主义的宽容传统，却肯定是现代社会值得珍视的一项成就，而不是施特劳斯所称的现代性危机。

【注释】

1. 对于这个根本的转向，可参考 John Rawls, *Lectures on the History of Moral Philosophy*, ed. Barbara Herman (Cambridge, Mass.: Harvard University Press, 2000), pp. 1–11。

2. 罗尔斯曾将古希腊社会和现代社会作了一个很好的对照。*Political Liberalism* (New York: Columbia University Press, expanded edition, 2005), pp. xxiii–xxvi. 类似观点，亦可参见 Charles Larmore, *The Morals of Modernity* (Cambridge: Cambridge University Press,1996), p. 12。

3. Ronald Dworkin,"Liberalism", in *Public and Private Morality*, ed. Stuart Hampshire (Cambridge: Cambridge University Press, 1978), p. 127.

4. 我将 conception of the good 译为"人生价值观"，简称"人生观"，而非惯常译的"善的观念"，因为"善"在中文语境中，通常有道德上值得嘉许之意。但 conception of the good 只是中性地泛指人们对道德及世界的基本看法，包括什么构成美好的生活、人和社会及世界的关系等。对于这个概念的详细说明，见 Rawls, *Political Liberalism*, pp. 19-20。

5. Leo Strauss, *Natural Right and History* (Chicago and London: University of Chicago Press, 1953), p. 5. 以下简称 *NRH*。中译本可见施特劳斯，《自然权利与历史》，彭刚译（北京：生活·读书·新知三联书店，2003）。本章的引文参考了中译本，但仍会就原文做出我认为较妥当的翻译。又，施特劳斯在此书中总是将 right 和 good 同时并列，而不像自由主义般做出清楚区分。因此，我理解他所称的虚无主义，泛指道德和非道德领域的价值。

6. 在施特劳斯处，natural right 指称两个对立的观念。在现代政治哲学，它是指"自然权利"；在古典政治哲学，它是指"自然正当"或"古典的自然正义说"。甘阳对此作了一个很好的区分，参见《政治哲人施特劳斯》（香港：牛津大学出版社，2003），页 14-15。又，从"若自由主义相信虚无主义，则自由主义选择宽容"推导不出"若自由主义不相信虚无主义，则自由主义无须宽容"，但这似乎是施特劳斯的意思。见 *NRH*, p. 5。

7. *NRH*, pp. 5-6.

8. 值得留意的是，施特劳斯在批评自由主义或"自由民主制"（liberal

democracy）时，很少对自由主义的学理或某位自由主义哲学家的思想做出细致的分析。对于这点，可参见 John Gunnell, "Political Theory and Politics: The Case of Leo Strauss and Liberal Democracy", in *The Crisis of Liberal Democracy: A Straussian Perspective*, ed. Kenneth Deutsch and Walter Soffer (New York: State University of New York Press, 1987), pp. 69-75。但在这本书的导论中，两位编者却清楚指出，他们所指的自由主义，是以罗尔斯和德沃金（Ronald Dworkin）为代表的强调"中立性"（neutrality）的当代自由主义。

9. Strauss, "The Three Waves of Modernity", in *An Introduction to Political Philosophy: Ten Essays by Leo Strauss*, ed. Hilall Gildin (Detroit: Wayne State University Press, 1989), p. 81.

10. 同上书，页 81—98。亦可见 Strauss, *What is Political Philosophy?* (Chicago: University of Chicago Press, 1959), pp. 40-55。

11. 例如他说："如果现代性通过与前现代的思想的断裂而出现，那么那些成就这一断裂的伟大心灵必定已经意识到他们正在做些什么。" Strauss, "Three Waves of Modernity", p. 83. 按这种说法，现代性的发展是由这些思想家有意识地推动的，历史的发展是哲学家的选择。拉莫尔亦有类似观察，见 Larmore, *The Morals of Modernity*, p. 68。亦可见甘阳，《政治哲人施特劳斯》，页 21。而 Stephen Holmes 则提出一个看似无稽、但却值得深思的问题：如果现代性是由马基雅维利一人独力发起，那么岂不是说如果马基雅维利幼年夭折，现代性便不会出现？见 *The Anatomy of Antiliberalism* (Cambridge, Mass.: Harvard University Press, 1993), p. 84。

12. Strauss, *Natural Right and History*, p. 127.

13. 拉莫尔对这点有很好的讨论。Larmore, *The Morals of Modernity*, p. 75。

14. *NRH*, pp. 139-142. 但我们须留意，施特劳斯虽然认为最佳政体只有一个，但具正当性的（legitimate）政体却可以有不同形式。而最佳政体的实现,需要很多"机遇"的配合,而这是近乎不可能的。退而求其次,以君主制、贵族制及民主制混合而成的"混合政体"(mixed regime),堪称现实政治生活中的最好政体。又,施特劳斯所谓回到古典政治中去,并不是说要照搬希腊的政治制度。他承认现代社会已和古代社会有了根本的不同。教人诧异的,倒是他接受自由民主制是今天最接近古典所追求的、而又可行的理想。这个立论如何能和他对自由主义的批评兼容,实在令人困惑。Strauss, *City and Man* (Chicago: Rand McNally, 1964),p. 19; *What is Political Philosophy? And Other Studies* (Chicago: University of Chicago Press, 1988), p. 113.

15. *NRH*, p. 135.

16. *NRH*, pp. 134-135.

17. *NRH*, p. 5.

18. 我说"基本上",因为甘阳在书中并没有对施特劳斯的观点表示过什么异议或批评,而利用施特劳斯的观点来批评罗尔斯,则是甘阳的诠释,因为这两位哲学家生前并没有进行过任何哲学对话。

19. 甘阳,《政治哲人施特劳斯》,页60。在罗尔斯的语境下,"权利对于善的优先性"(the priority of the right over the good)译为"正当对于'好'的优先性"会较为妥当。"权利本位的自由主义"(right-based liberalism)这说法应是德沃金最早提出来诠释罗尔斯的《正义论》的,相对于"以目标为本位"(goal-based)及"以义务为本位"(duty-based)的理论。但正如我在第五、六节的讨论中指出,德沃金的诠释大有问题。我想罗尔斯会说他的理论是"以某种理想的道德人的观念为本位"(conception of ideal moral person) 的政治建构主义(political constructivism)理论。Dworkin, "The Original Position", in *Reading Rawls*, ed. Norman Daniels (Stanford: Stanford University Press, 1989), p. 38.

20. 甘阳,《政治哲人施特劳斯》,页72。令人困惑的是,甘阳虽然认同施特劳斯对自由主义做出的批评，但在社会政治问题上却十分同情自由左翼的立场。这两者如何能够兼容，甘阳在书中并没具体讨论。见页 148—149。

21. 同上书，页 142。
22. *NRH*, p. 3.
23. Kenneth Deutsch and Walter Soffer, "Introduction", in *The Crisis of Liberal Democracy: A Straussian Perspective*, p. 1.
24. 当然，这两个层次要处理的问题可以相当不同。但由于本章关心的是证成宽容背后的道德理由，而这些理由既适用于个人，也适用于社会制度。作者在这里多谢于兴中和周濂提出做出这个区分的必要。
25. 例如康德的自律伦理学，罗尔斯的道德建构主义便既反对虚无主义，又不接受实质的道德实在论（substantive moral realism）。对于这点的讨论，可参考 Christine Korsgaard, *The Sources of Normativity* (Cambridge: Cambridge University Press, 1996), pp.35-36。石元康对此有不同看法。他认为，价值主观主义及怀疑主义是自由主义强调的中立性论旨（neutrality thesis）的必要条件。《政治自由主义之中立性原则及其证成》，载刘擎、关小春编，《自由主义与中国现代性的思考》（香港：中文大学出版社，2002），页 4。
26. 甘阳指出，施特劳斯视西方现代性和自由主义是同义词。《政治哲人施特劳斯》，页 5。
27. 施特劳斯虽然极力反对历史主义，但我想他不能否认，他一生的工作，其实是在苦思如何回应现代性特有的危机。
28. 这个区分参考自 Holmes, *The Anatomy of Antiliberalism*, p. xiv。
29. 例如 Donald Crosby 便区分出政治、道德、知识论、宇宙及存在主义等不同种类的虚无主义。*The Specter of the Absurd: Sources and Criticisms of Modern Nihilism* (Albany: State University of New York Press, 1988), pp. 8-36。

30. *NRH*, p. 4. 施特劳斯在用"虚无主义"一词时，有时也指我们没有能力知道任何的道德知识，这便近于知识论上的价值怀疑主义了。"世间没有客观的道德知识"和"我们没有能力知道这些知识"是两个性质不同的命题。但细加比较，我认为他的意思是指前者，而这也合乎他对实证主义及历史主义的批评。

31. *NRH*, p. 6.

32. *NRH*, p. 21.

33. *NRH*, p.18. 但一个相对主义可以反驳说，从"所有思想价值的有效性均受限于某一时代或某一文化"，推导不出"除了自由选择之外别无根据"这个结论。相对主义反对世间有任何超越于历史时空的普遍的永恒价值，但却不必因此说，所有价值的标准最后只能化约到个人的任意选择，因为这些标准可以来自于个人所属的文化、传统等。施特劳斯常常将相对主义和虚无主义两者等同起来，似乎看不到这两者的根本分别。

34. *NRH*, p. 42.

35. 甘阳，《政治哲人施特劳斯》，页 62。引文中施特劳斯的原文，见 *NRH*, pp. 5—6。这里须留意，甘阳不仅接受施特劳斯的判断，还补充说这就是密尔及罗尔斯所持的自由主义立场。

36. *NRH*, p. 5.

37. 甘阳也有类似说法，例如他说："自由主义宣称其目的是一视同仁地尊重所有的宗教、所有种族、所有性别、所有历史文化传统。"《政治哲人施特劳斯》，页 65。

38. *NRH*, p. 5.

39. 多谢邓小虎向作者提出这个观点。

40. John Horton, "Toleration as a Virtue", in *Toleration: An Elusive Virtue*, ed. David Heyd (Princeton, NJ: Princeton University Press, 1996), p. 28; Susan

Mendus, *Toleration and the Limits of Liberalism* (London: Macmillan, 1989), Chap. 1; Peter Nicholson, "Toleration as a Moral Ideal", in *Aspects of Toleration: Philosophical Studies*, ed. John Horton and Susan Mendus (London: Methuen, 1985), pp. 160-162. 当然，这个界定本身不是没有争议，例如所谓合理的理由的性质及如何证成、干预的形式及程度、双方权力关系的大小，都可以有不同理解。尽管如此，这个对宽容的基本定义，还是被广泛接受的。

41. 多谢卢杰雄向作者提出这个观点。
42. 这个区分参考自 Bernard Williams, "Toleration: An Impossible Virtue?", in *Toleration: An Elusive Virtue*, pp. 20-21.
43. 当然，我们可以说这样的行动是不明智的，因为强势者未能充分考虑到各种变量。但这是一个手段或策略的考虑，却非道德论证。
44. Richard Tuck, "Scepticism and Toleration in the Seventeenth Century", in *Justifying Toleration*, ed. Susan Mendus (Cambridge: Cambridge University Press, 1988), pp. 21-35.
45. 德克在文中主要讨论了荷兰哲学家 Justus Lipsius 的思想及由其引发的影响深远的、有关宗教宽容的争论。
46. Williams, "Toleration: An Impossible Virtue?", p. 18; 亦可参见 Mendus, *Toleration and the Limits of Liberalism*, pp. 18-19。
47. John Locke, *A Letter Concerning Toleration in Focus*, ed. John Horton and Susan Mendus (London: Routledge, 1991), pp. 12-56. 中译本可见洛克，《论宗教宽容》，吴云贵译（北京：商务印书馆，1996）。
48. Locke, *A Letter Concerning Toleration in Focus*, p. 17.
49. Strauss, "The Three Waves of Modernity", p. 87.
50. Locke, *A Letter Concerning Toleration in Focus*, p. 18.
51. Ibid., pp. 47-48.

52. 对于洛克理论的批评，可参见 Jeremy Waldron, "Locke: Toleration and the Rationality of Persecution", in *John Locke: A Letter Concerning Toleration in Focus*, pp. 98-124。

53. J. S. Mill, *On Liberty* (New York: Macmillan, 1956), p. 3. 严复当年将此书译为《群己权界论》（上海：商务印书馆，1930）。

54. Ibid., p. 13.

55. Ibid., p. 7.

56. 原文是："The grand, leading principle, towards which every argument unfolded in these pages directly converges, is the absolute and essential importance of human development in its richest diversity."

57. 转引自 Mendus, *Toleration and the Limits of Liberalism*, p. 49。

58. Mill, *On Liberty*, pp. 82-83.

59. 但这却不表示密尔相信一个社会多元的程度可以无穷尽，也不表示所有方式都是同样地好。密尔的名言："做个不快乐的苏格拉底，较做个快乐的蠢人为好"，便是一例。*Utilitarianism* (London: Fontana, 1962), p. 260.

60. Mill, *On Liberty*, p. 82.

61. 密尔本人并没有用"个人自主"这个名词来形容他的观点。

62. 例如 Joseph Raz, "Autonomy, Toleration and the Harm Principle", in *Justifying Toleration*, p. 155。

63. 这里主要参考 Mendus, *Toleration and the Limits of Liberalism*, p. 53。

64. Harry Frankfurt, *The Importance of What We Care About* (Cambridge: Cambridge University Press, 1988), pp. 11-25; Gary Watson, *Agency and Answerability* (Oxford: Clarendon Press, 2004), pp. 13-32. 另，这个条件相当接近于伯林所说的积极自由。Isaiah Berlin, "Two Concepts of Liberty", in *Four Essays on Liberty* (Oxford: Oxford University Press, 1969), pp. 131-132.

65. 密尔本人并不持这种观点，因为他相信不同的快乐有质量上的区别。而他似乎亦相信，人类作为能不断保持进步的存有，会自然选择那些最能发展自己道德能力的生活方式。但如果我们只从伤害原则来看，政府或社会是不应干涉一个人的选择的——只要选择对他人不构成伤害。

66. *NRH*, p. 5.
67. Good 很难有妥当的翻译。一般人将其译作"善"，但并不十分准确。我将其直译为"好"，并加引号，作名词用。
68. 甘阳便持这种观点。《政治哲人施特劳斯》，页 64—65。
69. Mill, *On Liberty*, p. 14.
70. Mill, *Utilitarianism*, p. 257.
71. Mill, *On Liberty*, p. 14.
72. Ibid., p. 86.
73. 第二条原则（差异原则）关注的是经济不平等分配的问题，并非本章讨论所在。对此问题有兴趣的读者，可参考本书第二章《道德平等与差异原则》。
74. Rawls, "Kantian Constructivism in Moral Theory", in *Collected Papers*, ed. Samuel Freeman (Cambridge, Mass.: Harvard University Press, 1999), p. 304. 这篇 1980 年发表的文章，是罗尔斯理论发展的分水岭。它一方面清楚阐述了《正义论》中道德建构主义的特点，另一方面则铺陈了《政治自由主义》中的一些主要想法。又，罗尔斯后来改称他的理论为"政治建构主义"（political constructivism）。*Political Liberalism*, pp.89-130.
75. "Kantian Constructivism in Moral Theory", p. 312. 这一点在《正义论》初版中是没有的，后来在修订版中才作此改变。
76. 甘阳，《政治哲人施特劳斯》，页 67。
77. 这个观点在《正义论》修订版中有清楚说明。
78. Rawls, "Kantian Constructivism in Moral Theory", p. 354.
79. 除此以外，我们亦须考虑"反思的均衡"（reflective equilibrium）在罗尔斯的理论中扮演的重要角色，因为只有在我们深思熟虑的判断（considered judgments）与正义原则经过来回反思对照并最后达到均衡后，证成的工作才算真正完成。*TJ*, 19-21/17-19 rev.。

80. 甘阳，《政治哲人施特劳斯》，页 72。
81. 同上书，页 71。Michael Sandel, *Liberalism and the Limits of Justice* (Cambridge: Cambridge University Press, 1982).
82. Rawls, "Kantian Constructivism in Moral Theory", p. 308.
83. 施特劳斯的得意弟子布鲁姆便指出，原初状态这种抽象化的工作，在哲学史上屡见不鲜，例如柏拉图及亚里士多德的"最佳政体"，奥古斯丁的"上帝之城"，霍布斯、洛克及卢梭的"自然状态"等，都体现了类似的理念。Allan Bloom, "Justice: John Rawls vs. The Tradition of Political Philosophy", *The American Political Science Review* 69 (1975), p. 650.
84. 对于这两个概念的讨论，可参见 Onora O'Neill, *Towards Justice and Virtue* (Cambridge: Cambridge University Press, 1996), pp. 39-44。
85. 这里须留意，不可能得到一致的同意，并不表示便没有好坏对错。罗尔斯只是说，既然这是现代社会一个不能改变的事实，那么我们应该将维系社会统一的正义原则，建于其他道德价值之上。
86. 对于整全性人生观的定义，见 Rawls, *Political Liberalism*, p. 13。
87. 所谓的统一，有横向和纵向两个意思。横向的统一，是指将我们当下众多不同的目标排定次序；纵向的统一，是指我们的过去、现在和将来具有某种连贯性，并构成一个叙事式的（narrative）人生。
88. 当然，有人会质疑这连必要条件也谈不上，因为人生其实是一连串不连贯的偶然事件组成。所谓意义，也是任意及变动不居的。要完全解答这个问题，或许需要心理学上的知识。但如果我的观点能解释一般人的生活，便已足够。
89. 这个论点主要参考 Will Kymlicka, *Liberalism, Community and Culture* (Oxford:

Clarendon Press, 1989), pp. 9-19。

90. "认可"和"选择"的意思不同。有些东西虽然不是你有意识的选择的结果,但经过反省后,仍然可以得到你的认同。
91. Kymlicka, *Liberalism, Community and Culture*, p. 12.
92. 我们当然不必说,在所有情况下,个人选择总是正确或最好的。
93. 这里我们假定,行动者至少在工具理性(instrumental rationality)的意义上是理性的,否则没有人可以保证一个人的行动必然合乎理性。
94. 这里所指的"对话者"不一定是具体的人,而可以是想象中的对话者,甚至是自己。我们平时所说的"自我反省"便隐含了这种意思。
95. 对于这个问题的分析,可参见 Christine Korsgaard, *Creating the Kingdom of Ends* (Cambridge: Cambridge University Press, 1996), pp. 275-310。
96. Kymlicka, *Liberalism, Community and Culture*, p. 13.
97. Bernard Williams, "A Critique of Utilitarianism", in *Utilitarianism: For and Against* (Cambridge: Cambridge University Press, 1963), p. 116.
98. 在这点上,我并不认同罗尔斯对威廉斯的回应。见 Rawls, "The Kantian Constructivism in Moral Theory", p. 332。
99. 对于与重要他者的对话如何影响我们的身份认同,可参考 Charles Taylor, "The Politics of Recognition", in *Multiculturalism*, ed. Amy Gutmann (Princeton, NJ: PrincetonUniversity Press, 1994), pp. 32-34。
100. 拉兹认为,实践个人自主的一个必要条件,不单要有足够的选择,而是要有足够的道德上可接受的选择(morally acceptable options)。Joseph Raz, *The Morality of Freedom* (Oxford: Clarendon Press, 1986), p. 381.
101. 对于自由人的性质的诠释,罗尔斯前后期的说法有明显的不同。我这里的观点,倾向于他早期所称的"康德式的诠释"(Kantian interpretation)。
102. 金里卡似乎忽略了从这一向度去理解罗尔斯对自由人的论证。Kymlicka,

Liberalism, Community and Culture, p. 12. 而甘阳在借用西季维克来批评康德及罗尔斯对自由的理解时，亦忽略了罗尔斯对这一点的重视，即自由人之所以会选择行善，是因为行善是实践人作为自由的道德人的本性。所以，罗尔斯并不如甘阳所说，"认为西季维克对康德的批评是决定性的"。罗尔斯的原文是："Sidgwick's objection is decisive, I think, *as long as one assumes*, as Kant's exposition may seem to follow, both that the noumenal self can choose any consistent set of principles and that acting from such principles, whatever they are, is sufficient to express one's choice as that of a free and equal rational being. *Kant's reply must be* that though acting on any consistent set of principles could be the outcome of a decision on the part of the noumenal self, *not all such action by the phenomenal self expresses this decision as that of a free and equal rational being.*" *TJ*, 255/224 rev. 斜体为本书作者所加。甘阳的批评见《政治哲人施特劳斯》，页66—67。

103. *NRH*, p. 6.
104. 所谓"相当充分的理由"实在难以清楚界定，所以宽容的对象及范围也不是固定不变的。
105. 威廉斯在一篇讨论平等的著名文章中，便提出可以从"工具性的观点"(technical point of view)和"人的观点"(human point of view)这两种不同观点去看人。Bernard Williams, "The Idea of Equality", in *Problems of the Self* (Cambridge: Cambridge University Press, 1973), p. 236.

第五章　稳定性与正当性

一

稳定性（stability）与正当性（legitimacy）是罗尔斯的政治哲学中的两个核心问题，并且关系密切。罗尔斯认为，一个欠缺稳定性的正义原则，必然没有正当性。换言之，稳定性是正当性的必要条件。在《正义论》中，稳定性是原初状态中的立约者选择自由主义原则的一个主要理由，书中第三部分也集中处理这个问题。而在后期的《政治自由主义》中，罗尔斯更直指："稳定性问题在政治哲学中，至关重要。因此，对此问题的论证如果出现任何矛盾，均需要对整个理论做出基本修正。"[1] 事实上，正是由于这个原因，罗尔斯在晚年做出了著名的哲学转向，提出政治自由主义的构想。对于这个转变，他这样解释：

> 诚然，这些演讲的目标和内容，与《正义论》相比，起了重大变化。正如我所指出，两者确有重要差异。但要理解这些差异的性质和程度，必须视之为源于力图解决一个内在于公平式的正义（justice as fairness）中的严重问题，即《正义论》中

第三部分关于稳定性的说明，与全书的整体观点并不一致。我相信，所有的差异，都是为了消除这种不一致（inconsistency）的结果。若不然，这些演讲的结构与内容，实质上将与《正义论》完全一样。[2]

罗尔斯认为，《正义论》第三部分有关良序社会的稳定性论证，其实假定了所有公民均会接受一个康德式的自由主义整全哲学观。[3]而他后来发觉，这个假设与事实不符，因为在现代民主社会，公民享有广泛的基本自由，包括信仰和思想自由，因而必会导致合理的多元社会的出现。除非国家使用强力压制，否则公民很难一致接受一套整全性的哲学、宗教和道德学说作为规范社会合作的基础。既然得不到公民的普遍认同，这样的正义原则也是不稳定的。为了弥补这个漏洞，罗尔斯对他的理论做出重构，放弃康德式的自由主义理论，改为倡议政治自由主义，希望诉诸民主社会共享的政治文化，建构一个自立的政治的正义观念（a freestanding political conception of justice），并成为不同的整全性学说的交叠共识（overlapping consensus）。罗尔斯认为，只有实现交叠共识，正义原则才能达到基于正当理由的稳定性（stability for the right reason）。[4]只有满足稳定性的要求，正义原则才具有正当性。[5]

但到底什么是稳定性问题？它为何如此重要？要了解罗尔斯的哲学转向，以及他的政治自由主义，这是至为关键的问题。这也是本章要做的主要工作。事实上，稳定性并非新的问题。早在《正义论》中，罗尔斯已花了三分之一篇幅处理这个问题。[6]有趣的是，在过去四十年浩如烟海的研究罗尔斯的文献中，稳定性问题几乎被完全忽略。[7]而在

《政治自由主义》出版后，更遭到评论者严厉的批评，认为罗尔斯将一个与道德证成无关的现实问题引入他的理论，不仅没有必要，而且会导致严重的道德妥协，甚至犯了最基本的概念错误。[8]

我在本章将指出，引致这种批评的原因，是因为罗尔斯没有将道德稳定性（关心正义感的优先性）和社会稳定性（关心社会秩序和延续性）做出清楚区分，并使人误以为前者只是后者的手段。我因此提出一种新的诠释，主张道德稳定性必须独立于社会稳定性，并有其内在于道德证成的重要性，而答案则在道德稳定性所要求的"正义感的优先性"。这种新的诠释，不仅能有效回应许多对稳定性的批评，亦能提供一个更合理地理解政治自由主义的向度。

本章结构如下：第二节会阐明罗尔斯对道德证成和正当性的理解，第三节分析道德稳定性的意涵，第四节讨论社会稳定性所指为何，并指出其与道德稳定性的差异，第五节提出几个对罗尔斯的批评，第六节则探讨道德稳定性背后的理念及其与正当性之间的联系。

二

在这一节，我先讨论罗尔斯对正当性的理解。政治正当性关心的是这样一个问题：到底在什么条件下，国家能够合理地行使强制性的政治权力，并要求公民服从其管治？[9]罗尔斯并不打算像洛克那样，论证国家存在（相对应于无政府的自然状态）的正当性。他的前提是我们已经活在宪政国家之中，并肯定国家有其存在的必要。他真正关心的，是要满足什么样的道德条件，政府才具有正当地使用权力的权利。而在回答这个问题时，罗尔斯加多了以下几个条件：

（1）在一个宪政国家中，政治权力由自由和平等的公民集体拥有。[10]

（2）每个公民均被视为自由和平等、合理（reasonable）和理性（rational）的道德主体，并且能够运用公共理性进行有关政治原则的讨论。[11]

（3）合理的多元主义，是民主社会一个恒久现象。每个公民都会相信不同的甚至彼此冲突却又同时是合理的整全性的宗教、哲学和道德学说。

考虑以上因素后，政治权力要满足什么条件，才具有正当性呢？罗尔斯这样回答：

> 政治权力的行使，只有这样才完全恰当：即它所依据的宪法的核心内容，必须能被合理地预期得到所有自由平等的公民的接受——基于某些从人类的共同理性的观点看可以接受的原则和理想。这便是自由主义的正当性原则。[12]
>
> 一个正当性的政体，在于它的政治及社会制度，能够诉诸于所有公民——即每个公民——的理论和实践理性，显示其是能够被证成的（justifiable）。再次重申：一个社会世界的制度的证成理由（justification），原则上每个人都可以知道，因此活在其中的人，都觉得这些制度是能被证成的。一个自由主义政体的正当性，赖于这种证成。[13]

由这两段引文，我们可观察到罗尔斯对正当性的独特看法。首先，罗尔斯并不接受韦伯的"信念理论"（belief in legitimacy）。根据韦伯的说法，当被统治者**相信**某种权力关系是正当的时候，该种统治（domination）便是正当的。[14] 至于从道德的观点看，这种信念是否能够被合理地证成，则非要点所在。社会科学家的工作，不是作任何价值判断，而是客观地报告和解释人们对政治权威的信念和态度（attitude）。[15] 罗尔斯关心的，却是政治哲学中的规范性问题，其重点不是人们**当下相信**什么，而是这些信念本身是否有充足的道德理据支持。道德上的可证成性（moral justifiability）决定政治秩序的正当性。换句话说，当一组根本的政治原则能够被充分证明为合理的时候，它便同时具有正当性。[16]

其次，对于道德证成的基础，罗尔斯接受了康德式的契约论进路，即规范社会基本的正义原则，必须被理解为（或合理地想象为）能够得到每个公民的同意。[17] 但这种契约并不是霍布斯式的（Hobbesian）、基于个人利益的讨价还价，因为参与契约的人并不是只有自利动机，只关心如何在合作中极大化自己的利益，而是具有正义感并视彼此为自由平等、愿意提出及服从道德论证的公民。这种契约也不是洛克式的（Lockean）实际同意（express consent），将政治正当性系于每个个体真实的意志的表达之上。[18] 相反，它是一个假设性的契约，目的是要显示在一个特定的立约环境中，立约者能够有足够理由去接受某种政治原则。[19] 严格来说，契约的约束力不在于我们的真实的意志，而在于该理论对立约环境的描述以及提出的实质理由，是否能够说服我们，并促使我们接受最后的结论。[20]

第三，既然正当性并非来自真实的契约，罗尔斯自然不能说公民的政治义务（political obligation）出于他们的同意。按照传统的看法，当政府具有正当性时，它便享有政治权威，能够有合理的权力制订和执行法律。而这即意味着公民有相应的法律和道德责任，服从政府指令及法律的要求——无论公民是否同意这些指令和要求的实质内容。[21] 因此，正当性和政治义务之间，有一种逻辑上的相关性（logical correlation），是一个银币的两面。值得留意的，是罗尔斯并不强调这种相关性，甚至完全没有提及政治义务。他认为契约论可以同时作为证成正当性及政治义务的工具，但两者在概念上并不互相涵蕴。[22] 西蒙斯（John Simmons）认为，罗尔斯其实接受了一种"较弱的正当性观点"（weaker notion of legitimacy），即将正当性单纯理解为政府拥有一种"自由权"（liberty right）或"证成权"（justification right），并在道德上被容许行使强制性的权力管治国家，但这种权利并不涵蕴公民有任何服从的义务。[23]

罗尔斯对此可以有两种回应。一、他可以同意西蒙斯的诠释，然后提出其他支持政治义务的道德论证。二、他也可以反驳西蒙斯，指出公民的实际同意并不是支持正当性的唯一理由。而他提出的自由主义正当性原则，同样能证成政治义务：当自由平等的公民有充足的理由接受政治自由主义的正义观，从而令政府有正当的管治权威时，也即意味着他们愿意接受相应的政治义务。在《正义论》中，罗尔斯诉诸"公平原则"（principle of fairness）来论证公民的政治义务，采取的似乎是第一种论证策略。

最后，罗尔斯的正当性原则，体现了启蒙运动以来自由主义一个重要精神：政治秩序的正当性，不是源于任何外在的权威、传统、对宇宙的敬畏，又或神秘的宗教之上，而是人类理性建构出来的产物。规范人们生活的根本政治原则,必须得到生活在其中的自由平等理性的公民的接受。任何的权力关系,均必须在一种公开透明的情况下,提出合理的理由,并得到参与者的接受。[24] 罗尔斯面对的最大挑战是:在一个存在着深刻分歧、每个人有着不同世界观的多元社会,到底什么样的正义原则,能够满足正当性的要求?

三

这一节,我将讨论罗尔斯对稳定性的理解。什么是稳定性呢?按照罗尔斯的定义,在某个正义观(a conception of justice)规范下的良序社会中,当理性公民能够普遍地培养出强烈而有效的正义感(a sense of justice)去服从正义原则的要求,并给予正义优先性时,则这个正义观是稳定的。[25] 如罗尔斯所言:

> 如果一个正义观倾向产生的正义感较另一个正义观更强,更有可能压倒(override)那些破坏性倾向,并且它所建立的制度能使不义的冲动和诱惑变得较弱,那么它便有更大的稳定性。一个正义观的稳定性依赖于各种动机之间的平衡(a balance of motives):它培育的正义感,以及它鼓励的目标,必须在正常情况下能够压倒非正义倾向。(*TJ*, 497/435 rev.)

由此可见,稳定性有赖两个条件。第一,确保稳定性的力量,必须源于人们的道德动机,即正义感,而不是任何外在的法律制裁或武力威胁。"正义感是一种运用及按照正义原则——即从正义的观点——去行动的有效欲望(effective desire)。"(*TJ*, 567/497 rev.)

第五章 稳定性与正当性 | 169

人们能否培养出有效的正义感，需要某种对人性及道德心理学的理解。罗尔斯在《正义论》第八章，花了相当篇幅去论证在一个正常的社会环境下，人们会由小时候开始经历三个不同的道德发展阶段，最后培养出有效的正义感。[26]值得留意的是，正义感的强弱并不是完全独立于特定的正义原则的自然心理现象。相反，一个正义原则本身的合理性以及对活在其制度下的公民的要求，会直接影响人们的道德动机。[27]例如在一个效益主义规范的社会中，为了极大化社会整体效益，政府有可能会要求人们牺牲个人的自由权利和最重要的人生计划。在这种情形下，服从效益原则的正义感将很难发展出来。所以，正义感的强弱和正义原则的内容分不开。思考稳定性问题，同时是在思考道德原则的合理性。[28]内格尔对此有个很好的说明："动机并非独立于政治和道德理论。道德论证会呈现一些没有它便不能被理解的道德动机的可能性。在政治理论中，这些可能性会通过制度表现出来。人们能够服从这些制度，部分是因为这些制度的道德吸引力。"[29]

第二，在指导人们行动的动机系统（motivational system）中，正义感必须具有优先性，即当一个理性的行动者（rational agent）的正义感和其他欲望或利益发生冲突时，前者要有足够理由凌驾后者。让我们称此为"正义感的优先性"（the priority of the sense of justice）。罗尔斯承认人有不同的利益和关怀，而正义感只是人的众多动机的其中之一，并不必然具有优先性。要确保正义感的稳定性，必须进一步证成正义感在人们的价值系统中的重要性。

至此，我们可以这样定义稳定性问题：在满足什么条件下，一套正义原则能够提出足够的理由，说服拥有自己的人生计划的公民，自愿地给予正义感优先性是理性的做法呢？[30] 当一套正义原则能够充分回答这个问题时，该原则便满足了"道德稳定性"（moral stability）的要求。[31] 这里的理性是指"手段—目的"理性，又或罗尔斯所称的"慎思的理性"（deliberative rationality），即在一个给定的目标下，当行动者在力所能及的范围内，考虑过所有可能性及相关事实，并做出最能实现该目标的决定时，该选择便是最理性的。[32] 我们现在应可清楚见到，稳定性问题要处理的并不是经验性的事实问题，而是一个正义理论必须处理的理性证成的问题——证成为什么服从正义原则的欲望，在每个人的理性人生计划中应该具有如此重的道德分量。罗尔斯因此说：

> 稳定性明显是道德观念中一个值得拥有的（desirable）特征。在其他条件相同的情况下，在原初状态（original position）中的人会选择更加稳定的正义原则。一个正义观无论在其他方面多么吸引人，如果根据道德心理学的法则，它无法使人们产生按正义原则行动的相应欲望，它便有严重缺陷（seriously defective）。（*TJ*, 455/398 rev.）

我们因此可以说，稳定性属于道德证成的一部分，它既是立约者在原初状态中决定选择何种正义原则的一个重要考虑，亦是罗尔斯所称的"良序社会"（well-ordered society）的构成要素（*TJ*, 454/398 rev.）。而一个不稳定的正义观，本身便有严重的理论缺陷。这正好说明为什么当后期的罗尔斯发觉自己的稳定性论证出现问题时，要做出那样根本的哲学转向。尽管如此，后期罗尔斯对稳定性的理解本身并没有改变,而且更加强调它在其理论中的重要性。当被问到如果他的正义原则不能实现稳定性时该怎么办,他的答复是:"如果这样,我们陈述的公平式的正义便陷入困境。我们必须对正义原则做出合适的改动(acceptable changes),看看能否有助稳定性的实现。"[33] 他甚至指出,稳定性根本是公共证成的一部分,而且和正当性紧密联系在一起。[34]

四

为什么罗尔斯如此重视道德稳定性?到底论证正义感的优先性,本身体现了某种对正义原则的可证成性(justifiability)的内在要求,还是为了确保社会有个稳定的秩序?绝大部分评论者均认为答案是后者,即道德稳定性的最终目的,是为了维持社会秩序,确保社会合作能够持久地延续下去。而罗尔斯之所以重视正义感的优先性,是因为这样较诉诸武力或法律制裁,能够更有效地维持一个井然有序的社会。因此,稳定性问题的性质,是关心正义原则的可行性(feasibility),而不是可取性(desirability),即处理一组已被独立证成的政治原则,如何能够有效地应用到社会基本结构,并使社会合作能够好好延续下去。让我们称这种稳定性为"社会稳定性"(social stability)。

道德稳定性和社会稳定性在概念上并不互相排斥,前者往往支持后者。道理不难理解。如果一个社会大部分公民均能培养出强烈的正义感,一心一意服从制度的要求,那么一定有助社会稳定。事实上,为了维持有效管治,很多政府会透过教育或政治宣传,使公民相信现制度具有很高的正当性,从而产生服从制度的动机,而这是最有效维持社会稳定的方法。服膺韦伯的正当性定义的社会学者更认为,一个政府愈被大众相信其管治的正当性,社会便愈稳定。[35]

换言之,如果我们根据罗尔斯的正当性原则,一个能在公共领域内被充分证成的政治理想,同样会产生促进社会稳定的效果。[36] 但我们一定要留意,在这种情况下,正当性是先于稳定性,而且证成正当性的理由是独立于社会稳定性的。我们是先在证成的层次肯定了正义原则的道德合理性,再在应用的层次考虑该原则在实践时是否可行。两者背后的理由并不一样。前者是从道德的观点,论证正义原则实现了什么样的道德价值;后者则关注政治原则落实到具体的制度安排时,会遇到什么困难,以及当有外力冲击时,制度本身是否有足够能力维持系统的稳定性和延续性。在概念上区分清楚这两个层次后,我们便不能说一旦某个原则在应用层次上出现不稳定,便必然反过来影响正义原则的合理性,并要求对原则做出相应调整,因为可以有很多非道德的(non-moral)因素,影响一个原则的可行性,包括该社会的特定的政治经济条件、种族和宗教因素、教育水平与传统文化,以至公民普遍的心理质素等。[37]

罗尔斯本人并没有将道德稳定和社会稳定区别开来,但我认为这是必要的。而一旦作了这种区分,罗尔斯便得面对这样一个内在困难:如果道德稳定的终极目的是社会稳定,那么稳定性问题无论如何重要,似乎也不应该是道德证成的一部分,并直接影响正义原则的内容及其正当性。但正如我在第三节指出,罗尔斯在前期或后期的文章中,均多番强调稳定性与道德证成及正当性密不可分,即一个可被证成的正义理论,必须是稳定的。[38] 很多批评者指出,一旦将社会稳定性变成道德正当性的必要条件,则会大大削弱整个政

第五章 稳定性与正当性

治自由主义论证；更严重的是，这个观点本身犯了最基本的范畴谬误，一开始便不成立。如果这两个批评成立，政治自由主义将面对致命的打击，因为正是罗尔斯自己说稳定性是政治哲学的根本问题，而他的哲学转向亦全由此而起。[39] 我在下面将指出，如果将稳定性问题理解为社会稳定性，罗尔斯的确面对上述批评。而唯一的出路，是赋予道德稳定性独立自足的地位，并解释清楚它和道德证成之间的内在联系。在此之先，让我先花些笔墨，解释为什么大部分论者会接受社会稳定性的诠释。

罗尔斯在《正义论》中引入"稳定性"概念时，希望处理的似乎是两种霍布斯式的（Hobbesian）社会不稳定情况。第一种情况，是所谓"坐顺风车"的问题（free-rider problem）。设想在大型社会合作中，有部分人是理性的自利主义者（rational egoists），他们唯一的动机是为自己争取最大利益。因此当有机可乘时，他们会一方面享受集体合作带来的好处，另一方面却逃避自己应负的责任。以国防这个经济学上所称的公共利益（public good）为例。国家安全对每个公民都有利，每个人都理应有责任交税维持军队，坐顺风车者却不交税，但享有同样的好处。如果这种情况恶化下去，便会出现所谓"囚犯两难"的情况，即从每个孤立的（isolated）自利者的观点看，坐顺风车是理性的选择。但当所有人都做出类似选择，社会合作却难以顺利进行，最后只会导致每个人的利益受损，出现集体不理性（collective irrationality）的情况（*TJ*, 267-271/236-238 rev.; 497/435 rev.）。

第二种情况，是所谓的"保证问题"（assurance problem）。在社会合作中，即使每个成员都不是自利主义者，并且愿意服从正义原则的要求，力尽自己的义务，但他们这样做的一个重要前提，是必须保证其他合作者也会做出同样的行动，尊重及遵守大家定下的协议。如果合作者彼此缺乏信任，又缺乏任何保证机制，则最后也会导致合作崩溃（*TJ*, 240/211 rev.; 267-270/236-238 rev.）。

这两种不稳定的情况，是所有社会合作都要面对的问题。而霍布斯（Thomas Hobbes）在《利维坦》中，就此作了深入讨论，并认为要避免这种情况出现，必须离开自然状态，成立政府，建立清晰的法律制度，同时要有强而有力的公共刑罚制度，确保规则受到严格遵守。[40] 霍布斯甚至认为，只有赋予主权者最高的绝对权力，才能彻底解决社会不稳定的问题。[41]

罗尔斯基本上同意霍布斯对这两种社会不稳定的分析，但却认为他自己提出的道德稳定性，能够更有效地解决问题，因为当合作者均有强烈的正义感时，自然不会是坐顺风车的自利者，只会做损人利己的行动；与此同时，当每个合作者见到其他人都普遍地具有正义感，并同时服从正义的要求时，亦不觉得需要通过违反正义原则来保障自己的正当利益，"保证问题"遂得到解决。[42]

罗尔斯的论证是否成功，我们暂且不论，但我们可观察到两点。一、这两种不稳定，都是正义原则在原初状态中被选择后才出现的，和道德证成无关。二、这两个问题的性质，都是关于社会稳定性的，重点是如何避免社会合作中可能出现的失序混乱及不和谐。罗尔斯本人确认了这点。在《正义论》最后一章总结全书三部分的主旨时，他说："最后，在第三部分中，我们检视公平式的正义是否一个**可行的观念**。这促使我们提出稳定性的问题，以及所定义的正当和利益是否合一的问题。这些考虑并不决定第一部分论证

第五章　稳定性与正当性　│　175

中对正义原则的最初的确认,而是进一步证实它。"[43]

沿着上述思路,罗尔斯后期的哲学转向,似乎很易理解:在一个合理的多元主义社会中,公民很可能会因为意识形态的分野而出现严重分裂,而传统自由主义作为众多整全性学说的其中一种,根本无法作为社会统一(social unity)的基础。要确保社会稳定,自由主义必须转向政治自由主义,寻求交叠共识。政治自由主义未必是最理想的理论,却是最切合现实、最能维持社会稳定的方案,因为:"政治哲学的目标,视乎它向怎样的社会发言。在一个宪政民主的国家中,其中一个最重要的目标,是提出这样的一个政治的正义观念:它既能作为**证成**政治及社会制度的共享的公共基础,亦能帮助确保从这一代到下一代的**稳定性**。"[44]又或者换一种方式,政治自由主义的根本问题是:"如何可能长久地建立一个由自由而平等的公民——他们因各种合理的宗教、哲学及道德学说而产生极度的分化——组成的**正义和稳定**的社会?"[45]

罗尔斯似乎在告诉他的读者,正义原则的道德证成是一回事,稳定性是另一回事,而两者同样重要,必须同时兼备。但多元主义的现实促使他更加重视霍布斯提出的社会稳定问题,不少论者因此认为,后期罗尔斯经历了一个从康德到霍布斯的转向。例如库卡塔斯(Chandran Kukathas)和佩迪特(Philip Pettit)便认为,罗尔斯对社会稳定的重视,带有浓重的霍布斯味道,"因为他的正义观念,不再联系于自主或个性,而是秩序"。[46]巴利则认为罗尔斯和霍布斯关心的根本是同样的问题,即如何在一个分裂多元的社会中维持社会秩序,不同之处只在于罗尔斯希望用公民的正义感来达到这个目标。[47]

上面的讨论，我尝试勾勒出一条线索，解释稳定性问题为何会被理解为社会稳定，以及它为何和道德证成无关。但细心的读者会留意到，罗尔斯对稳定性的说明出现了严重的内在矛盾。一方面，在讨论道德稳定性时，罗尔斯多番提醒我们，稳定性是公共证成的一部分。没有交叠共识，便没有稳定性，也没有正当性。另一方面，在讨论社会稳定性时，罗尔斯却说，稳定性关心的只是可行性问题，不会对证成性有任何影响。由于罗尔斯本人并没有道德稳定性和社会稳定性的区分，所以他的两种说法，明显互相矛盾，不可能同时为真。面对这种情况，罗尔斯只能二择其一：要么稳定性和道德证成完全无关，要么它是道德证成的必要条件。我在下一节将指出，这两个选择都会面对难以解决的困难。

五

先让我们讨论第一种情况，即如果社会稳定性独立于道德证成，将会为罗尔斯的理论带来什么挑战。首先，罗尔斯根本不必做出政治自由主义的转向。政治哲学的主要任务，是从事规范性的道德证成的工作。即使《正义论》中第三部分的稳定性论证失败了，他只需要将其修正，甚至放弃该论证便可，根本没必要全盘修改他的理论，并引入那么多的新概念，因为社会稳定问题并不会影响正义原则的可证成性。[48] 举例，假如罗尔斯察觉在民主社会中，由于有部分非自由主义者缺乏足够道德动机接受正义的优先性，因而导致社会不稳定，他只需要仿效霍布斯或边沁（Jeremy Bentham）的做法，引入各种赏罚制度，加强政府的管治权威，便可以维持一个安定的社会秩序。值得留意的是，罗尔斯在《正义论》中早已接受了这个策略。他说:"有可能出现这样的情况,即有许多人并不觉得正义感是他们的利益所在。如此一来,产生稳定性的力量便弱了。在这种情形下,惩罚性的手段将在社会制度中扮演更重要的角色。"(*TJ*, 576/505 rev.)[49] 既然接受了这一点,那么即使在一个多种族多宗教多文化的自由社会,罗尔斯也不必过度担心他的正义原则会引致严重的社会分裂,因为还有许多"非道德稳定性"的方式去维持社会稳定。

罗尔斯后期意识到这个问题,因此特别澄清说,他并不接受那种视稳定性为"纯粹的实际问题"(purely practical matter)的观点,即只会考虑如何用最有效的方式——无论是说服或法律强制——去确保有异议的公民服从一个既定的正义原则,因为"寻找一个稳定的正义观,并不是为了避免徒劳无功这样简单的一回事。确切点说,真正重要的是哪一种的稳定性,以及稳定力量的性质"。[50] 这个回应没有太大作用,因为它只是重申了正义感在维持社会稳定所起的独特作用,却没有放弃社会稳定性这个目标。如果在某种特定情况下,有其他更有效的方式维持社会稳定,那便没有什么理由非要坚持正义感的优先性了。[51]

上述讨论只是指出,罗尔斯没有理由为了社会稳定而转向政治自由主义。但他的确这样做了。既然如此,我们有必要看看这样做,会带来怎样的后果。1995 年,哈贝马斯和罗尔斯进行了一场著名的哲学辩论,并就此问题提出批评。哈贝马斯认为按罗尔斯的说法,政治自由主义的论证分为两个阶段(stages)。第一个阶段发生在原初状态,人们在无知之幕下得出一组正义原则,这组原则不受任何整全性的人生观影响;完成第一阶段后,便进入第二阶段评估得出的政治原则是否稳定。评估的标准，是看不同的合理的整全性学说能否从各自的理论内部出发接受政治原则，并形成所谓"交叠共识"（overlapping consensus）。[52]哈贝马斯然后说：

> 由于罗尔斯将"稳定性问题"放在最重要的位置，交叠共识便只是起了某种实用性的贡献（functional contribution），使得正义原则能够有助于社会合作的和平制度化；但在这个过程中，一个被证成的（justified）理论的内在价值必须已被一早预设。[53]

哈贝马斯认为，既然稳定性关心的只是一个实用性问题，与道德证成无关，那么直到第二阶段才会处理的交叠共识问题，自然也与证成无关，其成功与否对正义原则本身是否合理可取并无影响，因为这方面的论证已在第一阶段完成。既然如此，政治自由主义中最为强调的交叠共识，便成为一个相当次要的问题。罗尔斯在回应哈贝马斯时，明确否认了这个诠释，并说："没有交叠共识，在政治社会中便没有公共证成（public justification），而这样的一种证成也和基于正当理由的稳定性以及正当性的观念联系在一起。"[54]换言之，第二阶段是道德证成不可或缺的一部分。如果公平式的正义在这阶段未能满足稳定性的要求，则"它不是一个教人满意的政治的正义观，并必须在某方面做出修改"。[55]

既然如此，我们可以得出以下结论：稳定性在罗尔斯理论中的角色，不应被理解为只是关心正义原则的可行性，而是直接影

第五章 稳定性与正当性 179

响正义原则的公共证成和正当性。又或者用我在上一节最末的说法，他不再接受社会稳定和证成完全无关，而是视前者为后者的必要条件。

但这个转变，却将罗尔斯引入一个更大的困境。问题是这样：既然稳定性被视为正义原则的公共证成的必要条件，则它从一开始便为正义原则的可证成性（justifiability）设下了一个条件，即一个被证成的原则（因此具有正当性）必须满足社会稳定的要求。问题是，这样的要求合理吗？我以下从两个角度，对此提出批评。

第一个批评，也是最多人忧虑的，是这个要求会可能迫使罗尔斯做出很大的道德妥协，因而大大削弱公平式的正义的道德吸引力。问题不难理解。我们知道《正义论》的最大目标，是希望论证出一组最合理的自由主义正义原则，建立一个理想的公正社会，而原初状态的设计正体现了这样一种野心：在无知之幕的限制下，所有立约者均视彼此为自由平等的参与者，并得出一组大家都会同意的社会分配原则。毋庸多说，原初状态反映了罗尔斯本人对自由主义一些基本价值的坚持，例如个人权利的不可侵犯、社会合作必须在公平的基础上进行、弱势者必须受到政府平等的尊重和关注等。虽然当时他已很重视稳定性问题，却不忘告诉读者那是证成工作完了之后才需考虑的问题，因此不会是决定正义原则的"证成理由"（justifying reasons; *TJ*, 504/441 rev.）。这部分解释了为什么在过去四十年，很少评论者会留意这个问题。

但在《政治自由主义》中，情形却发生了很大改变，因为在原初状态中得出的原则，必须在第二阶段接受多一重的稳定性测试，才算真正得到合理的证成。"除非在第一阶段所选择的原则，能在第二阶段被显示有足够的稳定性，否则支持正义原则的论证便未完成。"[56] 第二阶段论证的关键，在于交叠共识能否成功。但在这一阶段，公民不再身处无知之幕，而是被容许知道他们各自的整全性的宗教信仰和世界观，并从这些整全性的观点去考虑正义原则是否值得被接受。换言之，交叠共识能否实现，并不取决于罗尔斯本人，而是取决于所有自由平等的公民。如果这是一个经验性的问题，那么在这样一个多元分殊的社会，政治自由主义如何能保证公民对政治原则会有一致的共识，而不是暂时的妥协（*modus vivendi*）的结果？

更大的问题，是一旦没有共识，罗尔斯的建议是退回第一阶段，修改正义原则的内容，并期望得到合理且理性的公民的一致接受。姑勿论这种策略能否奏效，而是这样做的话，正义原则的证成性便会受限于现实考虑而被迫做出巨大妥协。举例，民主社会中有很多人相信效益主义或放任自由主义，但这两种理论却和公平式的正义观针锋相对。效益主义者会对基本自由的优先性提出质疑，而放任自由主义者则肯定不能接受罗尔斯的差异原则。[57] 罗尔斯承认有这种可能性，甚至同意在经济分配问题上，合理的意见分歧更是无日无之。既然如此，罗尔斯应否顺应民意，退回原初状态中修改他的两条原则，又或干脆将有争议的原则抽起？这是个两难。罗尔斯当然不能说，效益主义和放任自由主义是不合理的整全性学说，是故一开始便不是交叠共识要考虑的对象；但他自然也不能因此而去修改其正义原则的实质内容，因为这等于承认其理论全盘错了。[58] 真正的问题所在，并非罗尔斯不可以修改他的理论，而是这种修改的理由是错的。正义原则是否合理及能否被证成，是看它能否体现或实现某些值得追求的价值，而不是由大多数人的实际接受来决定。用哈贝马斯的说法，这是将"可被证成的接受性"（justified acceptability）与"实际接受"（actual acceptance）的界线消除了，而代价是牺牲了前者。[59] 寻根溯源，问题的关键正是罗尔斯错误地将社会稳定性当作道德证成的必要条件，以及错误地将可行性变成可证成性的一部分。

由此引申出一个更严重的问题，即罗尔斯这样做，是否犯了逻辑上的范畴谬误，即稳定性问题根本不应属于正当性的范畴，并成为决定正义原则的必要条件。因为如果这样做是合理的，即表示一个被证成的正义原则必然是内在地稳定的（inherently stable），类似以下的说话便变得毫无意义：

"这个社会暂时是正义的，但它很可能很快会失去这个特征：正义是如此脆弱的一项成就。"又或者说："我们并不想我们社会只有当下是正义的，我们渴望正义长存。"这也意味着柏拉图在《理想国》第八章基于经验所作出的论证，即一个公正社会注定难以长存的说法，在概念上不知所云。[60]

以上这段引文，是柯亨提出来批评罗尔斯的。这个批评看似简单却极为有力，因为事实上我们有时会做出上述判语，更不会认为柏拉图信口雌黄。我们会同意，正义是一回事，正义能否在社会中长久地持续下去是另一回事。这两个问题同样重要，但却不可在概念上混淆，认为前者必然涵蕴后者。罗尔斯似乎亦接受这点，因为他认为政治自由主义的首要目标，是建立一个**正义兼稳定**的社会，那即表示正义和稳定在概念上并不互相涵蕴。[61] 如果接受这点，那么罗尔斯所称的稳定性是正义原则的证成的必要条件,一开始在概念上便错了。既然一开始就错了,那么他的政治自由主义只是建基在一个根本不能成立的前提上。

让我做一总结。在这一节,我指出如果稳定性被理解为追求一个长久的社会秩序的话,那么罗尔斯的理论将会面对极大困难。一、如果稳定性只是一个和道德证成不相关的现实问题,那它无法解释罗尔斯的哲学转向,亦使得交叠共识的重要性大大减低。二、如果稳定性是道德证成的一部分的话,那么公平式的正义将被迫做出道德妥协,而这种妥协其实是不必要的,因为概念上稳定性根本不应对正义原则的证成有任何影响。

六

面对上一节的困难,不少论者认为罗尔斯应该全盘放弃稳定性的概念。但是否可能有一种对稳定性的新诠释,既能避免前述困难,又能将其和正义原则的证成性和正当性联系起来?我认为有这样的可能,而且这种可能性便存在于罗尔斯的理论中。问题的关键,是将道德稳定性和社会稳定性做出清楚区分,然后不再视前者为只是实现后者的工具,而是有其独立的道德重要性。具体点说,我们应将焦点集中在"正义感的优先性",并论证一个合理的正义观必须满足这个条件。由于"正义感的优先性"本身是一个规范性的道德要求,因此不会出现道德妥协的问题,亦无须面对范畴谬误的指摘。而这个诠释,也能为罗尔斯的哲学转向提供一个合理的解释。在这一节,我将循此思路,提出一些初步看法。我会特别处理三个问题。一、"正义感的优先性"为何重要?二、为何需要第二阶段去论证这种优先性？三、这种优先性和政治正当性有何关系？

回答这三个问题之前，让我们先从另一角度，看看罗尔斯自己对稳定性的理解。在《回应哈贝马斯》一文中，罗尔斯首次使用了"基于正当理由的稳定性"（stability for the right reasons）这个说法，并承认他之前未能好好说清楚稳定性与公共证成及交叠共识之间的关系。[62]"基于正当理由的稳定性"的要旨，清楚点出罗尔斯要追求的，是某种独特的稳定性，即必须透过实现正义感的优先性来达致的稳定性，而这并非因为这是**最有效**的方式，而是因为它是**最正当**的。这些正当理由从一开始便限定了什么样的稳定性，是道德上容许和值得追求的。换言之，这些理由是道德理由，而且在概念上既独立于、也优先于那些支持社会稳定的理由。罗尔斯明显相信，假设其他条件相同，一个能够充分证成正义感优先性的正义观会较其他正义观稳定持久，因为它能有效地激发人们的道德动机去服从正义原则的要求，并抗衡那些非正义的行为。但这并不表示正义感的优先性和社会稳定之间是简单的"手段—目的"关系，因为支持前者的理由是独立于后者的。因此，在某个特定社会条件下，即使一个满足正义感优先性的正义原则未能有效地带来社会稳定，也不表示我们便要修改或放弃这个原则，因为可以有很多与正义感无关的因素影响社会稳定。而即使采取其他手段（例如加强法律惩罚）能带来更大的社会稳定，也不表示这样做是对的，因为这些手段未必能满足"基于正当理由"的要求。因此，道德稳定性和社会稳定性虽然相关，两者关心的问题的性质却完全不同，而罗尔斯首要关心的，其实是前者所涵蕴的正义感的优先性问题。

一旦接受这个诠释，整个讨论的重点，将由正义原则在应用层面上的可行性（feasibility）问题，转移到证成层面的可取性（desirability）问题。我们必须问，为什么会有正义感优先性的问题，以及此问题为何如此根本。我认为，这个问题和罗尔斯对实践理性、正义在社会合作和个人行动中的位置，以及道德心理学的理解等分不开。篇幅所限，以下只能颇为简单地勾勒出我的一些想法。

问题最好从罗尔斯的社会观谈起。罗尔斯认为，社会是人与人之间为了互利而建立起来的联合体，目的是透过分工合作，更好地促进每个参与者的利益。罗尔斯又假定，作为拥有自主意识和意向性的存有者，每个参与者都会有一个根本的欲望，即去建立和实现自己一套理性的人生计划（a rational plan of life），又或一种美好的人生观（a conception of the good life）。[63]"人可以被视为根据一个计划而活着的生命。"（TJ, 408/358 rev.）这样的人生计划界定我们的身份，决定我们的终极目标（final ends），赋予我们的活动意义和价值，并使我们的生命变得完整和一致（TJ, 409/359 rev.）。因此，"一个人的理性计划，决定他的利益所在"（TJ, 408/358 rev.）。而当人们能够成功实现自己的计划时，便是幸福的。

由此可见，人们愿意参与社会合作最主要也最初始的动机，是因为这样做能够更有效地实现各自的人生计划，而这些计划是每个理性自主的个体自己选择的。就此而言，社会合作的目的是为了互利，而不是为了任何外在的既定的神圣目标。这是罗尔斯整个正义理论的出发点。[64]我们由此可以推出这样的实践理性的命题：在合作计划中，决定一个理性参与者行动的理由，和他的人生计划密切相关。从一个理性参与者第一身的观点看，如果一个合作计划所规定的原则严重违反他的利益，他便没有理由（也即没有动机）去服从这些原则。[65] 当然，这不表示参与者都是彻底的自利主义者，因为罗尔斯同时假定人是有正义感的道德人，可以有能力做出道德思考，并有动力接受正义原则对自己的规范。

罗尔斯的理论从根本处言，呈现出一种两面性：参与者既有关心和在乎自己利益的一面，也有从事道德思考和行动的一面。但这两者有内在张力，因为个人利益和道德要求并非总是一致。当两者出现冲突时，从参与者第一身角度看，他们会问：为什么给予道德要求优先性是理性之举？我们可以看到，这正是道德稳定性最关心的问题，也是罗尔斯的整个理论建构的出发点。因此，所谓正义原则的道德证成的一个内在要求，是要论证正义感的优先性。

有了以上出发点，罗尔斯进一步告诉我们，社会合作必须要有一套公共的正义原则界定我们的权利和义务，以及分配我们的合作成果。为了找到这套原则，罗尔斯遂引入各种道德价值（最主要是自由和平等），并透过假设性的原初状态，推导出他的公平式的正义原则。我们知道，原初状态是个道德设计，背后反映了自由主义的道德信念。但既然合作者最初参与合作的目的，是为了更好地实现自己的利益，他们为什么要同意罗尔斯的道德信念呢？罗尔斯很难回应说，因为这样做对每个人都最有好处，例如那些先天能力及后天家庭环境占优势的人，如果没有无知之幕的阻隔，未必会认同差异原则对他们最为有利。罗尔斯的理由，必然是因为这些道德价值是合理的，我们应该接受。

事实的确如此。罗尔斯从一开始即视合作者为自由平等的道德人，并愿意追求公平的社会合作。他说，社会合作者其实具备两种基本的道德能力，第一是具有一种正义感的能力（a capacity for a sense of justice），即一种能够了解、应用并依从正义原则行事的能力。欠缺这种能力，人们便无法做出自主的道德判断，并拥有足够的道德动机，尊重正义原则规定的公平合作条件。第二是具有一种实现某种人生观的能力（a capacity for a conception of the good），此指一种形成、修正及理性地追求不同人生计划的能力。欠缺这种能力，人们便无法理性安排及调整自己的人生计划，并对自己的选择负责。罗尔斯进一步设定，当人们最低限度地拥有这两种能力时，他们被视为自由平等的道德主体，而此亦是参与社会合作的充分条件（TJ, 505/442 rev.）。

由此可见，罗尔斯心目中的合作者，的确不可能是完全的自利主义者。但罗尔斯所描述的这两种能力，却令得张力继续存在。一方面，理性合作者会有最高欲望去追求自己的理想人生；另一方面，罗尔斯却要求每个合作者应从道德的观点去看人与人的关系。但这两种观点，却可能发生冲突。我们的人生计划，并不总是和正义原则相一致。当冲突发生时，从第一身观点看，为什么正义感必然具有优先性？[66] 我们可以提出足够理由，说服合作者当冲突出现时，给予正义原则优先性依然是最理性（most rational），又或者至少不是不理性（not irrational）的做法吗？[67] 这正是道德稳定性的核心问题。这个不是经验性的事实问题，问的不是**事实上**合作者会否给予正义感优先性，而是一个理性证成的问题，即理性的合作者是否有**理由**这样做。这个问题重要，也不是因为倘若论证失败了，会导致社会秩序不稳定，而是因为它是罗尔斯理论的内部要求。如果他无法提出有说服力的论证去支持正义的优先性，即等于承认理性的合作者没有充分理由接受他的原则，也等于他的原则不能被合理地证成。

第五章　稳定性与正当性　| 187

有论者或会提出这样的疑问：罗尔斯为什么非要从这样的角度，去论证正义感的优先性？这岂不是给自己设下一个难以解决的难题？为什么不可以说，只要正义原则能从第三者不偏不倚的（impartial）道德观点证明为合理便已足够？而对于那些发觉自己的人生观与正义原则有冲突的人，很简单，我们要么要求他们调整自己的观点去符合正义原则，要么使用强制性手段迫使他们服从。这样做，似乎无论从道德证成或社会稳定的角度看，问题都不大。[68]

这是一个很重要的质疑，而罗尔斯对此问题的回应，反映出他对道德证成的一些根本信念。如前所述，既然正义感的优先性是道德稳定的先决条件，这即说明罗尔斯并不接受正义的优先性是不证自明的事实或理论假定，而必须提出实质的理由加以论证（*TJ*, 567/497 rev.）。具体点说，正义感的优先性是正义理论追求的目标，但能否成功，则视乎该理论的实质内容，在何种程度上能够有效地保障和促进生活在该种制度下的个体的利益。个体并非纯粹的利他主义者，不会无条件地服从任何道德原则的要求。相反，罗尔斯相信重视一己利益、努力实践自己的人生理想，是每个理性的独立个体的合理期望。这种期望是每个自由平等的个体参与社会合作的基本动机，因此规范合作的正义原则，必须体现某种"互惠"（reciprocity）的理想，而不可以为了社会的集体利益，牺牲某部分人的基本利益。所以，当罗尔斯去考虑什么是正义的观点时，他并不赞成将个体的欲望和利益完全排除出去，然后找到一个纯粹的无偏无私的（impartial）立足点，并在此立足点上建构出一套正义原则，然后再将这套原则强加于有血有肉、有不同信仰和人生追求的个体身上。

有人马上会质疑，罗尔斯的原初状态的设计，通过无知之幕将人们的先天能力、后天出身和个人的价值观排除出去，不正是要确保这样的立足点吗？而从这个立足点推论出来的原则，不正是规限了人们对人生计划的追求吗？这是对罗尔斯最主流的诠释，但这个诠释却忽略了很重要的一点：原初状态只是罗尔斯整个道德证成的一部分，或者用他自己的话，这只是第一阶段（first-stage）的论证。第二阶段的论证，处理的正是道德稳定性问题。[69] 这个阶段要做的工作，是在得出正义原则，且人们已离开无知之幕并知道自己的真实身份之后。罗尔斯希望论证，即使人们知道自己的人生价值观，他们依然有足够的理由和动机，活在一个公平式的正义所规范的社会，并给予正义优先性。换言之，从个人理性的观点看，做一个正义的人，不仅没有损害当事人的利益，而且是实现他的真正福祉的必要条件。《正义论》中提出的"正当与'好'的契合"（congruence of the right and the good）以及《政治自由主义》中提出的"交叠共识"，都是希望解决正义感的优先性问题。第二阶段不仅不是多余的，而且是构成政治证成不可或缺的部分。明乎此，我们便明白为什么罗尔斯会说，如果在第二阶段中，正义原则若被证明为不稳定，我们必须回到第一阶段去做出修正。而在罗尔斯的理论框架中，由于证成性和正当性两者指涉同一意思，所以道德稳定所要求的正义感的优先性，自然是满足正义原则的正当性的必要条件。

　　罗尔斯前后期提出的论证是否成功，并非本章关注所在，但我们至此应可明白，为什么稳定性问题和正当性有这样密切的关系。如果我的分析合理，我们遂可以对罗尔斯的理论有一个新的、更加一致也更有说服力的理解。例如我们可以明白罗尔斯为什么说，稳定性是政治哲学的重大问题，并因而理解他为什么要为这个问题而做出重大的哲学转向。我们亦知道，交叠共识真正关心的，其实不是社会秩序问题，而是道德证成问题，目的是论证即使在一个多元社会中，公民依然有充分的理由接受政治自由主义，并因此有充分的动机做个正义的人。

【注释】

1. John Rawls, *Political Liberalism* (New York: Columbia University Press, expanded edition, 2005), p.xix. 以下简称 *PL*。
2. *PL*, pp. xvii-xviii.
3. 罗尔斯会用 comprehensive doctrine 或 comprehensive conception of the good 来指涉人们相信的宗教观、世界观或人生观。一个价值体系是整全性的，当它"包括种种人生价值、个人品格理想，以及友谊、家庭和社群关系的理想，乃至包括其他更多的能指导我们行为，并限制我们整体人生的理想时，它便是整全性的。" *PL*, p. 13.
4. *PL*, p. xxxix.
5. 对于这几个重要概念的联系，可参考 *PL*, pp. 385-394。
6. *TJ*, 395/347 rev.. 罗尔斯曾说过，他认为《正义论》第三部分是整本书中最有原创性的，但却不明白为何这么少人对其做出评论。见 Samuel Freeman, "Congruence and the Good of Justice", in *The Cambridge Companion to Rawls*, ed. Samuel Freeman (Cambridge: Cambridge University Press, 2003), p. 308。
7. 例如在讨论罗尔斯的几本专书中，完全没有触及此问题，包括 Brian Barry, *The Liberal Theory of Justice* (Oxford: Clarendon Press, 1973); Normal Daniels (ed.), *Reading Rawls* (Stanford, California: Stanford University Press,

1975); Thomas Pogge, *Realizing Rawls* (Ithaca: Cornell University Press, 1989); 石元康,《罗尔斯》(桂林:广西师范大学出版社, 2004)。Chandran Kukathas 和 Philip Pettit 的著作有注意到此问题, 但却认为那主要是为了解决坐顺风车 (free-riding) 的问题, 我认为这曲解了罗尔斯的意图。参见 *Rawls: A Theory of Justice and its Critics* (Cambridge: Polity Press, 1990)。而在《政治自由主义》出版后, 对稳定性的讨论依然不多; 即使有, 也认为是次要的或衍生的问题, 例如 George Klosko, "Rawls's Argument from Political Stability", *Columbia Law Review* 94 (1994), p. 1890; Stephen Mulhall 及 Adam Swift 亦持这种观点, 参见 *Liberals and Communitarians* (Oxford: Blackwell, 2nd edition, 1992), Chap. 5。就我所知, 对此问题着力最多的, 是罗尔斯的学生 Samuel Freeman, 见 "Political Liberalism and the Possibility of a Just Democratic Constitution", *Chicago-Kent Law Review* 69 (1994), pp. 619–668; "Congruence and the Good of Justice", in *The Cambridge Companion to Rawls*, pp. 277–315。

8. 例如: Brian Barry, "John Rawls and the Search for Stability", *Ethics* 105 (1995), pp. 874–915; Jürgen Habermas, "Reconciliation through the Public Use of Reason: Remarks on John Rawls's Political Liberalism", *The Journal of Philosophy* 92 (1995), pp. 109–131; G. A. Cohen, "Facts and Principles", *Philosophy and Public Affairs* 31, no. 3, pp. 211–245; Jean Hampton, "Should Political Liberalism Be Done without Metaphysics?", *Ethics* 99, pp. 791–814。

9. 对于国家作为特定疆界内, 唯一的具有正当性使用武力的机构这一点, 罗尔斯基本上跟从韦伯的定义。Max Weber, "Politics as a Vocation", in *From Max Weber: Essays in Sociology*, ed. H. H. Gerth and C. Wright Mills (London: Routledge), p. 78.

10. 原文是: "In a constitutional regime the special feature of the political relation is that political power is ultimately the power of the public, that is, the power of free

and equal citizens as a collective body." *PL*, p. 136.

11. 对于这几个重要概念的定义，可参见 *PL*, Lectures I and II。
12. *PL*, p. 137.
13. Rawls, *Lectures on the History of Political Thought*, p. 13.
14. Max Weber, *Economy and Society*, ed. G. Roth and C. Wittich (Berkeley and LA: University of California Press, 1978), pp. 212-214.
15. 对于韦伯的观点的批评，可参考 David Beetham, *The Legitimation of Power* (New York: Palgrave, 1991), Chap. 1; John H. Schaar, "Legitimacy in the Modern State", in *Legitimacy and the State*, ed. William Connolly (New York: New York University Press, 1984), pp. 104-133。
16. 西蒙斯对此有强烈批评，认为必须将证成和正当性两者做出清楚区分。A. John Simmons, *Justification and Legitimacy* (Cambridge: Cambridge University Press, 2001), pp. 122-157.
17. 康德的观点，见 Immanuel Kant, *Political Writings*, ed. H. S. Reiss and H. B. Nesbit (Cambridge:Cambridge University Press, 1979), p. 79。
18. 卢梭的契约论，也可被理解为这一类。Jean-Jacques Rousseau, *The Social Contract and the Discourses*, trans. G. D. H. Cole (London: Everyman's Library, 1973), pp. 257-265.
19. 沃德隆称前者为"自愿主义式"（voluntaristic）的契约论，后者为"理性主义式"（rationalistic）的契约论。Jeremy Waldron, *Liberal Rights* (Cambridge: Cambridge University Press, 1993), p. 51.
20. 西蒙斯对于这点有很锐利的观察。Simmons, *Justification and Legitimacy*, p. 147.
21. Joseph Raz, "Introduction", in *Authority*, ed. Joseph Raz (New York: New York University Press, 1990), p. 5.
22. 罗尔斯基本上接受了沃德隆的观点。Waldron, *Liberal Rights*, pp. 45-47; Rawls, *Lectures on the History of Political Philosophy*, p. 15.

23. Simmons, *Justification and Legitimacy*, pp. 131, 142-145. 对于这种将正当性和义务从概念上分开的讨论，可参考 R. Ladenson, "In Defense of a Hobbesian Conception of Law", in *Authority*, pp. 32-55。

24. 对于这点，可参考 Waldron, *Liberal Rights*, pp. 35-62; William Connolly, "Introduction: Legitimacy and Modernity", in *Legitimacy and the State*, pp. 1-19.

25. 原文是："To insure stability men must have a sense of justice or a concern for those who would be disadvantaged by their defection, preferably both. When these sentiments are sufficiently strong to overrule the temptations to violate the rules, just schemes are stable." *TJ*, 497/435 rev..

26. 这三个阶段，分别是"权威的道德"（morality of authority）、"社群的道德"（morality of association），以及最高的"原则的道德"（morality of principles）。*TJ*, Chap. VII. 对于稳定性的这一部分，《政治自由主义》并没做出任何改变。*PL*, p. 141.

27. 这并不表示道德原则是单向的唯一影响人们道德动机的因素。我反而认为，这是一个互动的反思均衡的过程。一个正义理论本身必须预设了某种对人性及道德动机的看法，而这个理论应用到具体的社会政治制度时，自然会对个体有相应的道德要求。人们是否有足够的正义感去遵从这些要求，也需视乎这些要求和人们的个人心理及人生价值观之间的复杂互动。内格尔认为罗尔斯的稳定性问题，正是对此问题的思考。Thomas Nagel, *Equality and Partiality* (Oxford: Oxford University Press, 1991), p. 27.

28. 罗尔斯认为公平式的正义较效益主义及霍布斯式的理论优胜之处，是它能够更有效地培养人们的正义感，因此更加稳定。见 *TJ*, 496-504/434-441 rev.。

29. Nagel, *Equality and Partiality*, p. 26.

30. "理性的人生计划"（rational plan of life）及"整全人生观"（comprehensive conception of the good）这两个理念，在稳定性论证以至罗尔斯整个理论

中，都有十分重要的作用。详细讨论见 *TJ*, Chap. VII。

31. 罗尔斯本人并没有用这个名称。就我所知，内格尔曾用过这名称形容罗尔斯，但关注点和我这里所说的并不相同。Nagel, *Equality and Partiality*, p. 27.

32. *TJ*, 143/124 rev.; 407-423/358-372 rev. 后期的罗尔斯除了 rational 外，亦加入 reasonable 这一重要条件去限制理性行动者的选择。我对此很有保留，因为 reasonable 本身是一道德概念，会一开始便要求理性的行动者接受某种既定的道德观点，并以此限制 rational 的选择可能性，这很可能会削弱罗尔斯最初提出的稳定性问题的意义。这点我之后会再作讨论。对于 rational 和 reasonable 的分别，可参见 *PL*, pp. 48-54。

33. *PL*, pp. 65-66.

34. *PL*, pp. 390-391.

35. 例如可参见 Seymour Martin Lipset, "Social Conflict, Legitimacy, and Democracy", in *Legitimacy and the State*, pp. 63-87。

36. David Beetham, *The Legitimation of Power*, p. 33.

37. 我这里说的是并非"必然"，而不是说一定不可能。我们可以想象，如果一个理论应用到社会时，公民强烈抗拒该制度，甚至在行动上做出消极抵抗或武力反抗，那么我们至少有理由怀疑这个理论本身是否合理，又或是否过于乌托邦。我这里只是强调在概念上区分这两个层次，却没有说两者完全没有关系。内格尔对相关问题，有相当精彩的讨论。参见 Nagel, *Equality and Partiality*, pp. 21-32。

38. 这里需留意，可证成性和正当性，在罗尔斯的语境下指涉同样的意思。而对于稳定性和公共证成（public justification）及正当性的关系，罗尔斯在 "Reply to Habermas" 一文中有相当清楚的解释。*PL*, pp. 385-395。

39. *PL*, pp. xvii-xix.

40. 罗尔斯称此为"霍布斯论旨"（Hobbes's thesis）。*TJ*, 240/211 rev..

41. Hobbes, *Leviathan*, ed. Richard Tuck (Cambridge: Cambridge University Press, 1991), esp. Chaps. 13–18.

42. *TJ*, 497-498/435 rev.. 即使道德稳定性的论证成功，也不表示强制性的惩罚制度没有必要。罗尔斯只是说，在一个实现道德稳定的社会，强制性权力的使用会大大减少。

43. 原文是："Finally we checked to see in the third part if justice as fairness is a feasible conception. This forced us to raise the question of stability and whether the right and the good as defined are congruent. These considerations do not determine the initial acknowledgment of principles in the first part of the argument, but confirm it." *TJ*, 580/508 rev.. 这里指的正当与"好"的合一，是罗尔斯在《正义论》中提出解决稳定性问题的最终答案。而提及的第一部分论证，是指书中第一部分有关原初状态的契约论证。类似说法，亦可见 *TJ*, 504/441 rev.。我并不同意罗尔斯这种诠释，我认为在《正义论》中，稳定性已经和证成性密不可分。进一步讨论，可参本书第六章《正义感的优先性与契合论》。

44. Rawls, "The Idea of an Overlapping Consensus", in *Collected Papers*, ed. Samuel Freeman (Cambridge, Mass.: Harvard University Press, 1999), p. 421. 粗体为笔者所加。

45. *PL*, p. 4. 粗体为笔者所加。

46. Kukathas and Pettit, *Rawls: A Theory of Justice and its Critics*, p. 140.

47. Brian Barry, "John Rawls and the Search for Stability", *Ethics* 105 (1995), p. 881. 类似诠释亦可见 Jean Hampton, "Should Political Liberalism Be Done without Metaphysics?", *Ethics* 99 (1989), p. 807; Habermas, "Reconciliation through the Public Use of Reason", *The Journal of Philosophy* 92 (1995), p. 120.

48. 巴利便持这种立场。Brian Barry, "John Rawls and the Search for Stability", pp. 874-915.

49. 这里所谈的，是指可能有许多人不接受罗尔斯提出的"正当与'好'的契合"论证（congruence of the right and the good）。

50. *PL*, p. 142.

51. 为了辩论起见，即使我们同意正义感对社会稳定的重要性，我们也可以质疑一个单薄的、只限于公共领域的政治的正义观，是否便一定较整全性的自由主义更能培养公民的正义感。例如设想在一个推行至善主义式的自由主义（perfectionist liberalism）社会中，政府通过教育或其他非强制性的方式，使公民培养出深厚的自由主义德性（liberal virtues），也许更能帮助公民认同自由主义的理念，并产生出相应的强烈的正义感。对至善主义式的自由主义的讨论，可参考 Joseph Chan, "Legitimacy, Unanimity, and Perfectionism", *Philosophy and Public Affairs* 29 (2000), pp. 5-42。

52. 对于这两个阶段的说明，参见 *PL*, pp. 140-141。

53. Habermas, "Reconciliation through the Public Use of Reason", p. 121. 粗体为原文所有。

54. 原文是："There is, then, no public justification for political society without a reasonable overlapping consensus, and such a justification also connects with the ideas of stability for the right reasons as well as of legitimacy." *PL*, pp. 388-389. 罗尔斯认为在他的理论中，有三种不同的证成观念，分别是 *pro tanto* justification、full justification 和 public justification，而政治自由主义追求的，是公共证成（public justification）。这个区分，对理解他的理论十分重要。*PL*, pp. 386-387.

55. *PL*, p. 141.

56. 同上。

57. 这两条原则的具体内容，可参见 *TJ*, 302/266 rev.。

58. 事实上，罗尔斯曾就此作了某种妥协，承认他的第二条原则不是"宪法的根本"(constitutional essentials),同时难以取得共识,因此只需在立法机关中进行辩论,而不需被视为公共证成的对象。但这样一退,罗尔斯的正义理论的吸引力便会大打折扣。*PL*, pp. 229-230.

59. Habermas, "Reconciliation through the Public Use of Reason", p. 122.
60. G. A. Cohen, *Rescuing Justice and Equality* (Cambridge, Mass.: Harvard University Press, 2008), p. 328.
61. *PL*, p. 4.
62. *PL*, p. 390.
63. 罗尔斯有时会将这两者交互使用,意思并没有不同。他后来则称这些为整全性学说(comprehensive doctrines)。
64. 沃德隆对此有类似观察。参见 Waldron, *Liberal Rights*, p. 56。
65. 也即从工具理性的观点看,他这样做并不是非理性的(irrational)。但我们得留意,这并不表示每个参与者都是狭义的自利主义者,所有行动的目的都是为了自己的利益,因为一个人的人生计划中可以包括不同的道德关怀和道德动机。
66. 正义的优先性和正义感的优先性,指的是同一意思,因为正义感的内容是由正义原则来界定的。
67. 前者是强的理性要求,后者是弱的理性要求。罗尔斯希望做到的是前者。
68. 巴利便持有类似的看法。Barry, "John Rawls and the Search for Stability", pp. 874-915.
69. 罗尔斯在《正义论》中并没有清楚提出两个阶段的说法,但其实在原初状态中,稳定性已是立约者选择原则时的一个重要考虑,尽管他们无法知道自己特定的人生观。就此而言,稳定性一开始已是决定正义原则的可证成性的一个内在要求。详细讨论可参见 *TJ*, 175-178/153-156 rev.。

第五章 稳定性与正当性 | 197

第六章　正义感的优先性与契合论

一

一套分配正义理论，必须回答三个问题：一、分配什么？二、根据什么原则分配？三、人们服从正义原则的动机是什么？这三个问题彼此相关，而对它们的回答，则决定一套理论的基本形态。

让我略作解释。社会正义的基本关注，是在资源有限且各人对应得多少有不同诉求的环境下，找出一组合理的道德原则，界定人们的权利和义务，并决定每个人应得多少社会资源。要处理分配问题，我们须先知道分配什么。显然，这些物品一定是有价值、人人渴望拥有，且能够在人与人之间做出比较的东西。它或许可以满足我们的欲望，或许有助于实现我们的某些能力，又或是构成美好生活不可或缺的元素。这些有价值的东西，属于"好"（good）的范畴。[1]其次，我们需要知道，应该根据什么标准或原则分配这些好的物品，才算公正合理。这些原则界定公民之间应有的道德关系，以及每个人应享的权利和义务，它们属于道德上"正当"（right）或"对"的范畴。"好"和"正当"是罗尔斯的《正义论》中最基本的两个概念，并提供不同价值判断的立足点。前者界定人的根本利益，后者界定这些利益应以何种方式分配，而两者皆有指导和约束人的规范性力量（normative force）。正如罗尔斯所说，如何证成这两个概念的实质内容，以及恰如其分地界定它们的关系，很大程度上决定一套正义理论的基本形态（*TJ*, 21/24 rev.）。

和上述两个问题密切相关的，是个体到底基于什么动机（motive）接受某种正义原则，并愿意服从它的要求。动机问题重要，至少有两方面的原因。第一，人们基于什么动机参与社会合作，将直接影响正义原则的实质内容。举例说，如果人们合作的初始动机（primary motive）是自利，行动的目的纯粹为了满足一己利益，那么他们愿意接受某种分配原则的理由，必然是由于这样做能够对彼此更有好处。[2] 又例如效益主义（utilitarianism）要求人们行动时应以整体利益为念，必要时甚至要牺牲个人的权利和根本利益。为证成此原则，效益主义其实预设了人们有相当强的同情心和利他动机，否则很难解释人们为什么有理由要这样做。[3] 动机的假定，内在于正义原则的证成之中。正是这些动机，解释人们为何会相信某种道德原则，并以此建立社会制度和作为他们的行动指引。因此，动机和原则之间必须保持内部的一致性（internal consistency），否则该理论将出现严重问题。[4]

第二，一套合理的正义理论，不仅需要对动机问题有所说明，同时必须论证服从正义原则的动机，在人们的动机系统中具有优先性。我称此为"正义感的优先性"（the priority of the sense of justice）问题。这里所说的正义感，是指人们做出道德判断并愿意接受和按照正义原则行动的欲望。优先性指当正义感与其他欲望发生冲突时，理性主体（rational subject）能够有足够理由支持前者凌驾后者。

优先性问题的出现,是因为正义感只是行动者动机系统中的其中一部分,有可能和其他欲望发生冲突,尤其当正义的要求和人们对"好"的追求出现张力的时候。张力的出现,并非由于人们是自利主义者。事实上,真正的自利主义者并不会有道德上的张力。冲突的根源,是"好"和正当均有规范性力量,但两者的方向却未必总是一致。一方面,我们有一己的人生计划和宗教信仰,有种种人际间的特殊关系,有植根于不同文化脉络下的身份认同。这些东西,相当大程度上界定了我们对美好生活的图像。另一方面,我们对他人有不同的道德义务,这些义务往往要求我们从普遍性的角度平等对待所有人,有必要时甚至要将对"好"的追求放在一边。问题是:从理性主体第一身的观点看,服从正义原则的动机从何而来?它的优先性基础又在哪里?

有人或会问,为什么非要证成正义感的优先性不可?首先,这和正义原则的角色有关。正义原则的功能,是规范社会制度的运作,决定人们的权利和义务,并在出现利益纷争时,提供最后裁决。因为正义是社会合作的基础,所以我们赋予它某种优先性:当其他价值和利益与正义原则产生冲突时,后者凌驾前者。罗尔斯称此为"正当概念的形式性限制"(formal constraints of the concept of right; *TJ*, 135/116-117 rev.)。这个限制意味着,任何可证成的正义原则,均须满足这个优先性的要求。换言之,在道德证成的过程中,一套正义理论必须提出充分的理由,论证理性主体为什么应该给予道德原则这么高的位置,并愿意以此规范他们的行为。否则,这套理论将出现内部不一致,即实质的道德论证无法有效满足正义原则形式上的优先性要求。一如前述,这些支持正义原则优先性的理由之所以成立，背后必然预设了某种道德动机。所以，当正义原则满足了优先性的要求时，亦涵蕴了正义感在动机系统中的优先性。在道德证成中，动机和理由之间具有密不可分的关系。

如果我们换个角度，从受正义原则规范的人的第一身观点看，也将得出类似结论。正义原则既是政治原则，也是道德原则，在制度和伦理上，对我们均有所要求。这些要求一方面约束我们的行为，规定我们对他人的责任，另一方面对我们的人生有深远影响。它们界定我们的道德和公民身份，限定我们理解自我和社会的方式，决定我们享有多少机会和应得多少资源，并影响我们的人生前景。所以，作为有价值意识和反省意识的理性主体，当我们思考应该接受何种正义原则时，我们是从第一身的观点，追问柯思嘉（Christine Korsgaard）所称的"规范性问题"（normative question）："当你想知一个哲学家的规范性理论是什么的时候，你必须将自己置身于**行动者**（agent）的位置，而道德正向他提出某个艰难的要求。然后你问该哲学家：我真的一定要这样做吗？为什么我非如此做不可？他的回答，便是对规范性问题的回答。"[5] 正义感的优先性问题最终要处理的，也是类似问题："**我**有一己的人生计划，有着个人对幸福的追求，为什么非要给予正义感最高的位置？它真的应该凌驾**我**所有别的欲望吗？**我**这样做，是理性（rational）之举吗？"作为独立理性的个体，我们有权提出这样的问题，并追问道德权威的基础建于何处。

这个问题，所有正义理论均须回答。而提出的答案，将直接影响该理论的可证成性（justifiability）。[6] 当代影响力最大的罗尔斯的正义理论，便将正义感的优先性问题放到其理论的核心位置。在

《正义论》第三部分，罗尔斯花了全书三分之一篇幅去论证在一个由他主张的正义原则规范的良序社会，理性的个体将有充分的理由赋予正义感优先性，从而保证正义原则的稳定性。他提出的主要理由，是认为在这样的社会中，正当和"好"将彼此契合，即理性主体会视正义感在一己人生计划中具有支配性的位置，并且是最高序的"好"，因此享有绝对的优先性。做一个公正的人，是活得好的必要条件。我称此为正当与"好"的契合（congruence of the right and the good）。

不少论者或许会对契合论感到诧异，因为罗尔斯在《正义论》中多番强调他的理论是义务论（deontology），而不是以效益主义为代表的目的论（teleology）。而义务论的主要特征，是正当优先于"好"（the priority of the right over the good; *TJ*, 30-32/26-28 rev.）。按照桑德尔的说法，这种优先性有两重意思。第一重是道德上的优先性，即正义在所有社会德性中序列最高，凌驾其他的道德和实用价值。个体的人生计划和种种欲望，均不能逾越正义原则设下的限制。第二重是证成上的优先性，"它描述了一种证成的方式，即首要原则的推论并不预设任何终极的人类目的或目标，亦不倚赖任何特定的人类美善生活的观念。"[7] 换言之，为了无条件地保证正义的优先性，正义原则的证成必须独立于任何有关美好人生的论述，并必须在"好"的问题上保持中立。桑德尔声称，这是康德以降，义务论式自由主义最重要的特征，并且是当代以罗尔斯为代表的自由主义共享的理论基础。[8]

骤眼看来，义务论和契合论有明显冲突。前者强调正当和"好"的割裂分离，并且相信唯有这样，正义原则无条件的优先性才得以保证；后者却认为要证成正义感的优先性，正当必须以某种方式和理性行动者对"好"的追求契合。这两种似乎不兼容的伦理观，却同时存在于罗尔斯的理论之中，实在教人困惑。这多少解释了为什么桑德尔在他的《自由主义及正义的局限》这本批评罗尔斯的名著中，只将焦点放在义务论，却绝口不提稳定性问题和契合论。这个做法虽然避免了两者的张力，但却无法解释两个问题：一、罗尔斯为什么要花《正义论》全书三分之一的篇幅，去论证正当与"好"的契合，并以此解决正义感的优先性问题；二、晚期罗尔斯为何会因为稳定性问题，而被迫转向政治自由主义。[9]

本章尝试回答这两个问题。针对第一个问题，我将指出契合论之所以必要，是因为罗尔斯对义务论的说明，以及正当优先于"好"的解释，均没有真正处理道德动机的优先性问题（第二、三节）。而要证成正义感在理性主体的人生计划中占有最高序的位置，我们必须提出充足的理由，指出正义感不仅不应绝缘于我们对"好"的追求，同时必须是构成我们"好"的一部分（第四节）。要实现这个目标，罗尔斯于是诉诸一种康德式的对"公平式正义"（justice as fairness）的诠释，其核心是视人为自由平等的理性存有，然后指出从原初状态中得出的正义原则最能体现这种人性，继而论证服从这种原则的欲望和理性主体追求"好"的欲望彼此一致，因为人有最高序的欲望去实现人性（第五节）。针对第二个问题，我将指出契合论的最大问题，是在现代多元社会，人们各有不同的终极人生目标，罗尔斯的"慎思理性观"（deliberative rationality）无法保证所有理性者都接受康德式的对人的诠释。正是这个内部论证的困难，迫使后期罗尔斯做出政治自由主义的转向（第六节）。

二

罗尔斯声称他的理论是义务论式的（deontological）自由主义，以别于目的论式的正义观。目的论（teleology）有两个特点。一、"好"的定义独立于正当而被界定；二、正当的标准视乎能否极大化"好"的东西。[10] 那什么是义务论呢？罗尔斯说，目的论的反面便是义务论，即要么"好"不是独立于正当而被界定，要么不将正当诠释为"好"的极大化。他特别强调，公平式的正义是在第二种意义下的义务论。换言之，他并不反对效益主义将"好"独立于正当，并将其界定为理性欲望的满足（*TJ*, 30/26 rev.）。

我先解释一下这个说法。罗尔斯认为，目的论的论证策略，是先根据某种价值理论（value theory），决定什么是好的事物。这里所说的"好"是指非道德意义上的好（non-morally good），例如快乐、幸福、理性欲望的满足、知识和自我实现等。这些东西之所以有价值，不需要任何预先给定的（pre-given）道德观点作为参照系，更不用受到任何道德义务的限制，因为在未知道什么是"好"之前，并不存在所谓道德的观点。[11] 当我们定义了"好"之后，我们才问下一个问题：既然每个人都想要这些好的东西，那么社会应该根据什么原则去分配这些可欲之物？人与人之间又应存在怎样的道德关系？这是有关正当性的问题。就此而言，目的论的论证结构，是"好"先于正当。这里所说的"先"，不是指在价值上前者凌驾后者，而是指在理论建构的过程中，"好"一方面独立于正当而被界定,另一方面我们必须要有一个对于"好"的说明,才能进入有关正当性的思考。

罗尔斯接着指出,目的论的正当性标准,是极大化原则(principle of maximization)。"在现有可选择的制度和行为当中,那些能够产生最多'好'的,便是正当的。"(*TJ*, 25/22 rev.)效益主义是典型的目的论:先独立定义"好"为欲望的满足,然后用能否极大化社会总体的"好"来决定某一制度或行为的对错。罗尔斯认为,这两个部分是构成目的论的必要条件。一个正义理论,只要否认其中一个条件,便不再是目的论。又或换种说法,那便是义务论。例如他说:"效益主义是一种目的论,公平式的正义却不是。按定义,后者是一种义务论式的理论,即要么它不独立于正当来界定'好',要么不将正当诠释为对'好'的极大化。"(*TJ*, 30/26 rev.)我以下将指出这个说法不成立,因为效益主义和公平式的正义的论证结构,并没有根本的不同。

先讨论第一个条件。首先,在公平式的正义中,"好"是由"单薄的价值理论"(thin theory of the good)推导出来的"社会基本有用物品"(social primary goods)来界定,包括自由、收入、机会和个人自尊的社会基础等。它们被视为是实践任何理性人生计划均需要的有价值之物。与效益主义一样,这些基本有用物品的界定,不需诉诸任何正当的概念,因为在罗尔斯的假然契约论中,立约者是先知道这些基本有用物品的价值及其背后的理据,然后才坐下来商讨分配这些资源的正义原则。因此,这些用来作为人际间比较标准的"好"的东西,先于正当而被界定,因为"要建立正义原则,必须有赖于某种'好'的主张,因为我们需要对原初状态中的立约者的动机做出某些假设"(*TJ*, 396/348 rev.)。

立约者为何一致认为这些物品是好的呢？罗尔斯认为，每个人都有自己的人生计划，这些计划界定了人们的人生目标和方向。只有当一个人成功实现自己的计划时，他才会感到幸福。虽然由于无知之幕的阻隔，立约者无法知道自己特定的人生计划，但却知道回到真实社会，这些基本有用物品对所有计划都有用，都能有效促进人们的福祉，因此它们是好的。罗尔斯最初认为这个说明是对于人类心理的一个具普遍性的自然描述，无须假设任何特定的人生观，因此具有超然中立的地位。但到了《正义论》的修订版，罗尔斯放弃了这种想法，声称界定社会基本有用物品的理由，是基于一个特定的理想道德人的观念（conception of moral person）。这样的人拥有两种基本的道德能力，包括正义感的能力和实现美好人生观的能力。与此同时，他们具有较高序的旨趣（higher-order interest）去发展及实现这两种能力，而基本有用物品则是帮助人们实现这种理想人格的必要条件（*TJ*, xiii rev.）。这是一个相当大的转变，因为"好"的基础不再单薄和中立，而是立足于某种特定的对人的理解及其相随的欲望之上。既然如此，这正好说明在公平式的正义中，"好"同样是独立于正当而被界定，因此这并非义务论和目的论真正差异所在。[12]

真正有争议的，是第二个条件。罗尔斯认为，所有目的论理论均会接受极大化原则作为正当的标准。而他的理论是义务论，因为原初状态中的立约者只会选择平等的基本自由原则和差异原则，而不会考虑极大化任何社会基本有用物品（*TJ*, 30/27 rev.）。但这个对目的论的概括性界定并不合理。诚然，目的论式的伦理观相信，要解释和证成某个分配原则,必须看它能否有效促进和实现人类的某些终极目的和最高价值。但这并不表示,极大化原则是达到和实现这个目标唯一的正当方式。确定某些目的值得追求,和个体追求这些目的时应该受到什么限制,是两个独立的问题。例如在古希腊古典目的论伦理学中,虽然"好"占据中心位置,但却甚少哲学家认为将"好"极大化是决定正当行为的标准。[13] 我们亦可以接受某种"好"的目标,然后主张在促进这些目标时,必须尊重每个人的平等权利,而不可以为了总量增加而贸然牺牲个体利益。

有人或会回应,如果我们接受平等原则,那便等于放弃目的论,改为接受义务论了,因为目的论对正当性的定义便是要使这个世界产生更多的"好",而不需考虑这些"好"如何在人与人之间分配。[14] 但这种说法最多只适用于某类效益主义,因为那些非效益主义(non-utilitarian)的目的论者,根本不需接受这个定义。事实上,即使是效益主义者,也可能接受平均效益原则而非简单的效益加总原则,而这已可以导致极为不同的结果。退一步,即使有人接受加总原则,背后的理由也不一定是认为极大化本身是正当的标准,而是相信极大化原则是最合理的**手段**,体现人人平等的理想。按这种思路,政府有责任平等对待每个公民,并给予同等的尊重,而实现此理念的最公平做法,是每个人的欲望和喜好都应被考虑,而且只应被计算一次,然后将其相加,并选择净值最大的方案。就此而言,极大化本身并非效益主义的道德基础,而只是实现平等的一种手段而已。[15] 又或者,如果我们接受古典目的论的思路,我们甚至可以说,尊重每个人作为自由平等的个体这个信念本身,是构成幸福生活的前提,而这个信念和极大化并不兼容,因此一开始便应将极大化原则排除出去。[16]总而言之，一个目的论者并没有非如此不可的理由，视效益的极大化为道德正当的唯一判准。

讨论至此，我们见到所谓目的论和义务论的分野，并非如此清楚。我们只能说，罗尔斯的定义最多只适用于某种诠释下的古典效益主义，而不是所有目的论理论。这似乎也是他的目的，因为《正义论》的最大野心，是要提出一套自由主义的正义观来取代这种效益主义（*TJ*, vii-viii/xvii-xviii rev.）。所以在下一节，我们将问题收窄一点，细看一下公平式的正义和效益主义的真正分野。根据罗尔斯的说法，分野在于公平式的正义主张正当优先于"好"，而效益主义赞成"好"优先于正当。

三

所谓正当优先于"好"，是指当代表正当的正义原则和人们对"好"的追求产生冲突时，前者凌驾后者。为什么会出现冲突？因为正义的要求和理性欲望的满足并非总是一致。如果出现这种情况，罗尔斯声称，无论这种"好"带给当事人多大满足，道德上也不允许。他说：

> 目睹他人的自由受到剥夺却引以为乐的人，应该知道他根本没有享受这种快感的权利。从剥夺他人的自由中感到愉悦，这本身便是错的：这种满足需要以背离他在原初状态中同意的原则为代价。正当原则，也即正义原则，对何种满足才有价值施加了限制；它们也对何谓一个人的合理的美好人生观做出约束……我们可以这样表述：在公平式的正义中，正当的概念，

优先于"好"的概念。正义的优先性，部分出于以下主张：凡违反正义原则的利益，都没有价值。(*TJ*, 31/27-28 rev.)

罗尔斯声称，正当优先于"好"，是他的正义观和效益主义的根本分别。他认为效益主义最大的弱点，是在效益极大化过程中，不加区分地视所有欲望都有价值，从而只考虑这些欲望的强度，却不理会这些欲望的来源和性质。因此，如果有人因为歧视他人而取得快感，又或借着限制别人的自由来增强对自我的肯定，这些欲望也会被计算进去。但罗尔斯认为，这绝对不可能接受，因为有些欲望无论给当事人带来多大满足感，也没有价值，因为这样做侵犯了正义原则所赋予人的权利。所以，他主张正当优先于"好"，即从原初状态中推导出来的正义原则，将严格限制什么样的欲望和行为可以被容许。任何逾越正义原则的人生观，无论带给当事人多大满足，也不应该被容许。

如果是这样，这是否意味着效益主义是一种"好"优先于正当的理论？这其实不可能，因为没有一个道德理论可以容许个人欲望任意凌驾于道德考虑之上。实际上，效益主义同样对人们的欲望做出独立限制；凡是那些有碍于效益极大化的行为都是不正当的，效益主义更不容许个体对"好"的追求凌驾社会整体利益。罗尔斯其实承认这点，例如他说："任何正义理论都需要设立一些这样的限制，即在特定的条件下，要满足它的首要原则所必需的限制。效益主义排除的欲望和倾向，是那些如果鼓励或容许它们的话，便会在某种情况下，导致欲望满足的较小净余额。"(*TJ*, 32/28 rev.)

换言之，效益主义同样接受正当优先于"好"，同样限制那些违反效益原则的欲望。两者的争论所在，是对于什么是正当的标准有不同见解。对效益主义来说，正当的标准是应该一视同仁地对待所有欲望的满足，并将这些满足加总。因为只有这样，才能体现一种公平的精神：每个人的快乐喜好，都应给予相同的考虑。罗尔斯却认为，正当的标准不在于极大化，而在于他的两条自由主义原则。毫无疑问，这两套理论呈现了截然不同的公正社会图像，但它们的分歧并不在于正当与"好"孰者优先，而在于对正当的实质内容有不同理解。这两种正义观何者较为可取，并非本章关注要点。但从以上讨论，我们可以得出两个和本章主题相关的结论。

第一，虽然罗尔斯多番强调正义是社会的首要德性，但无论是义务论和目的论的对照，又或所谓"正当优先于好"的论旨，都没有真正解答正义感的优先性问题。就理论的内在结构来说，自由主义和效益主义都主张正义原则的优先性，都要求公民有足够的动机服从正义的要求。问题却在于，对每个理性行动主体来说，为什么某种正义观具有那样的规范性力量，使得他们自愿接受正义原则的约束？他们的正义感从何而来？正义感和"好"的关系是什么？这是每套理论均须提出实质理由加以论证的。第二，一旦我们承认正当与"好"都有规范性的力量，而且存在冲突的可能，理性主体将面对内在动机的张力。一方面，理性主体有一己的人生计划和对美好生活的追求。这些追求，构成他们行动的初始动机。另一方面，正义的角色和对规范性问题的重视，却要求理性主体必须服从正义原则的要求。难题却在于：当服从正义原则的动机和对"好"的追求有冲突时,为何前者有优先性?这是罗尔斯最关注的问题。

四

要证成正义感的优先性,大略言之,可有两种进路。第一种是承继古典目的论的传统,主张服从正义原则的欲望,正是理性主体最为渴求的,因为它背后所体现的价值,乃构成幸福生活不可或缺且最重要的要素。如果此论证成立,正义感便在人们的动机系统中占有最高位置,优先性问题遂得以解决。对此进路来说,正当和"好"不是一组对立的概念。我们不是先有对"好"的追求,然后再找正义原则去限制和规范这些追求。恰恰相反,作为理性主体,如果我们对何谓幸福的人生有足够认识,便会知道行正义之事、做正义之人和活得幸福是有内在联系的。这种进路是我们前面所称的契合论。第二种进路则主张把正义感和人们对"好"的追求完全分割开来,正义感是一种本质上异于其他欲望的动机,同时在人们的动机系统(motivational system)中占据某种独特且绝对优越的位置,从而当和别的动机冲突时,它总是能无条件地压倒其他欲望。让我们称这种进路为"分离论"(theory of separation)。不少论者以为,罗尔斯走的是分离的路,因为为了保证正义原则的优先性,其证成不能诉诸任何美好人生观,那么相应的服从正义原则的动机自然也不能和"好"有任何关联。分离论最大的问题,是它需要提供一套合理的论述,解释正义感的约束力量从何而来。具体一点,如果对"好"的追求是人的初始动机,而正义感却非人的自然欲望,一个理性的人为什么要服从正义的要求?[17] 我将指出,罗尔斯采纳的其实是契合论。要了解罗尔斯的观点，我们宜对他所理解的正义的环境（circumstances of justice）和实践理性观，有进一步认识。

在动机问题上，罗尔斯认为正义感不能独立于"好"，因为在他对社会合作的构想中，人们对幸福生活的追求，是正义问题出现的必要条件。对罗尔斯来说，社会合作对每个人都有好处。但在合作过程中，却必然出现冲突，因为每个人都有自己的理性人生计划（rational plan of life）。他说：

> 这些计划，又或美好人生观，使人们有不同的目标和方向，并对可利用的自然和社会资源，提出彼此冲突的诉求。再者，尽管这些计划所促进的利益，不应被假定为某个特定自我的个人利益，但它们的确属于自我的利益，即自我视其所持的人生观值得被肯认，同时视以其名义提出的诉求值得被满足。（*TJ*, 127/110 rev.）

由此可见，因为人们持有不同的人生计划，对个人在合作中应得多少有不同看法，但资源却没有丰盛到能满足所有人欲望的地步，我们才需要正义原则协调和解决人们的纷争，并决定每个人的合理所得。罗尔斯称此为正义问题出现的主观和客观环境。在正义原则尚未出现时，个人已先形成不同的人生计划。这些计划赋予人们的生活价值和意义，影响他们的行动，界定他们的"好"。

由于"人生计划"此一概念在罗尔斯的理论中举足轻重，容我略作引申。人是这样的存有：具有目的性和意向性，渴望通过各种活动，实现某些目标和理想，并活得丰盛幸福。而在不断追求的过程中，人需要一个价值框架将不同欲望排出优先次序，使它们保持和谐，并令生命具有某种方向和延续。罗尔斯称这个框架为人生计划。"理性的人生计划，将建立起一个基本点，并借此做出一切有关特定个人的价值判断，并最终使它们保持一致。"(*TJ*, 409/359 rev.) 更进一步，这些计划界定人的身份。"一个个体通过描述自己的目标和理想，说出自己是谁，以及一生中打算做些什么。"(*TJ*, 408/358 rev.) 因此，有效建构和实现一己的人生计划，是活得幸福的必要条件。对人生计划的追求，构成个人行动的首要和原初动机。这意味着在进行实践理性思考时，理性主体最后总会问自己这样一个问题："这个行动，是否有助于实现我的人生计划，从而有助于促进我的幸福？"当他问此问题时，他并不需要受到任何既有的道德原则的限制。因为在正义原则尚未建立之前，人们已经可以独立地界定什么是他们的"好"。对"好"的追求，是理性行动者的初始动机。所以，当罗尔斯要证成正义原则的优先性时，支持正义原则的理由不能和理性主体的人生计划完全割裂，更不能和它们处于敌对状态，否则人们没有理由无条件接受这些道德规范。

有人或会反驳说，这样理解道德一开始便错了。道德规范的力量源于人们的良知或责任，而非满足个人幸福的手段。劳斯（W. D. Ross）的"纯粹良知行动论"（doctrine of purely conscientious act）即持这种观点。劳斯认为，道德上善的行动必须出于人们纯粹的责任感。这种责任感独立且凌驾其他欲望，并且和人们对幸福的追求完全无关，它是"特别地对某个独特的对象的欲求，不是为了获取快乐，也不是为了给予别人快乐，而纯粹为了尽我们的义务"。[18] 这种为道德而道德的最高欲望，促使理性主体给予道德原则绝对优先性，而不需要任何其他进一步说明。

罗尔斯断然否定了这种对道德动机的解释。他认为这种理论是"非理性的"（irrational），因为"按照这种诠释，道德感缺乏任何明显的理据，就如人们喜欢茶多于咖啡一样。虽然这种喜好可能存在，但将它视为规约社会基本结构的动机，则是极度变幻难测。"（TJ, 477/418 rev.）为什么劳斯的观点是非理性的呢？要回答这个问题，先要了解罗尔斯的慎思理性观（deliberative rationality）。根据这种理性观，当行动主体在完全知情的情况下，相信某行为能够最好地达到他的目的时，该行为是理性的。这和我们平时所说的工具理性观没多大分别，最大的特点是理性无法决定目标本身的合理性，而只能决定手段的合理性。既然罗尔斯假定每个人的终极目标是实现一己的人生计划，而劳斯却将道德动机和人对"好"的追求彻底分离，从理性主体的角度来看，在没有更多理由支持下，无缘无故给予道德动机绝对的优先性，自然是非理性的举动。对罗尔斯来说，"行正义之事的欲望，并非盲目地服从一些和我们的理性目标无关的原则。"（TJ, 476/417 rev.）

讨论至此，我们应该明白为什么罗尔斯不接受分离论。但摆在罗尔斯面前的是个更大的挑战：既然人们拥有多元的人生计划，相信不同的宗教观和哲学观，为什么给予正义感优先性是理性的做法？罗尔斯的回答应是这样：参与社会合作的人们，视证成正义原则的理由为大家共享的价值，而这些价值在人们的价值系统中，具有至高无上的位置。因此，服从正义原则、做个公正的人，本身便是理性主体最为欲求的事。给予正义感优先性是理性之举，因为它是美好人生的构成要素。因此，要确保正义原则的稳定性，关键所在是：

应当建立的,是对那些生活在良序生活的人们而言,肯定正义感在他们的人生计划中具有规约性(regulative)角色是合乎理性的(正如关于"好"的单薄理论所界定的)。仍然需要被证明的,是采纳及接受由正义的观点指导的性情,是和个人的"好"是一致的。(*TJ*, 567/497 rev.)

罗尔斯的想法,是当人们离开无知之幕、进入由正义原则规范的良序社会后,如果要确保正义原则的稳定性,该原则必须有能力证明给理性的公民看,正当和"好"其实是契合的。"当人们有真正的信念和对正义原则的正确理解,这两种欲望以同样的方式决定他的行动。"(*TJ*, 572/501 rev.)这里所说的两种欲望,是对正义的服从和对"好"的追求。现在的问题是,罗尔斯到底用什么理由支持他的契合论。

展开讨论之前,有一重要问题必须先作处理。罗尔斯假定,在由他的两条原则规范的良序社会(a well-ordered society)中,人们服从正义原则的动机,源于他们的正义感。正义感是一种道德情感,"是一种依从及根据正义原则行动,也即能够从正义的观点去行事的有效欲望。"(*TJ*, 567/497 rev.)一个有正义感的人,既有能力也愿意从道德的观点去思考人与人的合作关系,同时有动机服从正义原则的要求。所以,在考虑优先性问题时,我们不能从原初状态中立约者的角度去考虑,因为他们被假定为彼此漠不关心的(mutually disinterested)理性人。他们选择正义原则时,唯一的考虑是候选原则能否最有效地保障他们得到最多的社会基本有用物品,从而有助实现各自的人生计划。他们对别的立约者没有任何道德关怀(*TJ*,

第六章 正义感的优先性与契合论 | 215

144/125 rev.)。如果是这样，正义感的优先性遂难以建立，因为道德只有工具性的价值。当人们离开原初状态回到真实社会，一旦发现不服从正义的要求能够为他们带来更多好处，他们没有理由不这样做。即使他们有时愿意按正义原则行事，也不是由于道德理由本身的规范性力量使然，而是这样做恰巧符合他们的利益而已。

罗尔斯意识到此问题，遂加多一项设定，即立约者其实知道自己具备正义感的能力。当他们选择了正义原则，并回到由此原则规范的良序社会后，他们的正义感将确保彼此有足够动机服从正义的要求。罗尔斯特别提醒我们："千万不要将原初状态中人们的动机，和那些在日常生活中接受正义原则，并有相应正义感的人们的动机混淆起来。"(TJ, 148/128 rev.) 换言之，从原初状态到良序社会，中间有个根本的动机转变。罗尔斯相信，根据他对道德心理学的理解，活在两条原则规范的社会中的公民，将有足够能力培养出有效的正义感。

这个解释难以成立。罗尔斯无法说明离开原初状态后，理性立约者为何要放弃他们的自利动机，并改将正义感放在第一位。问题的要点，不在于现实中是否有人这样做，而在于他们有没有理由这样做。道理很简单：既然他们接受正义原则的理由是自利，且对他人的处境漠不关心，那么回到真实社会，他们没有理由放弃原来的动机，转而接受由正义感约束他们的行动。罗尔斯在此既不能投诉他们不理性，也不能指摘他们不道德，因为他们只是前后一贯地按着原来的动机行事。这种动机的不一致，为罗尔斯带来一个大难题。从立约者的观点看，他们接受正义原则优先性的理由是这样做对自己有好处。在原初状态中，正义感只有"纯粹形式上的意义"（purely formal sense），并不真正影响立约者的思考（*TJ*, 145/126 rev.）。但在良序社会中，正义原则的优先性却必须由正义感来支持。要实现这个目标，正义感必须被证明在公民的人生计划中享有最高位置。罗尔斯认为，只有满足此一条件，正义原则才是稳定的（stable）。但我们见到自利和正义感之间，存在着不可调和的张力。面对这个困境，罗尔斯于是提出另一个解释，提醒读者不要孤立地看立约者的动机，而应将它和原初状态的其他条件结合起来看。他说：

> 彼此漠不关心和无知之幕的结合，同样达到和仁慈心（benevolence）一样的目的。因为这些条件的结合，迫使原初状态中的每个人均须考虑其他人的利益。因此，在公平式的正义中，善心的结果是透过几个条件的联合运作而达成的。以为这个正义观是自利主义的观感，缘于只看到原初状态其中一面所产生的假象。（*TJ*, 148/128-129 rev.）

罗尔斯的意思很清楚：原初状态是个道德建构，设计的不同部分，反映出社会作为自由平等的道德人之间公平合作的理想。例如无知之幕遮去了立约者的先天能力和后天处境的差异，便确保了他们是在平等位置上进行公平协商。虽然他们均从一己利益出发，但由于不知道各自的身份，客观效果上是每个人都要代入他人的处境去计算衡量。正因如此，他们才会选择差异原则，因为这保障了离开原初状态后，即使他们是最弱势的一群，仍然能够从社会合作中得到最大好处。可以说，他们的动机是自利的，出来的效果却是自由主义想要的分配原则。

这个解释虽然巧妙，但仍然难以回应我的质疑。问题的症结是动机的不一致，令正义感的优先性无从建立。无疑，无知之幕的设计限制了立约者的理性计算，从而影响他们的决定。但如果这些道德限制不是他们所意识到并且同意的，他们便不是基于道德理由而接受正义原则的优先性。退一步，即使他们接受了，也只是出于自利的考虑。当他们离开无知之幕，并得悉自己的真实身份后，他们完全有理由放弃当初的承诺，至少他们这样做并非不理性之举。我们应留意，罗尔斯的理论建构其实有三个观点同时并存。它们分别是：

(a) 你和我的道德观点：我们的观点，决定了原初状态如此被设计；
(b) 原初状态中，立约者自利的观点；
(c) 在良序社会中，受正义原则规范的公民的观点。

如果我们抽走 (b)，直接由 (a) 推出正义原则去规范 (c)，不一致的问题将不会出现。现在罗尔斯打算从 (b) 推导出他的正义原则，那么 (a) 的观点无论如何和立约者的动机结合，也难以改变整个论证的性质。

罗尔斯对此的进一步回应，是声称立约者在做出选择时，必须重视"承诺的重担"(strains of commitment)，即在原初状态中达成的任何协议，无论日后立约者是何种身份，均必须能够尊重和服从这些协议的要求 (*TJ*, 175/153 rev.)。令人困惑的是如果立约者的动机是自利，他们为什么要如此重视正义感？如果他们一开始便不是站在道德的观点看彼此的合作关系，为何正义感的优先性会成为他们的关怀所在,并限制他们的理性选择?罗尔斯对以上问题并没明确答复,但一个合理的做法是修正原初状态中立约者的动机假定。立约者不应再被理解为只是关心一己利益的理性自利者,而是能够从道德的观点思考社会正义问题的道德人。换言之,他们的正义感不应只是纯粹形式意义的。他们必须对正义有真正关怀,并受正义感推动去证成正义原则。[19] 接着,我们可以进入罗尔斯的契合论论证。

五

契合论的要旨,是指两种观点从不同角度出发,却达致相同的结论。用罗尔斯的话,"正义的概念和'好'的概念系于截然不同的原则,契合的问题关乎这两组标准的家族,能否很好地彼此协调。"[20] 这里清楚点明,正当和"好"的判断基于不同标准,两者都具有指导个人行动的能力,但却有冲突的可能。罗尔斯希望做的,是论证按正义原则行事的欲望,能够在理性主体的人生计划中占有最高位置,因此构成他们最重要的"好",从而使得道德上最应该做的,也是人们最想做的。所以他说:"问题的关键,在于接受正义的立场的规约性欲望,能否在没有任何信息限制的情况下,从单薄的价值理论(thin theory with no restrictions on information)的观点看,仍然属于个体的'好'。"(*TJ*, 567/497 rev.)

罗尔斯这个说法,有一教人疑惑之处。既然契合问题是在没有任何信息限制的情况下出现,那即表示立约者已离开无知之幕,进入由正义原则规范的良序社会,并知道各自所持的特定人生观了。既然如此,契合论为什么仍然要用单薄价值论来做标准?[21] 要知道,单薄价值论的主要作用,是在原初状态中说明社会基本有用物品的必要,从而使立约者知道他们到底要分配些什么(*TJ*, 396/348 rev.)。在这样的状态中,由于正义原则尚未被推导出来,因此对"好"的说明,不受任何道德原则所限制。

这个问题相当重要,因为它直接影响契合论的论证性质。我认为最主要的原因,是要确保理性主体能够完全独立于正义的限制,而去评估正义感是否真的可欲。[22] 这是因为契合论要说服的对象,不是那些一开始便充满正义感、自然而然便会服从正义原则的要求,并视正义感为他们人生计划中最高欲望的人。对这类人来说,契合的问题根本不存在,因为他们不需要一个独立的"好"的观点去解释为什么要服从道德。契合论要说服的是另一些人。"契合论的真正问题在于,设想如果有人之所以重视他的正义感,端赖在多大程度上,正义感能够符合由单薄的价值论所界定的理由中相关的其他描述的话,会出现怎样的情形。"(*TJ*, 569/499 rev.) 这些描述,必须从理性个体的"好"的观点出发。

有人或会问,为什么非要在乎这些人?为什么非要从独立于正义的观点去说服这些人?正如我在上一节所提及,问题不在于社会中有多少这样的人,也不在于如果不这样做会否导致社会不稳定,而在于罗尔斯承认,每个个体都有一个根本的欲望去实践自己的人生计划,这些计划在相当大程度上决定一个人的幸福,因此对"好"的追求构成个体理性行动的重要理由。这是一套正义理论必须考虑的观点。因此,契合论要做的是要从这个观点出发,论证正义感是个体人生计划中最重要的"好"、从而赋予它优先性,是理性所为。[23] 这个问题并非可有可无,而是直接关乎罗尔斯对实践理性的理解。

现在我们可以进入罗尔斯的论证。在《正义论》第86节，罗尔斯提出了三个支持契合的理由，分别是正义原则的公共性质对个体选择行为的影响、亚里士多德原则（Aristotelian principle）所印证的参与社会合作带来的好处，以及对公平式的正义的"康德式诠释"（Kantian interpretation）。我认为第三个理由是最关键的，因此将集中讨论这个诠释。罗尔斯的基本思路是这样：人有一些作为人的独有本性，而理性主体有最高序的欲望去实现这些本性，因为只有这样，人才得到真正的幸福。实现这些本性的最好方式，是根据最能够充分表现人的本性的正义原则去行动。因此，服从正义原则的欲望，和追求人的最高的"好"的欲望，彼此契合一致。

那什么是康德式的对人的诠释呢？罗尔斯认为，康德伦理学的核心，是要体现人的自主（autonomy）。"当一个人行动所依据的原则，是由他自己选择，并充分展现他作为**自由平等的理性存有的本性**时，他便是在自主地行动。"（TJ, 252/222 rev.）[24] 这段话有两个重点：一、人的本性（nature）是自由、平等和理性的存有；二、要实现人的本性，人必须根据一些体现这些本性的原则行动。"因为要表现一个人作为某类特殊存有的本性，便须按照某些原则行动——如果人的本性是这些原则被选择的决定性因素的话。"（TJ, 252-253/222 rev.）罗尔斯接着指出，原初状态的设计，其实是这个自主观念的程序性诠释（procedural interpretation），即透过无知之幕和其他的各种限制，将自由平等的理性道德人的理念反映在设计之中，从而推导出规范社会基本结构的政治原则。[25] 罗尔斯后来称此为康德式的道德建构主义，"其主要的构想，是透过一个建构的程序，将一个特定的人的观念和首要的正义原则适当地联系起来"。[26] 由此可见，公平式的正义的道德基础，是罗尔斯对人性的特定理解。立约者在原初状态的选择，只是用来帮助找到表现这种人性观的正义原则的手段。[27] 如果我们有充分理由相信得出的原则能够恰当地表现人的道德本性，那么根据正义原则行事，便不是被动地接受从外强加于己的限制，而是人的自主性的体现。

假设上述观点成立，从理性人的单薄价值论的观点看，为什么服从正义原则是如此重要的"好"？罗尔斯的答案是：理性人理应有最高序的欲望（highest-order desire）去实现自己的本性，因为实现人的本性是最高的价值，从而内在于我们的幸福生活。这理应是人的共同目标。如果人们对于人性有足够了解、同时是理性的话，他们应该看到这点，从而见到契合的可能。罗尔斯因此说："公正行事的欲望和表达我们作为自由道德人的欲望，出来的结果实际上是同一欲望。当一个人有真实的信念和对正义理论的正确理解后，将发觉这两种欲望以相同的方式引导他的行动。"（*TJ*, 572/501 rev.）

即使是这样，为什么要给予正义感最高优先性呢？这和道德证成中的"终极性"（finality）的形式限制有关。终极性要求正义原则具有最高的地位，凌驾所有其他考虑，包括社会习俗、个人利益和任何现实计算。当社会出现各种冲突时，正义原则是最后上诉之所（*TJ*, 135/116 rev.）。因此，为了有效实现人的自由平等的本性，理性主体必须给予正义感相对应的优先性。"如果正义感只是众多欲望的其中一种，并且要和其他目的做出平衡妥协，这种情感便无法得到实现。"换言之，它必须能够驾驭其他欲望，并成为一种规约性的道德情操（regulative moral sentiment)。而当人行不义之事时，会感到羞耻，令自尊受损，从而无法肯定自己的人生价值（*TJ*, 256/225 rev.）。因此，对关心一己福祉的个体来说，给予正义感优先性乃理性之举。至此，"好"和正当契合，稳定性问题得到圆满解决。

六

罗尔斯从20世纪80年代开始，哲学立场慢慢出现转变，他仍然强调稳定性的重要，但却放弃了契合论，也放弃了康德式的诠释，改为主张政治自由主义，并以追求"交叠共识"（overlapping consensus）来解决正义感的优先性问题。在《政治自由主义》一书中，罗尔斯解释，他的整个政治哲学转向乃源于原来的稳定性论证遇到极大的内在困难，因为契合论预设了所有公民都要接受一套整全性的哲学理论（comprehensive philosophical doctrine），而这和现代社会合理多元主义的事实不兼容。[28]这便去到本章要处理的第二个问题：到底契合论错在哪里？

如前所述，契合论要论证两种独立的规范性观点的一致。按照罗尔斯的构思，论证其实有两部分。首先，原初状态的设计及立约者的选择，代表了正义的观点。当正义原则在手后，我们才从单薄的价值论的观点，去检验服从正义原则的欲望是否理性人的"好"，是否在我们的理性人生计划中扮演一个规约性的角色。罗尔斯说，如果我们接受康德式的诠释，那我们将发现服从原则的欲望和追求人的最高的"好"的欲望，其实是同一种欲望（*TJ*, 572/501 rev.）。这里带出一个更根本的问题：到底正义的观点的基础是什么？为什么实现某种人性观便是最正当的？康德式的诠释告诉我们：它们是自由平等的理性存有一致选择的结果。这或许给人一种印象：所有立约者的集体选择本身，赋予了正义原则正当性。但实际并非如此，因为原初状态只是假设性的思想实验，所以不是因为立约者的实际选择才使得原则具正当性，而是因为这些原则体现了某些价值，所以才被设想为理性选择的对象。"选择"这一行动本身并不构成道德证成的充分或必要条件。

那么，正义的基础是什么？在《正义论》第 39 节中，罗尔斯清楚告诉我们，基础在于正义原则能够充分体现人作为自由平等的理性存有的本性。无知之幕的设计以及原初状态的各种设定，目的是将这种人性观的不同面向模塑成一个契约论式的程序，从而导出（derive）正义原则。就此而言，这是一个演绎式的论证：先接受康德的形而上式的对人性和自主的理解，然后透过某种方式，找到最能体现这种人性观的道德原则。再具体点说，正义的基础是罗尔斯对自由和平等的诠释和坚持。所谓自由人，主要拥有两种基本的道德能力。第一是正义感的能力（a capacity for a sense of justice），即能够了解、应用并依从正义原则行事的能力。第二是具有实现某种人生观的能力（a capacity for a conception of the good），即形成、修正及理性地追求不同人生计划的能力。而当人最低限度拥有这两种能力时，人们具有同样的道德价值，并享有受到平等对待的权利（*TJ*, 505/442 rev.）。罗尔斯追求的，是一种自由人的平等政治。

但在正义的环境中，每个人各有自己的人生计划，各有不同的对美好人生的看法，他们为什么要一致接受这种人性观及其所导引出来的政治原则呢？他们的动机是什么？答案必然是，自由平等的理性人具有最高的欲望去实现自己的本性，这种欲望是人的正义感。但罗尔斯马上告诉我们,"按正义原则行事的欲望,部分地源于最完整地表现我们是什么,或能够是什么的欲望,即能够作自由选择的自由平等的理性存有。"(*TJ*, 256/225 rev.)那即意味着,这种体现人性的欲望不仅界定了正义的观点,同时也界定了人之为人最重要的"好",因此人有最高序的欲望去实现自己的本性。这种欲望具有客观普遍性,同时不和个体其他特殊的欲望处于同一序列。所以罗尔斯说,人虽然有自由选择不做一个道德人,但如果他要实现自己的真我(true self),他唯一的理性选择是服从原初状态推导出来的正义原则。"当我们清楚地在日常生活中按照正义原则行动时,我们有意识地预设了加诸原初状态的各种限制。对那些既有能力,又有意愿如此行动的人来说,这样做的一个原因,正是表现他们作为自由平等的理性存有的本质(nature as free and equal beings)。"(*TJ*, 253/222 rev.)

讨论至此,我们可以看到,这个对公平式的正义的康德式诠释,有一个非常重要的特点:它所呈现的,其实是一种古典目的论式的证成结构,即正当和"好"根本并非彼此独立,而是有着同样的根源。它先假定某种对人性的理解,然后认为最正当的原则,是那些最能充分实现和体现人的本性的原则。与此同时,理性主体有最高序的欲望去实现这种人性,因为它界定了人的根本利益。所以,当我们透过公平的程序找到最能体现这种人性观的原则,并由正义感推动我们做一个正义的人的时候,正当和"好"的要求同时得到满足——它们其实是一块银币的两面。异于现代目的论,在这个论证中,"好"和正当是不分离的。我们不是先独立定义什么是"好",然后找一套正义原则去约束人们对"好"的追求。相反,"活得正当"从一开始即被理解为活得幸福的必要条件,因为人作为人最重要的"好",是由体现自由和平等的道德原则来界定。这保证了任何逾越自由和平等的欲望和人生计划,一开始便不会被理性主体考虑,从而避免了效益主义的困难。与此同时,正义原则的证成也不用诉诸任何"极大化"的概念,因为"平等"限定了正义原则必须体现及尊重每个人同样的基本权利。但它也不是罗尔斯所界定的义务论,因为正当原则的证成,既不独立于"好",也不在不同人生观中保持中立,而是奠基于某种特定的人性观,这种人性观界定了什么是人最重要的"好",并促使人有最高序的欲望去实践人的本性。[29]这种德福契合式的伦理观,其实更接近柏拉图和亚里士多德式的古典目的论。[30]尽管如此,我们也应看到两者的不同,因为罗尔斯将契合论的对象收得很窄:对那些已有深厚正义感的人来说,在一个满足公平式的正义的良序社会,正当和"好"的契合是可能的。

以上讨论充分表明,契合论成败的关键,完全有赖于康德式诠释,而这个诠释则是公平式正义的基础。这种对人的诠释,用罗尔斯后来的说法,是一种整全性的(comprehensive)形而上学和伦理学观点。它界定人的本质,限定人理解自我的方式,规定人的根本利益,以及设定人如何看待自身与他人的伦理关系。可以想象,这种独特的形而上学观点,在一个多元社会很难得到所有人认同。例如对基督徒或回教徒来说,他们便未必接受这种以道德自主为中心的人性观。当然,任何哲学观点总会有人异议。罗尔斯大可以说,那些不同意他的观点的人是错的。只要人们有足够的理性能力,自然能见到他所见到的真理。

真正的问题,在于罗尔斯没法指摘这些异议者不理性(irrational),理由有二。一、早在讨论正义的环境时,罗尔斯已承认,人们拥有不同的整全性人生观，而这是正义问题出现的主观条件。而多元观点的存在，绝非只是人们的无知偏见或自利导致的结果，而是正义环境的一部分。在这种状态中，"个人不仅有不同的人生计划，而且存在多元的哲学和宗教信仰，以及不同的政治和社会学说。"（*TJ*, 127/110 rev.）[31]

二、根据慎思理性观，理性本身并没有能力判定某种信仰或世界观是否可欲。因此，面对多元境况，对于那些不相信康德式的人性观的人，罗尔斯没有理由投诉他们非理性。罗尔斯承认有这种情况：

> 设想即使在一个良序社会，对某些人来说，对他们的正义感的肯定并非一种"好"。基于他们的目标、欲望以及他们本性的种种特殊性，单薄价值论未必能提供充分的理由支持这种规约性的情感。有人因此而辩说，我们不能真诚地向这些人推崇正义为一种德性。如果这种推崇意味的，是（由单薄价值论所界定）理性的理由（rational grounds）对这些作为个体的人所做的建议，那这肯定是正确的。（*TJ*, 575/503-504 rev.）

这意味着，要使契合论对某一个体发生作用，他必须先接受康德式的人性观，并视实现人的本性为其人生计划的终极目标，然后他才有理由接受正义感是一种最高序的"好"。但在多元社会，既然不同人有不同的宗教信仰和人生理想，慎思理性便无法保证正当和"好"必然合一，从而也无法保证正义感的优先性。罗尔斯在《正义论》中意识到这问题，但却不觉得这对他的理论有什么威胁，所以对那些无法接受契合论的人，他的回应是："相较于如果他们能够肯定自己的正义感，这些人会较不快乐。但在这里，我们只能说：他们的本性是他们的不幸。"（TJ, 576/504 rev.）他又说，如果这样的人过多的话，难免会影响社会稳定，下一步要做的是如何有效运用惩罚性手段去确保他们的服从。但这个回应等于承认契合论的失败，因为契合论的目标是希望论证从理性的观点看，所有人都有理由接受正义感是一种"好"。但在多元社会，由于每个人的人生目的不同，理性本身并不能保证这一点。

罗尔斯或会回应，即使契合论失败了，也不会对他的理论构成根本打击，因为稳定性关心的只是可行性（feasibility）问题，和道德证成无关，因此不会影响正义原则是否可取（desirability）。他说："在其他条件相同的情况下，正义与好愈缺乏契合，导致不稳定及随之而来的恶的可能性便愈大。但这些不会使得正义原则的集体理性（collective rationality）变得无效；如果每个人都尊重正义原则，那对每个人始终有好处。"（TJ, 576/505 rev.）这里的"集体理性"，自然是指原初状态中立约者所做的理性选择。这个说法教人困惑。如果正义感的优先性是道德证成不可或缺的部分，而契合论是决定优先性的关键因素，契合论的成败则相当大程度依赖于康德式的人性观的话，那么当社会中很多理性个体无法接受契合论，因而无法自愿给予正义感优先性时，一个合理的做法，是重新考虑整个论证，包括正义原则的证成是否出了问题，而不是简单地将责任归咎于这些人的本性。罗尔斯后来已清楚意识到这点，因此在解释他的哲学转向时，他说："对政治哲学来说，稳定性问题十分根本。如果论证出现前后矛盾的情况，那便必须要有基本的再调整（basic readjustments）。"[32] 所谓的再调整不是枝枝节节的修补，而是对整个哲学论证做出重新诠释。

既然坚持稳定性的重要，那么可以如何调整？罗尔斯提出的政治自由主义，首先放弃康德式的诠释，将公平式的正义重新诠释为一个自立的政治的观念（a freestanding political conception of justice），其基础来自于民主社会的公共政治文化，而不是整全性的康德式的人性观。罗尔斯仍然相信自由和平等是公平社会合作的基础，也仍然坚持他的正义原则能够最好地体现这种理想，但背后的理由却是共享的政治价值。罗尔斯希望，这样的政治观念能够在多元社会得到广泛认同，从而让持有不同世界观和价值观的公民能够从各自的观点出发，基于不同理由而接受他的正义原则，从而达致他所称的"交叠共识"。在交叠共识中，虽然公民未必视正义感为他们生命中最重要的"好"，但从他们各自的人生观出发，至少有理由（每个人的理由可以不同）给予正义感优先性。这个论证是否成功，并非本章要讨论的主题，但至此我们应可见到，罗尔斯晚期的哲学转向，和他对契合论的不满意息息相关。

最后，让我为本章作结。本章的核心问题，是探讨正义感的优先性和契合论的关系。稳定性问题和契合论在《正义论》举足轻重，但在汗牛充栋的罗尔斯研究中，却一直备受忽略。这篇文章的基本立论，是认为罗尔斯有个很深的理论设定：正当和"好"是两个彼此独立、但同时具有规范力量的立足点（standpoints）。在实践理性中，两个立足点都必须被重视。所以，任何正义理论都必须妥善处理这两者的关系。因为罗尔斯要证成正义的绝对优先性，所以他必须说明，为什么由他的原则所界定的正义感，对每个理性者而言是一种根本的"好"。契合论的进路，其实是古典目的论中那种"德福合一"的进路。但在世界解魅的多元社会，既然难以要求人们相信任何共享的终极人生理想，诉诸某种形而上学的目的论，自然困难重重。罗尔斯后期对现代性的深刻反思,终于让他意识到其论证和现代世界的时代精神有多大距离。本章所做的,正是提供这样的一种对罗尔斯的新解读。

【注释】

1. 学界习惯将 good 译为"善",但我将其译为名词的"好",并加引号标示。主要考虑是在罗尔斯的语境中,good 所指的通常是理性欲望的满足,它在道德上基本上是中性的。但"善"在中文中,通常有道德上值得肯定嘉许之意。罗尔斯有时也会在此意义上用 good 一词,例如他会说:"Being a good person (and in particular having an effective sense of justice) is indeed a good for that person." *TJ*, 577/505 rev ..
2. 这种观点有时被称为"基于互利的正义观"(justice as mutual advantage)。有人或会质疑,这种观点是否称得上一种道德理论,因为如果一个人没有道德动机,那他没有任何道德上的理由去接受某种规范。
3. 罗尔斯认为,证成效益主义的某种方式,是将社会整体视为一个大我,个体的欲望和利益均被整合进这个大我之中。但他指出,这种做法不但不重视个体的独立与分离,其对个人道德动机的要求也是不合理地严苛 (unreasonably demanding)。详细讨论见 *TJ*, Sections 5, 6 and 76。
4. Brian Barry, *Justice as Impartiality* (Oxford: Clarendon Press, 1995), p. 46. 古典效益主义尝试从利己的快乐主义推导出效益原则,其中一个困难正是无法逾越动机的鸿沟,因为自利主义者没有理由为了整体利益而牺牲一己的好处。
5. Christine Korsgaard, *The Sources of Normativity* (Cambridge: Cambridge University Press, 1996), p. 16.

6. 例如基于互利的正义观的一个内在困难，正是难以解释如果理性合作者的初始动机是为了自利，那么当个人利益和正义原则发生冲突时，他为何有理由要给予后者优先性。效益主义面对的是另一种困难。如果每个人都是独立个体，并有各自的人生计划，这些计划甚至是威廉斯所说的，深深影响一个人安身立命的"根本计划"（ground project），那效益主义很难有充分的理由，说服人们为了极大化整体效益而应随时放弃这些计划。参见 J. J. C. Smart and Bernard Williams, *Utilitarianism: For and Against* (Cambridge: Cambridge University Press, 1973), p. 116。

7. Michael Sandel, *Liberalism and the Limits of Justice* (Cambridge: Cambridge University Press, 1982), p. 3.

8. 可参考金里卡对此现象的评论。Will Kymlicka, "Rawls on Teleology and Deontology", *Philosophy and Public Affairs* 17 (1988), p. 173.

9. John Rawls, *Political Liberalism* (New York: Columbia University Press, expanded edition, 2005), p. xix.

10. 原文是："The good is defined independently from the right, and then the right is defined as that which maximizes the good." *TJ*, 24/21-22 rev.. 罗尔斯的定义，基本上沿用了 William Frankena 的观点，参见 *Ethics* (Englewood Cliffs, NJ: Prentice Hall, 2nd edition, 1973), p.14。

11. 这里所谓"道德的观点"，是指人与人之间应该具有的某种规范性的义务关系。

12. *TJ*, 30/26 rev.. 不过读者须留意，罗尔斯讨论对"好"的定义时，有单薄的价值理论和完整的价值理论（full theory of the good）之分，后者适用于正义原则已被证成，人们知道各自的人生观之后。

13. Richard Kraut, *What is Good and Why: The Ethics of Well-Being* (Cambridge,

Mass.: Harvard University Press, 2007), p. 16.

14. William Frankena 便有这种想法，而罗尔斯在这问题上很受他的影响。Frankena, *Ethics*, p. 15.

15. 金里卡对此有锐利的分析。参见 Kymlicka, "Rawls on Teleology and Deontology", pp.173-190。

16. 其后的讨论，我们将见到罗尔斯的契合论其实是这样的一种论证结构。

17. 这是福特在一篇著名文章中提出的问题，而罗尔斯显然受此文章影响甚大。Philippa Foot, "Moral Belief", in *Virtues and Vices* (Oxford: Clarendon Press, 2002), pp.125-127; *TJ*, 569-575/498-504 rev..

18. W. D. Ross, *The Right and the Good* (Indianapolis: Hackett, 1930), p. 158.

19. 当然，这样的转变，会使罗尔斯的契约论的性质有很大的改变。但从 1980 年的 "Kantian Constructivism in Moral Theory" 一文起，罗尔斯已定义原初状态的主要目的，是反映"自由平等的道德人参与公平的社会合作"此一道德信念，并由此推导出最能表现此一信念的正义原则。虽然罗尔斯仍然坚持立约者的动机不变，但立约者已被赋予具有两种最高序的道德旨趣。上文收在 Rawls, *Collected Papers*, ed. Samuel Freeman (Cambridge, Mass.: Harvard University Press, 1999), pp. 303-358。

20. *TJ*, 567/497 rev..

21. 罗尔斯不止一次强调这点。例如在《正义论》第 60 节，他说："当我们探问正义感是否一种'好'时，这个重要的问题，很清楚这是由单薄的价值理论来界定的。" *TJ*, 398/350 rev..

22. 这一点罗尔斯说得相当清楚："对那些拥有正义感的人来说，当他们独立于正义的限制（independently from the constraints of justice）而去评估他们的处境时，这些道德态度是可欲的。这种正义和'好'的相配，便是我所指的契合。"*TJ*, 399/350 rev..

23. 但读者不要误会这是一个自利主义者的观点,而契合论则是要说服这些自利者接受正义的观点,又或在一般意义上回答"我为何应要道德?"(Why should I be moral?)的问题。恰恰相反,罗尔斯假定良序社会中的成员已有相当深厚的正义感。他们的问题,是要从理性的观点,确认服从公平式的正义和"好"是相一致的。万一契合论失败了,也不表示他们便没有按道德原则行事的理由,因为这可能是特定的正义原则本身出了问题。*TJ*, 568/497-498 rev..

24. 粗体为作者所加。

25. 两者相异之处,是他的理论立足于真实的经验世界,接受正义的环境对道德证成的限制,而无须接受康德的形而上学。*TJ*, 256-257/226 rev..

26. Rawls, *Collected Papers*, ed. Samuel Freeman (Cambridge, Mass.: Harvard University Press, 1999), p. 304.

27. 罗尔斯称原初状态扮演的是一个"调解"(mediating)的角色。Rawls, *Collected Papers*, p. 308; *Political Liberalism*, p. 26.

28. Rawls, *Political Liberalism*, pp. xvii-xix.

29. 这里所说的"好",不再是指原初状态中的社会基本有用物品,而是指那些构成人的生命中终极的最重要的价值。

30. 当然,即使正义感是最重要的"好",也不意味着一个完全公正的人便是最幸福的人,因为幸福的生活还需要满足其他条件,例如能够成功实践自己的人生计划、得到他人的肯定和认同等。

31. 不少论者以为罗尔斯到后期才意识到合理的多元主义此一事实,其实并不正确。

32. Rawls, *Political Liberalism*, p. xix.

第七章　康德、永久和平及国家主权

> 地球上的人们在不同程度上，已经进入一个共同的社会，并发展到当世界某一角落发生违法的事，便会马上被所有地方感觉到的地步。所以，世界公民法的理念便并非荒诞及过度夸张。相反，它是政治及国际法的不成文法典的一项必要补充，并转化成人类的普遍性法律。唯有如此，我们才能自诩正不断地迈向永久和平。
>
> ——康德，《迈向永久和平》[1]

一　导言

在全球化成为热门议题的今天，重读康德（Immanuel Kant）在1795年写的这段话，便不得不佩服康德的乐观及洞见。康德当时预言，随着历史的发展，一个自由主义国家之间的和平联盟（pacific federation）将会出现，并在各国共同遵守的普遍性世界法的规范之下，世界和平终会到来，而这亦是人类历史发展的终极目标。[2] 康德写作此文时，全球只有三个自由主义国家，二百多年后的今天，自由民主政制散布全球，联合国亦已成立六十多年。[3] 很多人因此认为，"冷战"结束及苏联解体后，人类未来的历史，再不可能有任何可与自由主义相匹敌的意识形态。[4] 换句话说,永久和平不再是遥不可及的玄想,人类历史正朝着康德所预示的方向前进。

赞成康德想法的人,是否过度乐观?二十世纪的战火不断,不是正告诉我们,国际政治只是赤裸裸的利益争斗、弱肉强食,国与国之间便仿如活在霍布斯笔下的自然状态之中?政治现实主义者会告诉我们,康德的永久和平论只是一厢情愿的理想主义。要对这两种观点做出恰当评价,我们有必要对康德的永久和平论有一基本了解,并检视其理论的说服力及面对的历史限制。这是本章要做的工作,[5] 而我尤其会集中探讨康德对国家主权(sovereignty)与永久和平两者关系的理解,因为这是他的理论的关键,亦是目前国际关系讨论中最为显著的问题。[6] 我将指出,康德对国家主权的看法,令永久和平无论在理论或实践上都有不可克服的困难。只有对他的理论做出基本修正,才有可能在新的历史环境下,逐步寻求世界和平。

二 永久和平的三项条款

首先,我们得了解康德所指的"和平"的真正含义。对他而言,和平不是指一场战争的结束,而是指结束所有的敌对状态,消除一切导致未来战争的可能因素。它既非两国之间的暂时休战协议,亦非由于双方势力均衡而带来的短暂和平。因为在这些情况下,国与国之间仍然处于备战状态,一旦情势发生转变,战火极可能又会重燃。所以,"凡缔结和平条约而其中秘密保留有导致未来战争的材料的,均不得视为真正有效"。[7] 因此康德认为在"和平"之前再加上"永久"这一形容词,其实有点多余。[8]

康德这种和平观,显然和主导国际政治几百年的政治现实主义

(political realism)大相径庭。这种观点认为,在国际政治舞台上,争取国家利益是外交政策的唯一目标,国与国之间纯粹是赤裸裸的权力角力。在外交事务上,没有任何凌驾于国家之上的共同法律规范彼此的行为。换言之,国家享有绝对的主权,国际社会犹如处于无政府的自然状态,冲突与暴力遂无可避免,和平只是势力均衡时的暂时妥协。任何道德考虑都是不切实际的,甚至会损害本身的利益。现实主义者认为,这种情况难以改变,是因为国际政治在以主权国家为单位的格局下,国家基于理性的自利考虑,双方难以建立互信。即使各国相信双方合作能为彼此带来更大利益,但由于欠缺共同认可的世界法规范,没有国家敢冒险信赖他国。同样道理,即使各国不愿进行耗费庞大的军备竞赛,但任何一方先停止,均有被对方侵略的危险,所以唯有被迫继续下去。再加上各国宗教信仰及政治制度的不同,更使得建立互信困难重重。

面对现实主义的挑战,康德在理论上是不难回应的,因为现实如此不等于理应如此。正因为这种情况令人类长期处于战争边缘,人类才应致力改变这种不合理的境况。再者,他的道德哲学并不理解人是完全的自利主义者。人类普遍具有的实践理性能力,令人类能做出自律的道德判断,并懂得尊重他人的自由。既然在一国之内,公民能透过普遍性的正义原则和平共处,那么这种原则没有理由不能应用到国际社会,从而实现永久和平。可以说,康德的伦理普遍主义理论上必然会导致世界主义(cosmopolitanism)的理想。[9]康德最大的挑战,是如何提出可行的建议,解决现实主义提出的困难,即各国如何建立互信,以及如何在国家主权之上,建立具约束力的世界法,确保战争不会出现。毕竟在人类历史上,康德所冀求的和平状态从未出现过。在何种条件及什么制度之下，人类能从历史的泥淖中走出来，是康德的政治哲学的核心问题。

读者或会问，到底国际和平在康德的政治理论中扮演什么角色。毕竟在西方政治哲学史中，这并不是受人关注的问题。大部分哲学家提出他们的理论时，通常以国家或一个封闭自足的社会作为对象，而很少从全球角度出发。[10]康德认为，永久和平绝非可有可无，而是所有独立国家的公共法律秩序得以保证的必要条件。因为在欠缺法律规范的国际社会中，战争威胁恒久存在，所有国家都无法独善其身。各国为求自保，不得不维持庞大的常备军，进行无休止的军备扩充。在这种情况下，无可避免要大量向外举债，国家自主性遂受到债权国控制，后代更要承担沉重的战债。[11]亦因此故，公民权利很容易受到侵犯，并导致道德堕落和文明倒退。康德充分体会到，世界法的阙如将令各国对外关系变得十分脆弱，即使一时没有战争，这种不稳定状态本身已令战争成为持续的威胁。[12]所以康德认为："建立一部完美的公民宪法这问题，有赖于国家合法的对外关系。而且缺乏后者，前者也无法解决。"[13]由此可见，国际和平是康德政治理论中关键的一环。没有一个安全的世界秩序，个人的道德实践以及公民社会的法律秩序也无法保证。康德甚至声称，永久和平是人类历史发展的最终目标，只有如此，人类的理性及自由才能得到最充分的发展。[14]但如何达到永久和平的目标？康德在文中提出了各国走向永久和平的三项正式条款，也即三个基本前提。

第一条是每个国家的公民体制必须是共和制（republican）。一个共和国家必须满足三个基本原则。第一项是自由原则。在尊重他人自由的前提下，公民社会每一成员享有平等的自由。这里的自由虽然是指消极自由（或康德所称的外在自由），即免于外在限制而行动的自由，但背后的理据，却源于他的伦理学中积极自由或道德自律（moral autonomy）的理念。按康德的说法，当人的意志能主动向自身颁布定然律令，并视人为目的而不仅仅是工具的时候，人是自由自律的道德主体。因为这些律则既非由外力强加于个人身上，亦非基于一己幸福及其他动机而接受，而是人的意志依从实践理性的要求，自发地视自己为普遍律则的颁布者。沿着这种思路，规范公民社会普遍自由原则的基础，也必须是公民自愿同意的结果。家长制或独裁政府都违反正义的要求，因为他们剥夺公民的自由，强加某种价值观及制度于公民身上。"作为能够享有权利的生命而言，这种自由权利是属于共同体的每一成员。"[15] 每个公民除了遵守根据理性而自愿同意的法律外，没有义务受其他外在法律的强制。[16]

共和国家的第二项原则是平等原则。作为共和国的成员，人人享有同等的法律地位，没有人可以因为出身、阶级而享有任何特权。这里所说的平等，主要指在法律面前，人人具有同等的权利，却没有当代自由主义所谈的机会平等的含义。康德并非没有觉察到先天的自然禀赋及后天的社会地位的差异，会导致贫富悬殊及其他方面的不平等。但他却觉得这是应得的，"共和国的每一成员均应有权享有凭着他的天分、努力和运气所能达到的任何程度的地位"。[17] 对于这些不平等会否影响公民政治权利的实践，康德并不关心。

共和政体第三项原则是独立原则（the principle of independence）。每一个参与投票、决定社会公共法律的公民，必须具有独立意志，在经济上不依赖他人。[18] 按照康德的契约论的想法，决定公民权利与义务的法律，必须是公意（public will）的体现。每一公民根据自律原则为自己立法的同时，也是所有人为所有人立法，因为每一自由平等的立约者都是根据同样的原则进行选择。而选择的结果，是所有参与成员意志统一的表现（unity of the will of all the members）。[19] 但统一的先决条件，是参与的公民能作独立判断，意志不受他人左右。在现实社会，并非所有公民都能符合此项要求。因此，康德作了积极公民与消极公民（active and passive citizen）的区分，只有前者才能参与投票。[20] 积极公民指那些拥有一定物业，和无须靠出卖劳力来维持生计的成年男性，包括地主和商人等。至于消极公民，则包括所有女性、学徒、手工技者以至家庭教师。康德强调，虽然消极公民不能参与立法，但却享有法律所赋予的前二项自由平等的权利，同时有义务遵守积极公民所达成的正义原则。

以现代民主政治的眼光来看，康德这种带有性别及职业歧视的区分自然难以令人接受，而且也和他的伦理学强调的平等尊严的观点不相容。但我们须明白，康德这里所谈的投票权，并非我们今日所说的一人一票的选举政治。他真正关心的，是怎样的人才有资格成为他的契约论中的立约者。这里所指的原初契约（original contract），并非历史事实，而只是一假设性的（hypothetical）理想状态。契约中没有任何讨价还价，立约者亦已被假定为自由平等的理性自律者，因此最后的结果必能得到全体同意。[21] 公共法律的正当性已经先验地由原初契约的理念获得证成，而不用经验或任何他律的幸福原则（principle of happiness）加以证实。[22] 可以说，康德的契约论纯是一"理性的观念"（an idea of reason），让我们测试何种正义原则最为合理及最有可能符合公意。[23] 正因有此要求，康德才有独立原则的规定。

第七章　康德、永久和平及国家主权 | 239

简言之，共和国家必须以自由、平等和独立三原则为基础。康德同时强调，共和制异于古希腊的直接民主制，而采取行政、立法、司法分开的代议制。[24] 康德所说的共和制，和今天的自由民主制没有根本分别。为什么必须所有国家都是共和制，才有可能达到永久和平？康德给出以下解释：

> 如果决定是否宣战需要公民的同意，很自然地，他们将十分犹豫是否进行这样危险的事。因为这意味着所有战争的惨痛将降临在自己身上，包括须亲上战场、从自己的财富中支付战费、痛苦地恢复战争的蹂躏。……但对于不是共和体制的国家，发动战争实在是世间至为简单之事，因为元首虽拥有国家，却非公民同胞的一员。他的筵席、狩猎以至宫廷游乐节庆等等都不会因为战争而有丝毫损失。[25]

由此可见，康德认为由于共和国家需要向所有公民负责，而公民基于自身利益考虑，不会容许国家发动战争。而专制政体的合法性却不是基于公民同意，统治者遂可以不理臣民感受，任意掀起战端。表面看来，康德这个经验性解释颇欠说服力。如果公民纯粹由于自利计算而不容许国家发动战争，他们同样可以基于自利而同意侵略他国——当从战争中获得的利益远远大于付出的时候。例如英国1832年后已是自由立宪国家，但为求拓展世界市场，遂凭着军事上的绝对优势，不断发动殖民战争。其他例子更是不胜枚举。尽管如此，从1816年至今发生的大大小小逾一百场国际战争中，自由国家互相开战的例子真的少之又少。这个现象吸引了很多政治科学和国际关系学者的兴趣,并给予不同解释。[26] 可以说,康德的解释或许不够说服力,但永久和平必须以共和国家为前提的说法却相当准确。

以上所述是实现永久和平的第一个条款。但仅是这一条件还不足够,因为即使一个国家的内部政体是共和制,但在国与国的外交关系上,仍然处于无法律规范的自然状态。因为国家之上,再没有一个更高的法庭裁决彼此的争端。当冲突出现时,每个主权国家只会根据自己的标准作出判断,最后战争自然难免。所以,如果"国家之间缺乏一个共同协议,和平便不可能被建立或得到保障"。[27] 这于是带出康德所称的第二项条款:永久和平必须建基于自由国家的和平联盟(pacific federation)之上。这个联盟并非和平条约(peace treaty),因为后者只是暂时结束一场战争,前者却志在消除一切战争,将国际社会从无法律的自然状态中解放出来,寻求以法律而非武力来解决纷争。但康德强调,此联盟并非要求所有国家放弃他们的主权,统一成为一个超级大国,因为"此联盟并不志在获取任何一个国家所享有的权力,而只是想维持及保障一个国家自身以及其他加盟国家的自由"。[28] 它不像个体从自然状态中走出来组成国家那样,赋予国家强制性的立法和司法权,并以此约束公民的自由。它只是一个相当松散的自由加入的组织。康德认为这个构想是可实行及有客观基础的,因为各共和国家为了自身的安全,会互相促使组成这样的组织。幸运的话,如果能有一个强大的民族成为共和国家,它便可以作为中心点,与其他共和国家组成和平联盟,并以同样方式逐步向外扩大,并在互相尊重的前提下,和平共处。对于这个和平联盟如何运作及其组织架构,康德没有具体说明。

尽管如此，在永久和平的最后一项条款，康德却规定了世界法（cosmopolitan law）的内容，那就是各国对他国的来访者必须表示友好（hospitality），也就是"一个陌生者并不会由于去到他国领土而遭到敌视的那种权利"。[29]康德强调，这是一种世界公民的权利，而不是可有可无的仁慈施舍，亦非国与国之间签订的特殊条约。[30]这是因为地球上的土地原初并不属于任何人或任何民族，而是人类的共同财产。每一个人都有权访问其他国家，并受到友好对待，虽然访客并不因此便有该国的居留权。与此同时，访客亦应该对探访的国家表示友好态度。因此，康德既谴责海盗的掠夺行为，亦谴责当时欧洲各国的殖民主义。这种权利保障了和平联盟的各国公民能自由往来，并推动思想交流和经济贸易。康德希望随着这种平等的交往，能够加速政治、经济及文化的全球化，形成世界性的公共论域，那么相距遥远的各国便能维持和平关系，并最终受到共同法律的规范，使人类社会逐渐走向一个世界公民体制。[31]

三　国家主权与和平联盟

由上可见，康德永久和平的蓝图，建基于众多共和国家的和平联盟之上。康德似乎认为，当所有国家分享自由主义的理念，各国便会自然然组成联盟，互相尊重，永不发动战争。但这显然过于乐观。正如他承认，即使各国变成共和制，但在对外关系上，如果没有共同接受并有效实施的国际及世界法规范，冲突依然难免。如何处理国家主权与和平联盟之间的关系，是永久和平能否实现的关键。

康德在主权问题上虽然几经摇摆，最后还是肯定了国家主权的绝对优先性。和平联盟是一个相当松散的组织，各国可以自由加入，亦可以自由退出，加盟国无须屈从于任何"公开的法律及强制性的权力之下"。[32] 康德在另一处更明言，这个联盟可以随时解体，而并不像美国联邦制般，各州受到宪法的约束，不可以任意脱离联邦。[33] 换言之，和平联盟没有任何法律约束力。它虽然可以扮演法律仲裁者的角色，但其裁决却不能凌驾各国主权之上。既然如此，谁能保证加盟国会自愿遵守世界法？又如何令联盟能永久维持下去？这是康德面对的最大难题。

康德并非不知道问题所在，他其实作了妥协，因为和平联盟是各国处于你死我活的战争状态和一个一统各民族的世界国家（world state）之间的折衷。康德在1793年发表的《理论与实践》一文中，清楚地道明这种两难。一方面，"各国在不断互相征服及吞占的战争中所带来的苦难，令它们即使在不情愿的情况下，最后也会组成一个世界性国家（cosmopolitan constitution）"。[34] 但康德随即指出，这样的国家却可能对自由构成更大威胁，因为它要管治的幅员太大，根本难以有效维护公民的自由权利，甚至有可能导致专制主义（despotism），又或最后回到战争状态中。这种危险结果"迫使人们组成一个并非在一个单一统治者之下的世界共同体，而是基于一个共同接受的国际法的合法性联盟（federation）"。[35] 尽管如此，这个国际法却不是没有约束力的，它是基于"具强制性的公共法律"（enforceable public laws），加盟各国必须服从，就如公民必须遵守国家的法律一样。[36] 康德指出，期望通过所谓欧洲势力的均衡而带来永久和平，只是一场幻觉。同样地，期望一个各国能自愿加入并自愿遵守的联邦，在理论上或许动听，但在实践上却会被各国政要讥为迂腐、幼稚及学究。[37] 因此，只有透过成立一普遍性的联邦国家

(a universal federal state），并且赋予其实质的权力去监察各国的违法行为，永久和平才不会只是空谈。由此可见，在康德心目中，这个联邦国家虽然不是一个独裁的世界霸权，但国际法却绝对可以凌驾于国家主权之上，没有所谓绝对的国家自主权。

但在两年后的《迈向永久和平》中，康德却断然放弃了上述观点。和平联盟对加盟国没有任何法律约束力，国家自主受到绝对尊重，对于如何保证各国遵守国际及世界法，康德亦避而不谈。两年前被他称为不切实际及幼稚的建议，现在却全盘接受。为什么康德会做出如此大的立场转变？他说得相当明白：

> 各国要从完全无法的交战状态中走出来，彼此共存，只有唯一理性之途：犹如个体的人那样，他们必须放弃自己野蛮（无法律）的自由，并接纳强制性的公共法律，从而形成一个不断在增长，最终包括地球上所有人民的**国际性国家**（international state）。但按照现存国际法的概念，这并非各国之所欲，于是他们就（在假设上）拒绝了（在理论上）是正确的东西。而取代**世界共和国**（world republic）这一积极观念的（如果还未一切丧失净尽的话），就只能寻求一个持久并逐步扩大的**联盟**（federation）来作为防止战争的消极替代（negative substitute）了。[38]

这段话十分重要，因为它清楚点出了康德在理论与实践之间的挣扎，并道出了国家为何应享有绝对主权的原因。康德指出，达致永久和平最理想及最正确的途径，应是建立一个法治的世界共和国,作为世界公民,人人都可享有自由平等的权利。在这样的共和国中,国家主权没有任何地位,因为两者明显有冲突。这样一来,康德之前不接纳世界共和的理由,即担心幅员太大、难以管治并导致专制主义,及各民族之间语言和宗教的差异等,便只是技术性的担忧,而非在价值上不可欲了。[39] 技术上是否可行,关乎管治能力的问题。例如交通及通信的进步、经济及文化的全球化、有效的权力均衡制度,都可以减低出现专制的机会,并拉近不同文化的距离。而这些因素,康德在文中全都有所提及。由此可见,康德是个世界主义者,一个以国家为单位的和平联盟只是迫不得已的消极替代。原因很简单,因为康德看不到任何可能,当时的欧洲各国会接受这样的建议,因此只能退而求其次,在尊重国家绝对主权的前提下,提出和平联盟的构想。

对康德身处的时代有些基本了解,或许有助我们明白他的苦衷。康德活在一个列强并立、战争不断、崇尚国家绝对主权的年代。最早对主权观念做出系统论述的,是法国政治哲学家博丹(Jean Bodin, 1530—1596)的《共和国六论》。[40] 博丹认为,为维持社会安全及秩序,并令国家免于长期对内对外战争的唯一方法,是让国家拥有绝对权力。这权力是独一无二、不受法律限制及无须得到臣民同意的,这便是主权。博丹又区分了君主政治、贵族政治及民主政治三种不同的政制,相应地国家主权便落在一人、少数人及多数人手中。[41] 博丹的思想很快在欧洲大行其道,因为随着宗教改革运动的出现,很多国家君主都希望摆脱罗马教廷及神圣罗马帝国的控制,增加支配国家的权力。而 1648 年欧洲各国签订的《威斯特伐利亚和约》(The Peace of Westphalia)不仅解决了三十年战争的领土纷争，更正式确定了以主权国家为单位的国际政治。对内，各国君主拥有绝对的管辖权，臣民要对统治者绝对服从；对外，国家不隶属于任何更高的权力（例如教皇），除非它同意，否则不用接受任何外在法律的约束，各国亦必须尊重他国的主权独立。这个条约对西方影响深远，成为近现代国际法的起点，直到二十世纪，国际政治依然在此威斯特伐利亚系统（Westphalia system）之下运作。[42]而其后的欧洲政治思想，也无不在此主权至上的框架中发展。

在这种历史背景下，康德提出世界共和国的理念，可谓十分革命性。但他意识到，按照当时主权及国际法的观念，各国君主不可能为了永久和平而放弃拥有的绝对权力。他也切实体会到一个大一统国家的管治危机，例如当时的神圣罗马帝国，便是一例。所以，他才提出类似联邦制的和平联盟以作替代。但康德的折衷却使他的理论变得困难重重，及难以保持论证上的前后一致。

康德对国家的看法和韦伯一样，认为是一地区内唯一有权合法使用武力的组织，"除了它本身以外，再没有任何他者可以对它发号施令或加以处置"。[43]但主权的基础，却在人民的同意。类似于霍布斯，康德认为在未组成国家前，人们活在一个"正义的阙如"（a state devoid of justice）的自然状态之中，没有任何共同认可的法律制度，一切争端只有靠武力解决。[44]为了彼此的利益着想，人们乃自愿订立一个原初契约（original contract），给予国家强制性的法律权力，维护公民的自由。因此，国家主权应受到绝对尊重。如他所说，国家"像树一样有它自己的根茎。然而要像接枝那样把它合并于另一个国家，那就是取消它作为一个道德人格（moral personality）的存在，并将其变成一件商品，这便和原初契约的理念相矛盾。而

没有此理念,一国人民的任何权利都变得不可思议"。[45] 所以,康德特别强调,达到永久和平的其中两个先决条件是:

(1) 凡自身独立的国家,不论大小,均不应由于继承、交换、购买或赠送而由另一个国家所占有。
(2) 任何国家均不得以武力干涉其他国家的体制和政权。[46]

但康德在这里面对两个困难。他希望用原初契约来证成国家主权,但这只能适用于共和政体。但康德却没有做这种分类,而辩称即使是专制政权,主权也必须受到尊重。[47] 这显然和原初契约的想法不一致,既然该政权未得到全体公民同意,便不能以此支持主权的绝对优先性。更大的问题,在于国家作为一道德主体的想法。契约论强调以独立的个体为基本单位,为了安全及互利的目的,才彼此同意组成国家。就此而言,个人先于国家而存在。国家本身没有内在的道德价值,而只是帮助我们实践个人利益的工具。但一旦视国家为一自足的道德主体,将与契约论的个人主义伦理观发生冲突。例如个人权利与国家利益有冲突时,孰者有优先性呢?又或者一国公民可不可以透过全民投票,从原来的主权国家分裂出去,又或加入一个更大的联合体呢?近年前苏联及南斯拉夫加盟国的独立属于前者,而欧洲各国加入欧盟则属于后者。透过全民公投去改变一个国家的主权,背后的理念正是以个体为本位的契约论的想法。因此,就康德的内部理论言,国家的位置须视乎公民的意志而定。未经该国同意而强行将其分拆或兼并,固然不能接受。但这同样不意味在组成和平联盟时,立约各国不能在彼此同意下,让渡出一部

第七章 康德、永久和平及国家主权 | 247

分原来享有的主权。

面对此种困难，康德在第二条正式条款中提出另一个论证。他指出，在和平联盟未出现之前，各国的关系虽然就像个人在自然状态的情况一样，但两者性质却有根本不同。个体一旦离开自然状态而组成法治社会，便必须在一个强制性的法律制度下共同生活。但和平联盟却不能具有这种强制性，"因为作为国家，他们已经存在一个合法的内部政体，因此已超出别人可以根据他们的权利观念，而把他们带到一个更广泛的法律体制的那种强制性"。[48] 因此，国家作为一合法的政治实体，在与他国订定契约离开自然状态的时候，便无须放弃原有的国家主权。由此推论，世界共和国固然不可行，和平联盟最多也只能是一个以国家为单位、自愿而没有约束力的联邦组织。

康德在这里一方面想用契约论来证成和平联盟的出现，另一方面却又要为国家主权做出辩护。问题是，如果按契约论的思路，个体是立法的基本单位，国家的正当性及法律的权威性在于公民的同意，那么个体的法律地位便没理由只能限于主权国家之内，而不可以扩展到具约束力的国际法及世界法。正如哈贝马斯指出，一旦康德坚持法律的基础在于具有平等权利的人为自己立法，那么法律秩序便无可避免地具有个人主义的特征。[49] 如果个人才是目的王国（kingdom of ends）中自由平等的道德主体，那么不管人们的语言文化、种族肤色等种种差异，均应享有普遍性的个人权利。可以说，康德对人的理解，必然导致一世界主义的理想，即人人成为自由平等的世界公民。国家或许是现实需要下的历史产物，却没有先验的伦理位置（ethical status）。所以，各国在达成契约的时候，和个体离开自然状态组成国家，不应有本质的差别。

再者，契约论的精髓一方面是立约各方的同意，另一方面是契约必须具约束力。一个完全没有约束力的契约，严格来说不是真正的契约。一国之内，约束力具体表现在法律的强制性。同样道理，要令世界法得以执行，也必须要有有效的立法及执法的机构。只要加盟各国自愿同意条约的内容，同时转让一部分本来属于它们的权力予和平联盟，便没有损害它们原来享有的自由自主，他们有义务遵守签订的国际法，亦变得顺理成章。所以，如果康德要用契约论来证成和平联盟，便很难既保留国家的绝对主权，同时又能有效贯彻世界法，确保永久和平。正如我上面指出，这是康德在理想与实践两难之间做出的选择。他十分明白这种困难，因此他只能寻求别的途径去保证和平的实现。在下一节，我将会集中讨论这方面的论证。

四 保证永久和平的四个论证

黑格尔（G. W. F. Hegel）曾批评康德的永久和平的理想，只能完全倚赖个别主权国的意志，而此却是相当随机性的。[50]这的确点出了问题所在，但却不完全正确，因为康德从其他角度提出了不同论证，支持他的观点。我将其归纳为四个方面，分别是：道德论证、历史目的论论证、政治论证，以及全球化论证。

首先是道德论证。康德认为，每个人都有道德责任去追求和平。理由很简单，在战争状态中，我们无法实践自己的权利、完成自己的人生计划，也不可能视自己及别人为目的自身。所以，人们有义务离开自然状态，组成一个法治的共和社会，同时也有义务进入和平联盟。康德声称，这不是一个经验性的论证，而是基于人类理性的先验（a priori）判断。"我们的道德实践理性发出以下不可抗拒的声明：不可再有战争！……即使实现和平的愿望是一个永远不能兑现的奢望，我们朝此方向的努力不懈依然不是自欺欺人，因为这是我们的责任。"[51]

但康德也清楚认识到，个人的道德意志终不可能决定人类历史的发展，因为在大部分时候，人们不是依道德律则行事，而是由欲望、自私及好战等支配他们的行为。这便转到他的历史目的论。康德认为，人类作为一个整体，朝着一个既定目标不断进步，也即逐渐实现人作为一个理性自由存有的本质。而唯有在一个永久和平的法治国际社会中，人类的本性才能得到彻底实现。因此康德宣称，和平联盟的出现及逐步趋向永久和平，根本是"一个大自然隐藏的计划"（a hidden plan of nature）及"天意"（providence）使然，不以人们的意志为转移。[52]他又说："大自然的机械进程，明显地呈现其使得人类产生和谐的目的性计划，虽然此是通过他们的不和以至违反其意志所达成。"[53]

康德认为，人类本性中有一种"非社会的社会性"（unsocial sociability）的倾向，一方面希望聚居而形成社会，另一方面却又有一种脱离社会、孤立自己、渴望依己意而活的倾向。人类文明便在这两种巨大的张力之间辩证地发展、进步，并通过不断的冲突战争，人类的潜能得到充分发挥，最后促使彼此离开野蛮的自然状态，组成一个正义的共和体制。康德甚至认为，即使是一个充满自私及邪恶的民族，大自然也会用它那无形的手，令共和国家的理想变成事实，因为"大自然无可抗拒地要求权利最终取得优势。尽管诸多不便，人类所忽略做的，最终会按照大自然的意愿而发生"。[54]

同样地，透过这种非社会性，令国家之间互相敌对，再加上语言及宗教的差异，将无法建立一个统一的大帝国。而经过无数尝试，"随着文化的增长及人们逐渐对原则取得更大的共识，他们会趋向互相了解及和平"，组成一个和平的邦联。[55]

康德这种近于历史决定论的论述，固然欠缺说服力，亦为他的理论带来难以克服的困难。因为康德同时强调，追求和平是人们的实践理性所要求的无可推卸的责任。道德责任当然预设了人的意志自由及选择的不确定性，但这却显然和大自然既定的计划的想法有矛盾。因为无论人们如何选择，大自然自有它的客观规律，将历史导向某一目的。而康德又怎能保证人的意志和大自然的目的最后必然合一？再者，如果战争流血是文明进步的必要条件，那么前人的牺牲岂非后人得享太平的手段？这显然又和他所强调的人人具有同等尊严的想法有冲突。康德的历史哲学并非本章探究的重点，但在他的主权优先、和平联盟欠缺约束力的前提下，诉诸于自然天意，显然对确保永久和平的实现无补于事。[56]

另一个是我所称的政治论证。如第二节所述，康德相信共和国家的公民，会由于自身利益的考虑，而不容许国家对外开战。但除此以外，共和国家其他的宪制特点，也会促进和平。共和国家的特点是三权分立，权力互相制衡，从而减低专制的机会，国家元首也不可以随便发动战争。同时，共和国家亦保障公民的言论自由，哲学家（或其他人）可以公开针砭时弊，令统治者听到不同声音，对应否发动战争做出审慎及理性的判断。更重要的，是共和国家对公共证成（public justification）的要求。康德指出，一个政策正义与否的必要条件，是看它能否公之于众，而并不会遭到其他人反对。这不仅是伦理原则,亦是法律原则。[57] 政府施政必须要有极高的透明度,国家的外交政策亦应考虑公民的价值取向。而另一个康德没有特别提及、但我相信更为根本的原因,是共和国家接受了康德对人的基本理解,也即人应被视为自由平等的道德主体。这种对个人权利的重视,成为美国独立战争及法国大革命以来民主国家根深蒂固的政治信念。这种普世性的个人平等观,无可避免会影响民主国家的外交政策。例如它要求不可以与其他民主国家开战,因为这会侵犯他国公民同样的权利。而这种价值的一致更大大增强共和国家彼此的互信及亲和性,减低发生战争的机会。而在与非自由国家开战时,也不可以只以谋取一国私利为目标,而需要提出道德上正当的理由。

康德最后一个论证是所谓全球化论证。康德相信,随着和平联盟的出现、交通及通信的进步,国与国的联系会愈来愈紧密,从而打破语言及文化的隔阂,形成一个全球性的公共论坛,任何违反权利及法律的事,都会很快被其他地方的人知道。因此,各国不能为所欲为,而必须尊重国际舆论的压力。更重要的,是经济贸易的频繁往来,令各国在商业上愈来愈互相倚赖,从而使得发动战争对任何一方都不利。"与战争无法共存的商业精神,迟早会支配每一个民族,因为在从属于国家权力的一切势力(手段)当中,金钱也许是最为可靠的势力了。因此国家虽非出于道德的动机,却不得不去促进高尚的和平的理想。"[58]

康德相信,通过以上四个论证,即使在尊重国家主权的前提下,和平联盟依然有可能达到永久和平的理想。康德用了最多篇幅去解释他的历史进步论,今天看来,也许最难有说服力。其他三个论点,亦非永久和平的充分及必要条件,历史对每个论证提出了不同的反例。

但证诸历史，自由国家之间互不开战的事实却多少说明，当不同因素互为影响的时候，的确可以为和平创造有利条件。只要我们修改康德对国家主权的看法，并容许和平联盟有实质的监察力，当愈来愈多专制国家逐渐转变成自由民主国家的时候，康德的永久和平的理想未必是痴人说梦。而康德的基本理念，依然可以对今日的世界政治有深刻的启迪。下面让我们简略探讨一下他的理论与当前世界的相关性。

五　对今日世界的意义

康德写作此文距今已二百多年，自有其面对的历史限制，而要求历史朝着他的构想前进，是不切实际的期望。例如他无法预见后来民族主义兴起后的狂热向外扩张，也难以想象现代全民战争的惨烈。又如哈贝马斯指出，历史的发展往往有其辩证性，好与坏往往是一块银币的两面。例如全球化的经济发展，固然增加了彼此的依赖，但资本主义工业革命的出现，却导致了内部的阶级冲突以及向外的帝国主义扩张。[59]但二十世纪国际联盟（1919）及联合国（1945）的成立，却证明了康德的洞见。当然，联合国并非只是共和国家的联盟，它的出现亦未能制止所有战争，但却开始了国际社会寻求以和平方式解决纷争的尝试。正如上文所指出，如果要确保世界和平，我们必须修改康德对国家主权的看法，容许和平联盟对加盟各国有实质性的约束力。而要有效面对今日全球化带来的挑战，亦须走出国家主权至上的格局。

事实上，联合国的组织结构已超越了康德的构想。例如《联合国宪章》禁止侵略性战争，并容许安全理事会在有必要时，使用军事行动维持世界和平。1990年的海湾战争便是一例。联合国的《世界人权宣言》（1948）亦规定各国有责任保障人民的公民和政治权利，以及经济和社会权利。其后的《公民权利和政治权利国际公约》及《经济、社会、文化权利国际公约》（1966）做出了更具体的规定，并设立了监督机制。这些都远远超过了康德对世界法的规定。但这却恰好说明，随着世界各国对人权共识的增加，建基在具约束力的世界法的永久和平，不再是遥不可及的理想。当然，这并不表示联合国及其他国家可以随时以武力干涉一国内政。但当一国对外发动侵略以及在国内严重违反基本人权的时候，便再不能以主权至上来作挡箭牌，国际社会亦有理由加以谴责及采取适当行动。联合国在1999年出兵东帝汶，阻止印尼军队的暴行，恐怕连最极端的文化相对主义者也难以质疑。康德的以个人权利为基础的世界公民观，正逐步在世界政治中得到体现。当然，这不表示联合国目前的情况令人满意。事实上，它正需要更多改革。例如不能由某些大国操控议程；改变目前安全理事会寡头垄断的不民主架构；保证一视同仁对待同类事件；寻求对人权更广泛的共识；甚至成立一世界议会，由各国民选代表组成等等。[60] 最重要的，是联合国不能是康德眼中的超级霸权，而是各国能透过民主程序，保证一个和平及正义的世界秩序的有效组织。

从另一方面看，对国家主权的传统想法，亦已完全不能适应今日的世界局势。全球化及世界金融一体化，已成不可阻挡之势。国家对经济生产、分配及交易的控制能力愈来愈小，跨国企业的影响力却愈来愈大。近年的全球金融风暴，正说明了这一现象。此外，种种国际性联盟的出现，也令国家的界线变得模糊。例如欧洲联盟及欧元的出现，便拥有很多原属欧洲主权国的权力。而很多全球性议题，例如环境保护和贫穷问题、恐怖主义以及核武扩散等，也需要各国共同合作才能解决。以上种种，都不是传统主权理论所能解释及应付的。面对急剧转变的世界，我们需要公平及有效的国际性组织，才能处理种种跨国性议题。这并不意味我们应主张完全放弃国家主权，融入一个更大的世界组织之中。事实上，各国有不同的宗教文化，不同的传统历史，全球化带来的一个危机，正是很多值得珍视的传统文化逐渐消失。一个权力集中的世界共和，是既不能也不可欲之事。重要的是，各国必须具有一个全球性的视野，审视国内的发展及国际关系，并在保持国家自主的同时，对一些需要共同面对的议题，寻求平等、民主的全球管治（global governance）。

历史的发展，总是辩证地进行。在过去的二十世纪，战争对人类文明的摧毁，带来的生灵涂炭以及对人性的折曲，我们已见证不少。永久和平能否到来，仍然言之尚早。但我相信，只有在不断修正及深化康德的自由主义理论的基础上，人类才有机会学会如何和平共处。说到底，没有人知道历史最后的安排。因此，正如康德所说："永久和平是否真的可能，又或是否被我们自以为是的理论判断所蒙蔽，其实都不再重要！相反，即使机会渺茫，我们仍必须视它像真的会到来般行事，并用尽我们的努力，致力实现永久和平，并建立最适合此一目的的体制。"[61]

【注释】

1. Immanuel Kant, "Toward Perpetual Peace: A Philosophical Sketch", in *Political Writings*, ed.Hans Reiss, trans. H. B. Nisbet (Cambridge: Cambridge University

Press, 1991), pp. 107-108. 本章将以此译本为标准，但同时参考 Mary J. Gregor 的译本：Kant, *Practical Philosophy* (Cambridge: Cambridge University Press, 1996), pp. 317-351. 中译本可参考康德，《历史理性批判文集》，何兆武译（北京：商务印书馆，1997）。本章引文多为作者据英译本自译。又，我此处将英译本中的 right 改译为"法"而不译作"权利"。很多学者已指出，康德原文 Recht 此处是指拉丁文的 *ius*，译为英文的 law 较为恰当。例如可见 Martha C. Nussbaum, "Kant and Cosmopolitanism", in *Perpetual Peace: Essays on Kant's Cosmopolitan Ideal*, ed. James Bohman and Matthias Lutz-Bachmann (Cambridge, Mass.: MIT Press, 1997), p. 51, n. 1。

2. 康德的历史观，可见他的 "Idea for a Universal History with a Cosmopolitan Purpose", in *Political Writings*。

3. 这三个国家分别为法国共和（1790—1795）、美国及瑞士一些州。相关资料可参考 Michael W. Doyle, "Kant, Liberal Legacies, and Foreign Affairs", *Philosophy and Public Affairs* 12 (1983), p. 209。康德并没有用"自由主义"这名称，而称为"共和政体"（republican constitution）。下文将会互用此两名称指涉同一意思。

4. 例如见 Francis Fukuyama, "The End of History?", *The National Interest* (Summer 1989), pp.3-18。福山后来在同一杂志上回顾了这篇十年前引起极大争论的文章，见 "Second Thought: The Last Man in a Bottle", *The National Interest* (Summer 1999), pp. 16-33。但得留意，福山的主要理论根据源于黑格尔对"承认"（recognition）的看法。

5. 本章写于 2000 年，和罗尔斯的政治哲学没有直接关系。将本文收进书中，主要原因是罗尔斯后期发展的"国际正义论"很受康德的永久和平论影响，本文或许可为对这个问题有兴趣的读者提供一些参考。

6. 例如 1999 年结束的科索沃战争，北约便宣称这是一场"人权高于主权"之战，在国际上引起相当多的讨论。而在近年任何有关全球化及国际和平的讨论中,都无可避免地触及主权问题。

7. Kant, "Toward Perpetual Peace", p. 93.
8. Ibid.
9. 他的定然律令(categorical imperative)反映了他的普遍主义,而自律的道德主体作为目的王国中的成员的想法,显然包含了世界主义的理想。见他的 *Groundwork of the Metaphysics of Morals*, collected in *Practical Philosophy* (Cambridge: Cambridge University Press, 1996)。
10. 这并不是说这些理论只适用于某些社会,而是说它们在实践时都预设了边界(border)的概念,虽然厘定边界的标准各有不同。例如自由主义、效益主义和马克思主义都是普遍主义,但大部分讨论都是以主权国家为参照系或适用对象。
11. Kant, "On the Common Saying: 'This May be True in Theory, but It Does not Apply in Practice'", in *Political Writings*, p. 90. 下面简称为"Theory and Practice"。
12. Kant, "The Metaphysics of Morals", in *Political Writings*, p. 165.
13. Kant, "Idea for a Universal History with a Cosmopolitan Purpose", p. 47.
14. Ibid., p. 51.
15. Kant, "Theory and Practice", p. 74.
16. Kant, "Toward Perpetual Peace", p. 99.
17. Ibid.
18. 康德这里所谈的投票,也是指在假然契约里的一致同意,而非指共和国的法律都是由一人一票决定。又,这里的独立原则,在《迈向永久和平》中并没提及,但在"Theory and Practice"及"The Metaphysics of Morals"中都有详细讨论。
19. Kant, "Theory and Practice", p. 77.
20. Kant, "The Metaphysics of Morals", p. 139.

21. 只要对照一下罗尔斯的原初状态（original position）的构想，康德的契约论结构便十分清楚。严格来说，康德的契约论并不算真正的契约论，这不仅因为它是假设性的，更是因为得出原则的最后理据并不在于立约者的同意，而在于契约背后的道德预设，而此却是先于契约被给予的。罗尔斯的理论也有类似问题。
22. Kant, "Theory and Practice", p. 80.
23. Ibid., p. 79. 对康德契约论的讨论，亦可见 Rawls, "Themes in Kant's Moral Philosophy", in *Collected Papers*, ed. Samuel Freeman (Cambridge, Mass.: Harvard University Press, 1999), pp. 497-528。
24. Kant, "Toward Perpetual Peace", pp. 100-101. 对于共和制更详细的讨论，亦可参考 Patrick Riley, *Kant's Political Philosophy* (Totowa, NJ: Rowman and Littlefield, 1983), Chap. 5。
25. Kant, "Toward Perpetual Peace", p. 100.
26. 有关资料及讨论可见 Michael W. Doyle, "Kant, Liberal Legacies, and Foreign Affairs", *Philosophy and Public Affairs* 12, Issue 3 (1983), pp. 205-235; Issue 4, pp. 323-353。亦可见 Charles R. Beitz, *Political Theory and International Relations* (Princeton, NJ: Princeton University Press, 1979); Spencer Weart, *Never at War: Why Democracies Will Not Fight One Another* (New Haven: Yale University Press, 1998)。
27. Kant, "Toward Perpetual Peace", p. 104.
28. Ibid.
29. Ibid., p. 105.
30. 按康德的说法，国际法是规范国与国之间的法律；世界法则是视人人为一人类普遍性国家（a universal state of mankind）公民的法律，适用于所有人类。Kant, "Toward Perpetual Peace", pp. 98-99.
31. Kant, "Toward Perpetual Peace", pp. 105-107; 亦可见 "The Metaphysics of

Morals", pp.172-173。

32. Kant, "Toward Perpetual Peace", p. 104.
33. Kant, "The Metaphysics of Morals", p. 171.
34. Kant, "Theory and Practice", p. 90.
35. Ibid.
36. Ibid., p. 92.
37. Ibid.
38. Kant, "Toward Perpetual Peace", p. 105. 粗体为原文所加。亦可参考 Mary J. Gregor 的译本，她将 international state 译为 state of nations。康德所指的 nation，应是 peoples 之意。
39. Kant, "Toward Perpetual Peace", pp. 113-114. 亦可参见 "The Metaphysics of Morals", p. 171。
40. Jean Bodin, *On Sovereignty: Four Chapters from the Six Books of the Commonwealth*, ed. Julian H. Franklin (Cambridge: Cambridge University Press, 1992).
41. 康德也接受了博丹对这三种政治制度的区分。见 Kant, "Toward Perpetual Peace", p.100。
42. 对于主权概念的历史起源及发展更详细的讨论，可参陈弘毅：《主权和人权的历史和法理学反思》，《二十一世纪》，第 55 期（1999），页 18—29。
43. Kant, "Toward Perpetual Peace", p. 94. 韦伯对国家的看法，可见 Weber, "Politics as a Vocation", in *From Max Weber: Essays in Sociology*, ed. H. H. Gerth and C. Wright Mills (London: Routledge, 1948), p. 78。
44. Kant, "The Metaphysics of Morals", pp. 137-138. 亦可见 "Theory and Practice", p. 73。
45. Kant, "Toward Perpetual Peace", p. 94. 如前面所言，康德并没有要求原初

契约必须在历史上发生过，它只是假然性的契约，但却是任何政权合法性（legitimacy）的必要条件。Kant, "Theory and Practice", p. 79。

46. Kant, "Toward Perpetual Peace", pp. 94, 96（亦即六项预备性条款中的第二及第五项）。

47. Kant, "Toward Perpetual Peace", p. 118.

48. Ibid., p. 104.

49. Jürgen Habermas, "Kant's Idea of Perpetual Peace, with the Benefit of Two Hundred Years' Hindsight", in *Perpetual Peace*, ed. Bohman and Lutz-Bachmann, p. 128.

50. G. W. F. Hegel, *Philosophy of Right*, trans. T. M. Knox (Oxford: Oxford University Press, 1952), pp. 213-214.

51. Kant, "The Metaphysics of Morals", p. 174. 亦可见 "Toward Perpetual Peace", pp. 104, 122.

52. Kant, "Idea for a Universal History with a Cosmopolitan Purpose", p. 50.

53. Kant, "Toward Perpetual Peace", p. 108.

54. Ibid., p. 113.

55. Ibid., p. 114.

56. Nussbaum 认为，康德所称的天意最多只能是一个假设而已。Apel 更认为，必须将康德形而上学的历史观撇开，而直接诉诸于人的道德责任，康德的观点才更一致。Martha Nussbaum, "Kant and Cosmopolitanism", pp. 25-58; Karl-Otto Apel, "Kant's 'Toward Perpetual Peace' as Historical Prognosis from the Point of View of Moral Duty", pp.79-112. 两文均收在 *Perpetual Peace* 一书之中。有关康德的历史哲学，可参考 Susan Shell, "Kant's Idea of History", in *History and the Idea of Progress*, ed. Arthur M. Melzer, Jerry Weinberger and M. Richard Zinman (Ithaca: Cornell University Press, 1995), pp. 75-96。

57. Kant, "Toward Perpetual Peace", p. 126.
58. Ibid., p. 114.
59. Habermas, "Kant's Idea of Perpetual Peace, with the Benefit of Two Hundred Years' Hindsight", p. 121.
60. 对这一方面更多的讨论，可参 Daniele Archibugi and David Held (eds.), *Cosmopolitan Democracy* (Cambridge: Cambridge University Press, 1995)。
61. Kant, "The Metaphysics of Morals", p. 174.

结语　什么是自由主义？

在中国近代发展史中，自由主义是很多知识分子的价值寄托所在。但随着资本主义市场经济席卷中国，很多人开始担忧，自由主义鼓吹毫无节制的自由市场和私人财产制，势将导致严重的贫富不均和社会不公；而它提倡的自由和宽容，则会使得文化相对主义和价值虚无主义泛滥，人们的生命难以安顿；至于在政治领域倡议的自由民主和宪政法治，更是西方霸权的产物，根本不适合中国国情，应被全盘摒弃，改走富有中国特色的另类现代化之路。读过此书前面的文章后，相信读者可以见到，这些对自由主义的批评需要加以分析。

自由主义有不同的流派，而我认为罗尔斯所代表的自由主义左翼传统提供的正义社会图像，值得我们认真对待。最主要的原因，是这个传统视自由和平等为现代政治的核心价值，并以此为基础建构公正社会。我相信，人们对自由平等有不同的诠释；但我不相信，公然反对自由平等的理论和制度，可以有道德正当性，并赢得人民的支持。人类历史的发展总是充满曲折，但我对自由主义在中国的未来，绝不悲观。这份乐观，源于自由主义的理念本身。自由主义相信人，相信理性，更相信人可以凭理性好好活在一起。回溯历史，从法国大革命揭橥自由、平等、博爱开始，人类靠这份信念，从无到有，一步一个脚印在不同国度建立起自由人的平等政治。我们没有理由不相信中国人的能力，更没有理由说中国人不配活在一个自由平等的社会。为支持我的观点，让我们先重温一下自由主义的基本理念。

每套政治理论无论多么复杂，背后必然预设某种对人和社会的基本看法。自由主义最根本的理念，是将人理解为自由人，具有平等的道德地位，并愿意走在一起进行公平的社会合作，从而确保每个公民享有充分的自由和足够的社会资源，去好好追求和实现自己的美好人生。这是自由主义的出发点。这个理念看似平平无奇，背后却反映了自由主义非常独特的政治理想。

首先，自由主义认为政治和道德密不可分。这是柏拉图和亚里士多德以降西方政治哲学的传统。这个传统认为政治生活的最高目的，不是权术斗争，不是区分敌我，不是人压迫人，而是根据正义原则建立一个政治社群，保障人的基本权利，实现人的根本利益，并令得政治权力的行使具有正当性。因此，自由主义肯定人的理性能力和道德能力，并相信人能凭借这些能力建立一个公正社会。诚然，怎样的制度才能满足正义的要求，可以有不同意见，但我们必须将"道德的观点"放在制度评价的第一位，这也是罗尔斯所说的：正义是社会制度的首要德性之义。一个国家，无论多么有效率和多么强大，如果它建基在不公正的制度上，便不值得我们追求。

第二，自由主义是以个体为本的政治哲学。自由主义先将人理解为独立自主，拥有反思意识和道德意识，并有自己人生计划的个体，然后再从个体的视角，追问怎样的政治秩序才最能保障和促进人的根本利益。对理想政治的构想和对现实政治的批判,是以个体的正当权益为出发点,因为每个个体都有独特且无可替代的生命,都渴望主宰自己的生活,并期待活得有尊严、有意义。所以,洛克的契约论强调个人先于国家,国家存在的理由,是能更好地保障自然权利;美国的《独立宣言》、法国大革命的《人权宣言》以至联合国的《世界人权宣言》,都将个人权利放在最高位置;而罗尔斯和德沃金等当代自由主义者,更大力反对以极大化社会利益为目标的效益主义,主张个人权利优先。这是一脉相承的自由主义传统。

这不表示,自由主义看不到人有不同的社会属性;这亦不表示,自由主义不知道人打从出生始,已活在国家之中;这更不表示,自由主义对个体权益的重视,是基于自利主义。自由主义承认集体生活的重要性(否则它不会强调社会作为一个公平的合作体系),也承认社群生活是人的基本需要(否则它不会重视结社自由和信仰自由),更承认公民之间必须有基本的道德责任(否则它不会主张社会正义和财富再分配)。自由主义毋宁是坚持这样的信念:个体具有独立的道德地位,并不先验地从属于某个集体,并对这个集体有某种不可卸除且无可置疑的道德和政治义务。所有社会政治关系的建立,必须要从个体的观点看,具有道德上的正当性。正如卢梭在《社会契约论》中起首说:"人生而自由,但却无往不在枷锁之中。"如何使这些限制自由的制度具有正当性,是自由人最为关心之事,因为所有政治秩序皆非出于自然,而是人为的产物。[1] 自由主义强调以个体为本,是一种道德立场,而不是在知识论或形上学意义上接受某种原子论(atomism)式的人观。[2]

第三,既然自由主义将人理解为可作独立思考和理性判断的自主个体，那么它一定要容许和尊重人们的思想和行动自由。自由的重要，不仅在于人有选择的能力，也由于人的多元性。人不是机器的倒模，千篇一律，而是各有个性喜好，各有对生命的感受和追求，各有安顿人生的方式。如果国家不尊重人的自由意志，强行将人同一化，那是违反人性，是对个人尊严的最大践踏。一个自由多元的社会，不仅对个人福祉有好处，也对社会文明的发展有好处。这一点，密尔在《论自由》中早有详细讨论，值得我们一读再读。

当然，容许人有选择自由，并不保证个体每次都能做出正确选择。在任何时候，任何人都有可能做出不理性或对自己对他人有害的决定。但这种担忧，不能合理化家长制和专制主义。合理的做法，是国家提供良好的环境，鼓励及培养公民自小学会独立思考、了解自我，并懂得对自己的选择负责。人只能在犯错中成长。不容许人犯错的社会，不是一个好社会。同样道理，容许人有选择的自由，并不保证社会有不同性质且足够多的有价值的生活方式供人们选择。过度专制和过度商品化的社会，都不利于培养出异质活泼和不同领域各安其位的社会文化。因此，自由主义反对经济市场的自由放任，同样反对文化市场的自由放任——倘若这些放任政策最终会导致文化霸权和危及文化多元。

第四，自由主义坚持人人平等。所谓平等，是指就每个公民作为独立自主的自由人这一身份而言，每个人具有平等的道德地位。道德平等绝对不是天赋或自明的东西。我们甚至可以说，人类生而不平等更为接近真实。在真实世界中，我们几乎找不到一样事物，是人人同一的。即使找到了，也不一定是道德上相关的。更何况在一个充满竞争的世界，超越他人，从与别人的差异中肯定自己，更是大部分人生命的常态。因此，自由主义视平等为一种道德理想，实际上要求我们从这样一种视角看政治：在决定社会的基本政治原则时，我们应该放下彼此的种种差异（智力、市场竞争力、家庭出身、阶级、教育程度、宗教信仰等等），接受大家都是平等的理性道德人，并在这样的基础上找出大家能接受的合作方式。赋予我们平等地位的，是我们自己。我们愿意这样做，因为我们能够站在一个普遍性的观点，穿过世间种种不平等，看到人与人之间共享的道德人格，认知和体会到平等相待的可贵。

我常常认为，做一个真正的平等主义者，是相当艰难的事，因为它要求我们必须从两种角度看自己：它先要求我们将自己放在第三身客观的位置，认知到从普遍性的观点看，我们每个人都是道德主体，没有人在价值上优越于其他人。它接着要求我们回到第一身的角度，将第三身的客观认知内化进一己主观的生命，视平等为值得追求之事，从而使我们在道德思考和日常生活中，有足够的道德动机去尊重及实践平等原则。这样的身份转换和身份融合，其间的难度，恐怕连很多自由主义者也未必意识到。罗尔斯在《正义论》中花那么大力气处理他所称的稳定性问题，究其根源，也是在尝试论证，至少在他所构想的正义社会，德福契合是可能的，即从第一身的观点看，服从平等主义式的正义原则是理性和可欲的。只有完成这种正当与"好"的契合，平等主义才有可能植根于我们的生命，并孕育出相应的政治文化。

但读者要留意，对道德平等的坚持，并不意味在资源分配上必须采取平均分配的立场。它涵蕴的毋宁是这样一种要求："在决定社会合作的基本原则时，每个自由人都享有平等的地位，拥有同样的发言权。最后商议出来的原则,必须是所有人合理同意的结果。"这等于说,平等具有优先性,任何不平等的资源分配,都必须得到平等的参与者的合理同意。这是罗尔斯的正义理论的核心所在。他那非常有名的"原初状态"和"无知之幕"的设计,目的正是要创造出一个公平的契约环境,然后看看自由平等的合作者,会商议出一套怎样的正义原则。为什么是公平的呢?因为在原初状态中,立约者被一层厚厚的幕遮去所有的个人资料,包括他们先天的自然能力和后天的社会环境,从而保证每个立约者处于平等的地位,不会在商议中受那些偶然任意的不平等条件影响。我们知道,这不是一个真实的契约,而是思想实验,目的是反映自由主义对自由平等和公平社会合作的理解。

  罗尔斯的契约论精彩之处,在于背后的平等政治观:关乎整个国家基本制度的政治原则,不是由任何权威和精英决定,而是由所有公民共同决定。在决定过程中,每个公民的权益都受到重视,没有人会因为能力、财富和阶级的不平等而受到歧视。无论最后商议出来的结果是什么,这都体现了一种民主自治的理想。

  那么,自由主义会主张怎样的社会制度安排?政治方面,罗尔斯主张公民平等地享有一系列基本自由,并视这些自由为人的基本权利。这些权利包括言论和思想自由、信仰和良心自由、人身安全和拥有个人财产的自由等,也包括集会结社的自由、选举和被选举的自由,以至广泛地参与各种政治活动的自由。这些权利会被写进宪法,赋予最高地位,从而保证个人权利的优先性。罗尔斯亦赞成代议民主制,因为它是最有效体现和实践政治平等的方式。我们见到,罗尔斯的建议和今天宪政民主社会的制度安排没有太大分别。

值得留意的，是他对基本自由及其优先性的论证，都扣紧自由人的理念，而不是诉诸自然权利或效益主义。

社会及经济方面，罗尔斯提出两条原则。第一条是公平的机会平等原则，主张通过教育及各种社会培训，尽可能使出生在不同家庭环境的人，享有公平的竞争机会，促进社会流动。第二条是差异原则，主张经济不平等分配，只有在对社会中最弱势的人最为有利时才可接受。这条原则体现了一种互惠的精神：每个公民都应从社会合作中获益，并享受到经济发展的好处，包括社会中最弱势、最没有市场竞争力的阶层。社会发展的目标，不应是只让一部分人富起来，其他人却要承担发展的代价。具体措施可包括由政府为公民提供各种社会福利保障，例如医疗、教育、房屋、失业援助、老弱伤残津贴及退休保障等；政府亦应在经济领域，实行累进税、遗产税及其他措施，防止财富过度集中，减低贫富悬殊和阶级对立，尽量令每个公民从出生起，便享有发展个人能力和实践人生理想的机会。自由主义反对财富分配完全由市场决定，因为市场竞争中很多导致不平等的因素是不公正的。这里所说的不公正，不仅是指贪污和种种违法行为，更包括社会出身和个人天赋能力所带来的起点不平等。罗尔斯认为，任何一个重视正义的国家，都有责任保障每个公民的基本需要得到满足，否则公民根本没有条件实践他们的自由和人生理想。但这只是第一步。因为在很多福利国家，贫富差距仍然非常严重。在这样的社会，公民欠缺平等机会发展他们的事业，穷人活得没有尊严，社会平等和政治平等仍然未能实现。差异原则所要求的，是国家能够提供足够的资源和其他条件，让每个人的能力得到全面发展，并在社会生活中肯定自身的价值。

基于上述讨论，现在让我回应一些对自由主义的批评。

第一，那些批评自由主义不重视社会正义、不重视平等的说法，并不合理。事实上，自罗尔斯的《正义论》出版以来，自由主义已累积了大量有关平等和社会正义的讨论。罗尔斯对平等的理解，甚至较马克思和很多左派更为激进，因为他认为从道德的观点看，一个人的先天能力和后天出身都是不应得的，任何不平等分配都必须考虑最弱者的利益。而在制度安排上，他更认为我们不应该满足于福利国家的模式，因为福利社会仍然容忍相当大的社会经济不平等。如果我们不将自由主义左翼（liberalism）和放任自由主义（libertarianism）做出区分，然后以为弗里德曼、哈耶克和诺齐克等主张的小政府大市场，便是自由主义的全部，那实在是最大的理论误解。自由主义既反对国家全能，也反对市场万能，它真正的道德关怀是：什么样的制度安排，可以让平等自主的个体公平地活在一起，过上丰盛而有尊严的人生。至于实际的制度应该如何设计才能实现这个理想，则需要具体讨论。

第二，有人批评自由主义预设了价值虚无主义，这亦难以成立。自由主义是一套完整的政治道德理论，对自由平等有很深的承担，更相信凭着人的共同理性能力能够建立公正理想的社会，因此不可能是一套"主观"和"虚无"的政治伦理。

第三，或者有人说，自由主义强调国家中立，放弃讨论善的问题，不可能为个人的安身立命提供基础，因此不值得追求。无疑，自由主义不会像儒家或基督教那样，提供一套完整及涵盖人生所有领域的价值和信仰体系，并要求所有人都接受。这与自由主义对人及幸福生活的看法有关，自由主义认为人有足够的理性能力对价值问题进行自由探索，同时相信活得幸福的一个重要条件，是理性主体能够自由选择和认可他的人生计划。因此，自由主义最关心的，是建立一个公正的制度，保证每个公民有自由和资源去过自己认为值得过的生活，并对自己的选择负责。罗尔斯所谈的"正当优先于善"，是说每个公民的价值追求都不能逾越正义原则定下的规范，而正义原则的基础，则奠基于自由平等的公平合作这一理想。但这并不是说自由主义不重视善。恰恰相反，正因为自由主义坚信每个人都有一己对生命的理解和追求，而这些追求对每一个体皆无比重要，所以才主张要尊重个人自主及公平地分配社会财富。再者，自由主义绝非对人毫无要求。自由主义期望公民对平等有所执着，对异于一己的信念有所宽容，对正义有恒久的追求，对弱者有真切的关怀，并能够过上独立自主而又有个性的美善生活。在日常生活中，做一个自由主义者，绝对不见得较做一个保守主义者或者激进主义者来得容易。自由主义包容多元，而在多元的底层，是对个人的尊重和对自由平等的坚持，这些坚持构成公民的共同信念，并成为和谐社会的厚实基础。

自洛克、卢梭、康德和密尔以降，自由主义建立了深厚的思想传统，并在理论和实践上为自由民主政治提供了强大支持。到了今天，自由主义在学理和政治实践上，仍然充满活力，并能有效回应现代社会的各种挑战。据说在今天的中国内地和香港，不少人认为自由主义早已丧失它的道德吸引力和政治正当性，甚至成了保守、反动、落伍的代名词，这叫人不解。从上面勾勒出来的政治图像来看，如果自由主义不值得追求，那么在政治权威的正当性基础、个人权利的保障、平等的实践，以及社会财富的公平分配等根本问题上，非自由主义理论可以提出怎样一套道德上更为可取的正义观？这是所有政治理论均须回答的问题。而在进入论辩之前，我们至少应该知道自由主义是什么和不是什么，以及它为什么值得我们追求。

【注释】

1. Jean-Jacques Rousseau, *The Social Contract and the Discourses*, trans. G. D. H. Cole (London: Everyman's Library, 1973), pp. 181-182.
2. 对于原子论的批评，可参见 Charles Taylor, "Atomism", in *Philosophy and the Human Science, Philosophical Papers 2* (Cambridge: Cambridge University Press, 1985), pp. 187-210。

跋　行于所当行
——我的哲学之路[1]

《自由人的平等政治》是一本关于罗尔斯政治哲学的专著，里面尽是理性分析的文字。文字的底层，是我走过的哲学之路。在这篇文章中，我依然以罗尔斯为主线，但换一种笔触，回顾一下我的读书历程，记记途中遇到的人和事，以及我对某些问题的思考，既为自己留点记录，对读者了解我的哲学观，或许也有帮助。

一

我第一次知道罗尔斯，是在广州北京路新华书店。那是1993年暑假，我和香港中文大学一群朋友到广州购书。我清楚记得，我的哲学系师兄，也是新亚书院的室友王英瑜将一本书塞给我，说这书值得看。我瞄了一眼，书名是《正义论》，作者是约翰·罗尔斯，译者是何怀宏、何包钢和廖申白，中国社会科学出版社1988年出版。书很厚，翻到目录，全是艰涩陌生的术语，但我还是买了。我当时即将升读三年级，且已决定从商学院转到哲学系，觉得要买点哲学原著，充实一下书架。

同年九月，我选修了石元康先生的"自由主义与社群主义"。这是我第一次正式接触政治哲学。上课地点在润昌堂，全班四十多人。石先生人高大，衣朴素，操国语，有威严。第一天上课，石先生携了几本书来，第一本介绍的，是《正义论》英文版。石先生说，罗尔斯是当代最重要的政治哲学家，也是自由主义传统集大成者。这一门课先介绍罗尔斯，然后再看八十年代兴起的社群主义对他的回应，包括桑德尔、麦金太尔（Alasdair MacIntyre）、泰勒等。[2]我后来知道，石先生是华人社会最早研究罗尔斯的人，并出版了一本关于罗尔斯的专著。[3]

这门课很精彩。石先生授课，系统深入清晰，打开一扇窗，让我得见当代政治哲学的迷人风景。我第一次明白为什么正义是社会首要德性，第一次知道什么是原初状态和无知之幕，也第一次感受到观念的力量。石先生欣赏罗尔斯，但他并不十分同情自由主义，因为他觉得自由主义无法安顿人的生命，也难以建立真正的社群生活。他认为人类社会由古代进入现代，经历了一次范式转移，由目的论变为机械论，由价值理性转为工具理性，而这都和韦伯提及的"世界的解咒"有关，结果是价值多元主义的出现，而自由主义则是回应现代处境的一套思想体系。自由主义强调个人自主、重视基本权利，究其原因，是因为在什么是美好人生的问题上，它承认没有客观答案可言，因此只能容许个人选择。[4]石先生又认为，当代自由主义强调中立性（neutrality），即政治原则的证成不可以诉诸任何理想人生观，归根究底，是接受了价值怀疑主义或主观主义。[5]石先生这个对自由主义的诠释，对我影响很大，也令我不安。如果自由主义的背后是价值主观主义，那么它所坚持的政治原则的客观普遍性何在？这个问题从那时候开始，一直困扰着我。[6]

初识石先生，感觉他可敬却不可近，直到学期结束时才有点改变。那门课除了考试,还有一个口试,每个学生要单独见石先生十五分钟。我是最后一位,后面没人,因此和石先生聊了很久,主要是谈麦金太尔对传统的看法。最后我在这门课拿了个甲等,大大增强了读哲学的信心。打那以后,无论身在哪里,我和石先生的哲学对话从没间断,包括我在英国读书时的很多通信。石先生最喜欢的三位思想家,是黑格尔、马克思和韦伯,因为他们都对现代性作了深刻反省。石先生是我见过最纯粹的知性人,所有时间均专注于哲学思考,一坐下来便可以讨论问题。和学生一起,他从不掩饰自己的观点,同时却鼓励我们畅所欲言,据理力争。我后来在英国遇到的几位老师,也是这样的风格。这对我影响很大。他们教晓我一样很基本的东西:学术是求真求对,不是客套虚应权威。

我的大学生活,重心在学生运动,大部分时间耽在办报纸、策划论坛和示威抗议上。我对亚里士多德所说的玄思式人生并不向往,留在哲学系的时间很少。记得1995年新亚书院拍毕业照时,高我一届的梁文道对我说,你将来一定会去搞政治。这多少是我给当时同学的印象。八九后九七前的香港,异常躁动。我们即将告别殖民统治,却不知前面是怎样的时代。港督彭定康的政治改革带来中英两国政府无尽争拗,另起炉灶之声不绝,香港人身在其中却无从置喙,感觉无力。有资格移民的,忙着执拾包袱;有钱炒股炒楼的,则希望在落日前多捞几把。

大学后期,我在学校办了几次大规模论坛。其中一次,是请来香港三大政党党魁(民主党的李柱铭、自由党的李鹏飞、民建联的曾钰成)和名嘴黄毓民,[7]题目是"政治人物应具的道德操守"。论坛在中大的百万大道烽火台举行,近千人出席,发言踊跃,由黄昏辩到天黑，以至要点起火水灯，在人影幢幢中交锋。现在回想，这样的论题竟引起那么激烈的讨论，多少说明当时的大学生对现实有许多不满，却又无法参与，唯有在道德层面对政治人物月旦一番。我们的校长高锟教授在 1993 年获中国政府委任为港事顾问时，也引来学生强烈抗议，并要求他到烽火台公开交代，因为我们担心这样的政治委任会影响中大的学术自由。当天的交代会出席者众，群情激昂，提出许多尖锐问题，在社会上引起很大回响。2009 年高校长获颁诺贝尔奖物理学奖，很多媒体跑来问我十多年前的旧事，因为我是学生报记者，和高校长接触较多，也写过不少批评他的文章。只是没有了当年那层不确定的时代的底色，实在不易解释当时校园的风起云涌。但香港到底应该如何走下去？我们如何把握自己的未来？我没有完整想法。用罗尔斯的说法，我最多只是个道德直觉主义者，有一堆判断，却理不出头绪。

当时中大的读书圈子，最潮的可能是福柯（Michel Foucault），海德格尔（Martin Heidegger）也流行，但对我没有什么影响。我是新亚人，但对新儒家兴趣不大。真正吸引我的是伦理学和政治哲学，以及和人生哲学相关的学科，例如存在主义和宗教哲学。当时哲学系的读书风气不错，有不同的读书小组，由研究生带着读。通识方面，较有印象的有许宝强的"二十世纪资本主义"、罗永生的"意识形态"和卢杰雄的"当代西方思潮"。这些都是理论课，修读的人却不少。英文系的陈清侨开了一门叫"香港制造"的新课，首次让我认真思考香港人的身份认同问题。这几位老师，现在都在岭南大学。杂志方面，金观涛和刘青峰先生已在中大中国文化研究所主编《二十一世纪》，里面有许多好文章。台湾的《当代》经常介绍西方新思潮，我更是囫囵吞枣地追读。文学方面，校园中最流行村上春树和米兰·昆德拉。我们一群朋友也试过开读书组，一起读当代香港和中国文学，包括刘以鬯、西西、黄碧云、王安忆和莫言等。那时中大时髦电影筹款，学生团体轮流在邵逸夫堂播放非主流电影，票价十元，是很好的文化活动，也是"拍拖"好去处。我印象最深的，是基斯洛夫斯基（Krzysztof Kieslowski）的一系列电影，例如《两生花》、《红》、《蓝》、《白》等。

时隔多年，我仍然很怀念当时的大学生活。以我参与的《中大学生报》为例，编委会有二十多人，每个月出版一期，正常四开报纸大小，每期有四五十页，分为校园、社会、中国、绿色、文化和论坛等版面，内容很丰富。我们办报没有学分，也没有酬劳，甚至要为此经常跷课，但却乐此不疲，日以继夜开会辩论采访写作，真有燃烧青春的感觉。大学四年，我几乎每晚都是三点后，才拖着疲惫身躯，在昏黄灯光下爬上新亚，一脸歉意唤醒宿舍工友帮我开门。那时也有同学自发出版形形色色的地下小报，引发很多讨论。至于大字报，更经常贴满范克廉楼学生活动中心的入口，回应者众。当时的"范记"汇聚了学生会、学生报、国是学会、文社、青年文学奖和绿色天地等组织，什么人都有，说是卧虎藏龙也不为过。由于我是编辑，常常要找人访问或约人写稿，所以认识了不少思想成熟、有理想有个性的同学。中大建校四十周年时，我写了一篇文章，认为中大最重要的传统是批判精神和社会关怀。[8]我至今也认为，从20世纪70年代到今天，范克廉楼是这种精神的摇篮，直接影响了香港学运和社运发展。

读到四年级时，我累积了大量问题，却不知如何解决，于是有去外国读书的念头。举几个问题为例。无论是在新亚书院或在哲学系，师长常勉励我们要继承和弘扬中国文化。但在中国努力走向现代化的过程中，我们要继承传统文化的什么东西？儒家和民主不仅没有矛盾，而且如牟宗三先生所说，可以从前者"开出"后者吗？又，长期生活在学生组织，我多少沾染了一点左翼色彩，不太喜欢资本主义。但积极不干预、小政府大市场以至私有产权至上等，却被大力渲染为香港的成功基石。社会中如果有人稍稍主张政府应该正视贫富悬殊问题、增加社会福利，总会被人口诛笔伐。我可以站在什么位置回应这些观点？不过，我最关心的是教育问题。我当时写了不少批评大学教育的文章，愈写愈看到理想与现实的差距，愈写愈不知在职业化、商品化的大环境中，大学有什么出路。不过直到今天，我仍然相信，要改变社会，必须从教育开始。

1995年毕业前夕，余英时先生回来中大，参加钱穆先生百年诞辰纪念，我负责接待他。那天大清早，我陪余先生从新亚会友楼走去开会的祖尧堂。在新亚路上，他问起我对什么哲学家有兴趣，我说罗尔斯。他说罗尔斯刚出版了一本新书，对早期观点作了不少修正，希望我好好读读。他说的是《政治自由主义》。[9] 我有点讶异，余先生对罗尔斯也感兴趣。更没料到的是，一年后，我在英国约克大学会以这本书作为硕士论文题目。

二

约克（York）有二千年历史，是个美丽小镇，遗留下昔日的城墙、古堡和大教堂等，吸引大量游客。约克大学在约克镇郊外不远，1963年建校，是所新兴的研究型大学。大学环境优美，绿草如茵。我住的宿舍，推窗外望，总见马儿在吃草，松鼠在嬉戏。每天一大早，校园湖中的水鸭会联群结队到宿舍窗前讨食。政治哲学在政治系是强项，有六位专任老师，还有一个专门研究"宽容"（toleration）的中心。约克这一年，我算是开始接受较为严谨的哲学训练，既要读当代政治理论，也要研究政治思想史。硕士班的课都是研讨会形式，每次有人做报告，接着自由讨论，完了大伙儿便去酒吧喝酒。约克的生活简单平静，是哲学思考的好地方。

我当时在学术上最关心的，是自由主义的中立性（neutrality）问题。这个问题极具争议性，很多哲学家卷入论争，罗尔斯的政治自由主义更是讨论焦点。[10] 以下谈谈我的看法，因为这是我硕士论文的题目。中立性一般指在某个问题上没有立场，也不偏袒任何一方。自由主义的中立性原则，主要指政治原则的证成不应诉诸任何整全性的宗教、哲学和道德观。这些观点包括基督教和回教、亚里士多德和儒家的德性伦理学，也包括康德和密尔的道德哲学。这些学说的共通点，是有一套完整的伦理和意义体系，为个人生活和社会合作提供指引和规范。

不少论者认为，中立性是罗尔斯所代表的自由主义的重要特征。最明显的证据，是在《正义论》的原初状态中，立约者被一层"无知之幕"遮去他们所有的个人资料，包括人生观和世界观。这样做的目的，是保证最后得出来的正义原则，不会预设或偏好任何特定的理想人生观，并在不同教派中保持中立。罗尔斯为什么要这样做呢？因为他相信人是自由人，可以凭理性能力构建、修正和追求自己的人生计划。为了体现人的自由自主，所以才有这样的独特设计。中立性的背后，有着自由主义特定的对人的理解。

有人马上会质疑,这样的设计表面中立,骨子里却预设了康德式的自主伦理观,因此并非一视同仁对待所有生活方式。例如对某些宗教信徒来说,个人自主根本不重要,最重要的是严格服从神的教导,并按神的旨意生活。所以,如果可以选择,他们一开始便不会进入原初状态。但这有什么问题?自由主义不可能没有自己的底线和立场啊。罗尔斯后来说,问题可大了,因为我们活在一个多元社会,不同人有不同信仰,对于何谓美好的人生常常有合理的分歧,如果自由主义原则本身奠基于某种特定的整全性伦理观,将很难得到具有不同信仰的自由平等的公民的合理接受,从而满足不了自由主义的正当性要求。因此,自由主义必须将自己的道德基础变得更加单薄,以期在多元社会形成"交叠共识"。罗尔斯称此为政治自由主义。

政治自由主义有三个特点。一、正义原则的应用对象,是社会基本结构,即规范社会合作的政治法律及经济制度;二、正义原则必须将自身表述为一个自立的(freestanding)政治观点,独立于任何整全性的宗教和道德观,包括以康德和密尔为代表的自由主义传统;三、正义原则的内容,源于隐含在民主社会公共政治文化中的一些政治观念,其中最重要的,是"社会作为自由平等的公民共同参与的公平合作体系"此一理念。[11] 罗尔斯认为,经过这样的改造,政治原则将做到真正的中立,从而令公民从各自的人生观出发,基于不同理由也能接受政治自由主义,从而达到交叠共识。

我对这个更为单薄的政治自由主义甚有保留。我这里集中谈三点。第一,政治自由主义并没改变罗尔斯最初提出来的正义原则,也没有改变自由人的平等政治这个根本理念,改变的是对这个理念的说明。为了避免争议，罗尔斯不再尝试论证一个形而上学的人性观，而是假定它早已存在于民主社会的政治文化当中，并得到广泛认同，因而可以作为理论的出发点。这个假定实在过于乐观。如果民主社会真的如此多元，那么在政治领域，"人作为自由平等的理性存有"这个观念，必定同样充满争议。退一步，即使这个观念得到广泛认同，我们也需要知道，为什么它是道德上可取的。这是两个不同的问题。例如我们为什么应将发展人的自主的道德能力作为公民的最高序旨趣（highest-order interest）？当这个旨趣和人在非政治领域持有的信念冲突时，为什么前者有优先性？罗尔斯当然不能说，因为这是社会共识，所以是对的。他必须提出进一步的理由支持他的立场。我很难相信，这些理由可以一直停留在政治领域，而不去到有关人性和人的根本利益的讨论。

此外，我们应留意，政治自由主义并不适用于非自由民主的社会，因为它们尚未发展出罗尔斯要求的政治文化。于是出现这样的两难：最迫切需要自由主义的国家，是那些最欠缺民主文化的国家，但在这些国家，交叠共识却绝无可能，自由主义于是只能保持沉默。自由主义若要开口，难免和其他敌对的政治伦理观针锋相对，并须全面论证为什么它对人和社会的理解，是最合理和最可取的。形象一点说，在政治意识形态的竞技场中，自由主义不是站在各方之外并保持中立的裁判，而是身在场中的参赛者。不少论者以为政治自由主义较为单薄，所以较容易和不同的传统文化相容，却没有留意到，交叠共识必须以深厚的自由民主文化为前提。

第二，政治自由主义和传统自由主义的最大分别，是前者将自己局限于政治领域，后者却不如此自我设限。以密尔为例，他不仅将发展人的个性（individuality）视为伤害原则的道德基础，同时也当作实现个人幸福不可或缺的条件。对密尔来说，一个真正的自由主义者，无论在公在私，均应服膺自由主义的基本信念，培养自由心智，宽容异见，活出自我。政治自由主义却认为，正义原则的证成和人们对幸福生活的追求，属于两个彼此不相属的范畴，人们可以一方面在政治领域接受"自由平等的政治人"这个公民身份，另一方面在别的领域接受非自由主义的宗教和伦理观，并拥有其他身份。既然人们有不同身份，难免有冲突的可能。当冲突出现时，他们为何应该无条件地给予正义原则优先性？对罗尔斯来说，政治人的身份不是众多身份之一，而是在所有身份中占有最高的位置。正当优先于"好"，是他的理论的内在要求。[12] 要保证这点，政治身份便不能和人们的人生观恒常处于对立和分裂状态，因为后者是个人安身立命的基础，并构成人们行动的理由。因此，要证成政治价值的优先性，实有必要将政治人的观念置放在一个更宽广的伦理背景中，使得生命不同部分形成某种统一。很可惜，政治自由主义走的不是这样一条整合之路。

第三，政治自由主义面对多元世界的方法，是从罗尔斯所称的公民社会的"背景文化"（background culture）中撤退出来，不再就"如何活出美好人生"这类问题为公民提供指引。背景文化指的是人们在非政治领域形成的社会文化，包括人与人在家庭、教会、学校和其他团体中的交往，也包括为人们提供生命意义和行为指导的宗教、哲学和伦理观。罗尔斯认为，为了寻求共识，政治自由主义不应介入任何背景文化的争论，也不应对人们的生活选择下价值判断，甚至要和自由主义传统本身保持距离。自由主义作为一种人生哲学,只是众多生活方式的其中一种,并不享有任何特权。

这样的文化中立,目的自然是希望包容更多非自由主义教派,并容许它们自由发展。罗尔斯没有考虑到的是,如果这些教派在社会中影响愈来愈大,甚至控制公共讨论的话语权时,会反噬自由主义的基本原则,甚至在很多社会议题上,主张限制部分公民的基本权利。这绝非危言耸听。原教旨主义、种族主义和极端民族主义,常会出现这样的情况。罗尔斯或会回应说,只要这些教派继续尊重政治自由主义的基本原则,问题便不成问题。问题却在于,如果这些教派在他们的生活中,早已不认同自由主义是个值得追求的理想,他们便没有理由要尊重政治原则的优先性。他们的服从,很可能是权宜之计。但我们也发觉在民主社会,很多教派非常乐意接受自由主义原则的规范。为什么呢?那是因为这些教派早已完成"自由主义化"的过程,将自由主义的基本价值内化成信仰的一部分。这些理念包括道德平等、个人自主、基本权利和宽容等。经过这样的转化,他们不再觉得尊重他人的信仰自由,是不得已的政治和道德妥协。相反,这是宗教生活的基本要求。同样道理,他们也很可能接受幸福人生的必要条件,是个体必须有自由选择和认同自己的人生计划。但对政治自由主义来说,这样的内化工作是不应该由国家来做的。

我认为,一个真正的自由主义社会,必须培养出相信自由主义的公民。自由主义不应只是一种制度安排,同时也应是一种生活方式。只有这样,公民才会有充足理由接受正义原则的优先性,才会真心支持自由主义的社会改革,也才能令一个健康稳定的民主社会成为可能。要实现这些目标,政治自由主义显然不是好的方案。因此，我不认为用中立性原则来定义自由主义，是妥当的做法。自由主义有一套完整的政治道德观，坚持自由平等，重视社会正义，主张培养公民德性，并希望每个公民成为自由人。它不可能、也不应该在不同价值观中保持中立。在不违反正义原则的前提下，自由主义主张包容不同的生活方式，理由是尊重个人自主，而非担心缺乏共识，又或相信价值虚无主义。相较罗尔斯将自由主义愈变愈单薄，我倒愿意提倡一种"厚实"的自由主义，尽可能将自由主义理解为一套具普遍性和整体性的政治伦理观，不仅适用于政治领域，同时也在社会、经济、文化、教育乃至德性培育方面发生作用。这样的自由主义，一方面可以在制度上有效回应现代社会的挑战，另一方面能够吸引更多人在生活中成为自由主义者。如果我们将这些讨论放到今天中国的语境，当可更清楚见到政治自由主义的局限。

三

1996 年完成论文后，已是初秋，我抱着忐忑的心情，从约克南下，到伦敦政治经济学院（London School of Economics and Political Science）去找我后来的老师硕维（John Charvet）教授。英国的博士制度仍然是师徒制，一开始便要选定指导老师，并由老师带着做研究。所以，在正式申请学校前，最好和老师见见面，讨论一下研究计划，并看看双方意愿。约克大学的老师说，硕维在学院的名气不是最大，却是最好的师傅，推荐我去跟他。

政治系在 King's Chamber，一幢古老的三层红砖建筑，楼梯窄得只够一个人走。我爬上三楼，初会我的老师。硕维教授穿着西服，温文随和，说话慢条斯理，是典型的英国绅士。我说，我想研究伯林和罗尔斯,主题是多元主义和自由主义。这个题目并不新鲜,因为行内谁都知道多元主义在这两位哲学家思想中的位置。但我当时已很困惑于这样的问题:如果价值有不同来源,公民有多元信仰,如何证成一组合理的政治原则?这组原则为什么是自由主义,而不是别的理论?硕维同意我的研究方向,并说伯林是他六十年代在牛津时的指导老师。他又告诉我,当时整个英国几乎没有人在意政治哲学,牛津甚至没有政治哲学这一门课。直到《正义论》出版,情况才有所改变。

那天下午,我们谈得很愉快。临走时,硕维说,他乐意指导我。退出老师的办公室,我松了口气,终于有心情逛逛这所著名学府。我先去哲学系参观,见到波柏(Karl Popper)的铜像放在走廊一角,一脸肃穆。然后去了经济系,但却找不到哈耶克的影子。我见天色尚早,突然有去探访马克思的念头。马克思葬在伦敦北部的高门墓地(Highgate Cemetery),离市中心不太远,但我却坐错了车,待去到墓园,已是黄昏,四周静寂,只见形态各异的墓碑,在柔弱晚照中默然而立。马克思在墓园深处,墓碑上立着他的头像,样子威严,眼神深邃。墓身上方写着"全世界工人团结起来",下方写着"哲学家们只是用不同的方式解释世界,而问题在于改变世界"——这是《关于费尔巴哈的提纲》的最后一条,写于1845年。[13]

马克思的斜对面,低调地躺着另一位曾经叱咤一时的哲学家斯宾塞(Hebert Spencer, 1820—1903)。斯宾塞的墓很小,如果不留心,很难发现。斯宾塞是社会进化论者,当年读完达尔文的《物种起源》后,第一个提出"适者生存"(survival of the fittest)的概念,对留学英国的严复影响甚深。[14] 严复后来将赫胥黎(Thomas Huxley)

284 | 自由人的平等政治

的《天演论》和斯宾塞的《群学肄言》译成中文，并主张"物竞天择，适者生存"，影响无数中国知识分子。[15] 百年后，浪花淘尽英雄，我这样一个中国青年，孑然一身立于两位哲人中间，回首来时那条丛林掩映的曲径，真有"逝者如斯夫，不舍昼夜"之叹。

马克思是我认识的第一位哲学家。早在八十年代中移民香港前，已在国内初中政治课听过他的名字。我甚至记得，当年曾认真地问过老师，共产主义真的会来吗？老师说，一定的，这是历史发展的必然规律。我不知所以然，但老师既说得那么肯定，我遂深信不疑，开始数算2000年实现四个现代化后，离共产社会还有多远。当天站在马克思墓前，少年梦想早已远去，真正震撼我的，是看到墓碑上那句对哲学家的嘲讽。难道不是吗？如果哲学家只是在书斋里空谈理论，对改变世界毫无作用，那么我决心以政治哲学为志业，所为何事？这对踌躇满志的我，有如棒喝。

马克思的观点，表面看似乎是这样：哲学家只懂得提出抽象的理论解释世界，却对改变世界毫无帮助。真正重要的是推翻资本主义、消灭阶级对立、解放全人类。改变的力量，来自全世界的工人无产阶级。如果这是个全称命题，并包括马克思在内，那似乎没什么道理，因为马克思一生大部分时间都在从事理论工作。如果理论没用，那我们不用读他的《资本论》了。马克思也没理由说自己不是哲学家，他的博士论文写的是希腊哲学，而他的历史唯物主义更在解释人类发展的内在规律。回到这句话的语境，马克思的观点应是：费尔巴哈（Ludwig Andreas Feuerbach）和其他哲学家对哲学的理解出了问题。

问题出在哪里？这要回到费尔巴哈的哲学观。费尔巴哈在《基督教的本质》中提出一个革命性的观点：人不是按神的形象而被创造，而是反过来，上帝是按人的形象而被创造，然后将其安放在外在超越的位置加以膜拜。上帝不是客观真实的存有，而是有限的个体将人性中最理想和最纯粹的特质（知识、能力和善心等），投射为完美上帝的理念，但自己却没有意识到这一事实。宗教异化由此而生，因为个体将本来属于人作为"类存在"（species-being）的本质误当为上帝的本质，并受其支配。哲学的任务是透过概念分析，揭示这种虚假状态，恢复人类本真的自我意识，成为自由自主的人。费尔巴哈明白表示："我们的任务，便正在于证明，属神的东西跟属人的东西的对立，是一种虚幻的对立，它不过是人的本质跟人的个体之间的对立。"[16] 由于宗教是所有虚假的源头，因此哲学对宗教的颠覆，是人类解放的必要条件。

马克思认同费尔巴哈的目标，却认为单凭哲学解释，根本不能建立一个自由平等的社群，因为导致异化的真正源头，并非人类缺乏哲学的明晰和清楚的自我意识，而是由资本主义的经济和社会结构造成。[17] 要克服异化，必须改变产生虚假意识的社会制度。再者，费尔巴哈或许以为单凭纯粹的哲学思辨，能为社会批判找到独立基础，但下层建筑决定上层建筑，如果不先改变经济结构，人们的宗教观和哲学观根本难以超越时代的限制。

单凭哲学解释不足以改变世界，这点我没有异议。但改变世界可以不需要哲学吗？我想，马克思本人也不会接受这点。改变世界之前，我们需要先回答两个问题。一、必须清楚当下的世界为何不义，否则不知道为何要革命。二、必须明白革命后的世界为何理想，否则不知道革命是否值得。这两个都是规范性问题，需要政治哲学来回答。对于第一个问题，我相信马克思会说，资本主义之所以不义，是因为阶级对立导致严重剥削、私产制和过度分工导致工人异化、意识形态导致人们活得不真实、自利主义导致社群生活无从建立等等。[18] 对于第二个问题，马克思会说，共产主义社会是个没有阶级、没有剥削、没有异化、人人能够实现类存在的理想世界。由此可见，改变世界之前，马克思同样需要一套政治道德理论，并以此解释和批判世界。

马克思（以及马克思主义者）如果不同意这个说法，可以有两种回应。第一，科学社会主义不需要谈道德，因为根据辩证法和历史唯物论，随着人类生产力的提高，既有的资本主义生产关系必然阻碍生产力进一步发展，并使得资产阶级和无产阶级矛盾加剧，最后导致革命，将人类带进社会主义的历史新阶段。[19] 既然历史有客观的发展规律，不以个人意志为转移，那么根本没必要纠缠于没完没了的道德争论。哲学家要做的，是帮助无产阶级客观认识这个规律，激起他们的阶级意识，加速革命完成。

一个世纪过去，社会主义的实验翻天覆地，到了今天恐怕再没有人如此乐观地相信历史决定论。资本主义经历了不少危机，但离末路尚远，而且也没有人肯定末路的最后必然是社会主义。即使是社会主义，也不见得那便是理想的历史终结。此外，第二次世界大战后福利国家的发展，大大缓和阶级矛盾，中产阶级兴起，而工人阶级也没有明确的共同利益促使他们联合起来颠覆既有制度。最后，社会主义作为一种理想社会的政治想象，无论在西方还是中国，吸引力已大减。在这种革命目标受到质疑、革命动力难以凝聚的处境中，马克思主义或者广义的左翼传统，如果要继续对资本主义的批判,并希望通过批判吸引更多同路人,那么批判的基础应该是道德和政治哲学,而非历史唯物论。

第二种回应,则认为即使我们想谈道德,也不可能摆脱资本主义意识形态的控制来谈。马克思认为,不是主观意识决定人的存在,而是社会存在决定人的意识。社会存在的基础有赖总体生产关系决定的经济结构,这个基础决定了法律、政治、宗教和道德这些上层建筑,并限定了人们看世界的方式。[20]因此,资本主义社会中控制了生产工具的资本家,为了一己利益,总会千方百计将他们的价值观灌输给被统治者,并让他们相信资产阶级的利益就是他们的利益。在这种情况下,如果不先改变经济制度,任何真正的道德批判都不可能。

我不接受这种经济决定论。[21]无可否认,人的思考必然受限于他所处的社会和历史条件,但人的反省意识和价值意识,却使人有能力对这些条件本身做出后设批判。面对当下的制度和观念,我们总可以问:"这样的制度真的合理吗?我们非得用这些观念来理解自身和世界吗?我们有理由接受这样的社会分配吗?"原则上,理性反省没有疆界。这是人之所以为自由存有的基本意涵。如果否定这一点,我们无法解释,为什么青年马克思能够写出《论犹太人问题》和《经济及哲学手稿》这些批判资本主义的经典之作。我们也不能说,只有像马克思这样的先知,恰巧站在历史那一点,才使他能够超越虚假意识,洞察真相。如果真是那样,在全球资本主义兴旺发展的今天,左翼岂非更难找到社会批判的立足点?

所以,回到马克思那句话,我宁愿改为:哲学家们以不同的方式解释世界,问题是哪种解释才是合理的。这里的"解释",涵盖了理解（understanding）、证成（justification）和批判（critique），这是政治哲学责无旁贷的工作。政治哲学既要对现实世界和人类生存处境有正确认识，同时要证成合理的社会政治原则，并以此作为社会改革的方向。就此而言，理论和实践并非二分，更非对立，而是彼此互动。理论思考的过程，即在打破主流意识形态对人的支配，扩充我们对道德和政治生活的想象，并为社会批判提供基础。

一旦将马克思视为政治哲学家，我们遂可以将他的观点和其他理论互作对照。让我们以社会财富分配为例，看看代表左翼的马克思和代表自由主义的罗尔斯的观点有何不同。在《哥达纲领批判》(1875)这篇经典文章中，马克思罕有地谈及日后共产社会的分配问题。[22]在共产主义初级阶段，由于尚未完全摆脱资本主义的烙印，分配原则是按劳分配，即根据生产过程中付出的劳动力多寡决定个人所得，劳动成果应该全部归于劳动者。这体现了某种平等权利，因为它用了一个相同标准去衡量和分配所得。马克思却认为，这正是按劳分配的缺陷，因为它忽略了其他方面的道德考量。例如人在体力和智力上的差异，必然导致劳动力不平等。生产力高的人，收入一定远较老弱伤残者高。此外，这个原则也没有考虑到每个人社会背景的差异。对结了婚或家有孩子的工人来说，即使付出和别人相同的劳力，拿到一样工资，实际上并不平等，因为他的家庭负担重得多。所以，按劳分配并不是合理的社会分配原则。

马克思声称，"为避免所有这些缺点，本来平等的权利必须改为不平等。"[23]那么该如何改呢？我们期待他提出更合理的建议。谁知去到这里，马克思笔锋一转，声称这些缺点在共产社会初级阶段是不可避免的，因为分配原则永远不能超越社会的经济结构和文化发展。只有去到共产社会更高阶段，生产力的高度发展彻底解决资源匮乏问题，劳动不再只是维生的手段，而是生命的主要欲望后，我们才能够完全克服"谁有权应得多少"这类资本主义社会残存的问题，并最终实现"各尽所能、各取所需"。[24]

对于马克思的答案，我们可以提出两个质疑。第一，马克思并没有告诉我们，在共产主义未实现之前，怎样的财富分配是合理公正的。他只以一个历史发展的许诺安慰活在当下的人，但这个许诺实在太遥远了。我们知道，社会资源的分配，直接影响每个人的生命。我们能否实现自己的人生理想，能否享有幸福的家庭生活，能否得到别人的肯定和尊重，都和我们在制度中可以配得多少资源息息相关。因此，作为平等公民，我们每个人都有正当的权利，要求一个公正的社会分配制度。马克思或会说，非不欲也，实不能也，因为历史条件限制了所有可能性。但为什么不能呢？今天很多资本主义福利社会，早已为公民提供各种社会保障，包括医疗、教育、房屋、失业和退休保障，以及对老弱病残者提供的特殊照料。当然，这些措施仍有不足，但不是远较按劳分配来得合理吗？

第二，马克思所许诺的共产主义社会，其实并没有处理分配问题，而是将分配问题出现的环境消解了。分配问题之所以会出现，主要是由于社会资源相对不足以及参与生产合作的人对自己应得多少份额有不同诉求。但去到共产社会，生产力的进步令物质丰盛到能够使每个人得到全面发展，而生产者又不再视劳动本身为不得已的负担，因此分配问题根本不再存在。钱永祥先生因此认为："在这个意义上，'各取所需'不再是分配原则，因为无限的资源加上'应得'概念的失去意义，已经没有'分配'这件事可言了。"[25] 历史发展到今天，即使是最乐观的马克思主义者，也得承认地球资源有限，如果人类再以目前的模式消费下去，很快就要面对严重的环境和能源危机。既然资源无限的假设不切实际，社会正义问题便须认真面对。

罗尔斯和马克思有类似的问题意识，答案却很不一样。罗尔斯的问题是：在资源相对贫乏的情况下，如果自由平等的公民要进行公平的社会合作，应该根据什么原则来分配合作所得？罗尔斯的答案，是他有名的"差异原则"（difference principle），即经济的不平等分配，必须对社会中的最弱势者最为有利。这些最弱势者指经济竞争力较低的人，包括老弱伤残及低收入者（*TJ*, 302/266 rev.）。[26] 罗尔斯认为，经济不平等很大程度源于人的先天能力和后天环境的差异。如果我们接受道德平等，便不应该任由这些差异影响每个公民的正当所得。这于是有了他那著名的无知之幕的设计，将这些任意的不平等因素遮去，确保每个合作者在对等位置上，商讨出大家都能接受的原则，而差异原则正是他们的理性选择。罗尔斯心目中的公正社会，是一个人人平等且共同富裕的社会：公民享有基本的公民和政治权利，拥有公平的机会平等，而在实行市场经济的同时，政府须透过累进税、遗产税及其他措施，提供各种社会保障，并尽量避免生产工具和社会财富过度集中在少数人手中。罗尔斯称这个社会为财产所有民主制（property-owning democracy），或自由主义式的社会主义政体（liberal socialist regime; *TJ*, xv rev.）。

马克思说，我们应该改变世界，令世界变得更美好、更公正。没有人会反对这点。但正义的标准是什么？社会资源应该如何分配，人与人之间应该存在怎样的道德关系，才满足正义的要求？这是所有政治社群必须认真对待的问题。如果正义是社会的首要德性，政治哲学则是政治社群的首要学问。我以上的讨论旨在指出，一旦历史没有必然，一旦我们恒久处于资源有限、诉求不断的环境，一旦我们意欲好好活在一起，那么我们必须善用理性，善用人类累积的道德资源，共同构建和追求一个自由平等的公正社会。这既是国家对公民的责任，亦是政治正当性的基础。罗尔斯的正义理论回应了马克思提出、但其本人没有回答的问题。如果其他理论不满意罗尔斯的答案，他们必须提出实质的道德论证，并为心目中的正义社会图像做出辩护。

四

1997年，我回到香港。这一年，香港从英国的殖民地，变为中国的特别行政区。6月30日那夜，我作为香港某报的记者，穿梭在湾仔会议展览中心和中环立法会大楼之间，在人山人海中感受历史的巨变。那一夜，有人狂欢，有人愤怒，有人惶惑，有人伤感。而我，一个八十年代从大陆移居香港的新移民，一个经历过1989年的青年，一个决心以香港为家的公民，心情更是混杂。[27]那一夜，我在报馆工作到深夜，然后在滂沱大雨的7月1日清早，在电视上看着解放军的军车，一辆接着一辆，缓缓开入城中。那一刻我终于意识到，香港变天了。眨眼间，回归十多年，香港这个属于我们的城市，应该如何走下去？作为香港人，我们希望它变成怎样的一个地方？我们身在其中，可以做些什么令它变得好一点？这是我长期思考的问题。以下我将以一个香港人的身份，从政治哲学的观点，谈谈我的想法。[28]

在香港，最主流、最强势的论述，是视香港为一个纯粹的经济城市，一个要与纽约和伦敦媲美的国际金融中心，又或与新加坡及上海竞争的亚太区商业枢纽。对大部分香港人来说，香港的过去和未来，都和经济分不开。香港自1842年割让给英国始，已被定位为一个商港。经过一百七十多年的沧桑变化，香港的经济发展取得惊人成就，重商主义早已成为香港人的基因。去到今天，如何在全球资本主义体系中，维持和巩固香港的竞争力，更是整个社会的首要目标。目标既然已定，剩下的便是用什么方法达到这个目标。而所有和这个目标不兼容的理念制度和生活实践，都被边缘化或被消灭。这种城市想象的潜台词，是香港不是和不应该是一个政治城市，因为过于政治化不利香港的繁荣安定。因此，普选民主应该缓行，社会公义最好少谈，既有的游戏规则尽量维持。这种情况必须改变。改变的前提，是香港人必须有另一种城市想象，即理解香港为自由平等的政治城市。

作为发达的资本主义城市，香港社会每个环节，都服膺市场竞争逻辑，并将经济效率和工具理性发挥得淋漓尽致，成为彻底的商品化社会。对很多人来说，香港本身是一个大市场，里面的人是纯粹的经济人。政府的角色，主要是维持市场的有效运作，其他什么都不要管。市场的逻辑，是优胜劣败、适者生存。经济人的目的，是利益极大化。在市场中，自利主义是美德，人与人之间只存在着工具性的利益关系。在这样的环境，每个人从出生开始，便被训练得务实精明，学会增值竞争，更视财富累积为幸福人生的必要甚至充分条件。不少人认为，这是香港成功的秘诀，并主张变本加厉，将下一代打造成更有竞争力的经济人，并将市场逻辑扩展到非经济的教育、文化、环境、保育等领域。据说只有这样,才有可能在全球化资本主义的游戏中领先别人。

问题却在于,香港人甘心将香港这片土地只当成赤裸裸的市场,并视自身为纯粹的经济人吗?近年愈来愈多人开始质疑这个模式,愈来愈多人渴望摆脱这种对人的理解,因为这样的生活并不美好。剧烈的竞争和异化的工作、巨大的贫富悬殊和严重的机会不平等、疏离的人际关系和贫乏的精神生活,还有过度的物欲主义和消费主义对人的支配,都令香港人活得苦不堪言。经济发展的终极目标是改善我们的生活,使每个人活得自由自主,有效实现各自的人生计划,并在社会关系中受到平等尊重。如果目前的制度使我们活得愈来愈差,我们没理由不努力谋求改变。另一方面,香港近年社会运动不断,公民意识逐步成熟,呼唤政治改革的声音日益壮大。香港人一旦脱离殖民统治,意识到自己是这个城市的主人,他们自然不可能再接受政治权力操控在少数人手中,不可能容忍这个整体十分富裕的城市却有那么多人活在贫穷之中,更不可忍受文化和精神生活长期受压于单向度的经济思维。[29]

香港需要新的定位,并对这个城市有新的期许。我们正站在这样的历史门槛,问题不在于要不要跨过去,而在于如何跨过去,跨过去后往哪个方向走。要回答这个问题,关键在香港人如何建构对这个城市的想象。[30]

沿用罗尔斯的思路,我认为,香港人应视香港为自由平等的公民走在一起进行公平合作的政治社群。这个社群,根据《基本法》规定,是中国的一部分,但享有高度的自治权力,包括行政、立法和独立的司法权。我们称它为特别行政区。特区是政治概念,而不是行政概念。"高度自治"意味着香港人理应有相当大的政治自主空间,构想、规划和打造这个属于自己的城市的未来。

既然我们每个人都是自由平等的公民,并愿意在公平的条件下进行合作,我们便不应将特区当作市场,并用市场逻辑决定政治权力和社会文化资源的分配。例如我们不能说,谁的钱多便应拥有多一些政治权力,因为这违反政治平等;我们也不能说,谁是市场的胜出者便应占有一切,因为公平合作要求资源分配必须满足正义的要求。就此而言,特区政府有她独特的政治角色和道德使命。特区拥有制定法律、设立制度、分配资源和要求公民绝对服从的权力,因此它必须考虑政治的正当性(legitimacy)问题。政府必须公开地告诉每个公民,基于什么道德理由,它可以拥有管治香港的正当权力。如果我们相信主权在民,那么政治权力的正当运用,必须满足两个条件。一、政府必须得到自由平等公民的充分认可。一人一票的民主选举,是体现这种认可的有效机制。二、政府必须重视社会正义,确保社会资源得到合理分配,并充分保障公民的基本自由和权利。这是现代政治最基本的要求。一个不以实现正义为目标的政府,难以建立政治正当性。因此,不仅罗尔斯视正义为社会的首要德性,中国前任总理温家宝也为政府施政定下这样的使命:"尊重每一个人,维护每一个人的合法权益,在自由平等的条件下,为每一个人创造全面发展的机会。如果说发展经济、改善民生是政府的天职,那么推动社会公平正义就是政府的良心。"[31] 以我的理解,这里的良心是指政府的道德责任。

有趣的是,特区政府常常强调它的管治理念是"小政府、大市场"。就字面解,这是指政府将自己的功能尽可能缩小,然后将大部分社会及经济问题交由市场解决,政府不作干预。这个说法,既不正确亦不可取。首先,香港早已不是放任自由主义哲学家诺齐克笔下的"小政府"(minimal state)。[32]例如香港有十二年的义务教育、近乎免费的公立医疗服务、相当部分人口住在政府兴建的公共房屋,还有政府提供的不同社会保障。这些福利是否足够,另当别论,但政府却绝对算不上什么也不管的"小政府"。

更大的问题,是这种"抑政府、扬市场"的思路,会严重窒碍香港的政治发展。我们知道,市场和政府根本不应处于对等位置。市场只是政治社群的一个环节,政府才是特区的最高管治者,负有不可推卸的追求公义和促进公民福祉的责任。在制度上,政府必定优先于市场。政府是市场规则的制订者和监管者,并透过征税和其他措施,决定一个人在市场的合理所得。[33]市场从来不是一个自足和独立的领域,并凌驾政府之上。当然,市场有它的价值,但市场导致的结果往往并不公正,而市场的参与者也不觉得自己有道德责任去纠正这种不公正。试想象,如果一个放任的竞争性市场导致贫富悬殊、老弱无依、机会不平等,甚至金权和财阀政治,那么一个负责任的政府,自然有必要对市场做出监管。我这里并非主张政府要凡事干预,而是指出在概念上,必须将政府和市场的角色和功能做出区分。如果政府自甘做小,放弃很多理应由她承担的政治责任,那是不必要的自我设限和自我矮化。

既然政治优先于市场,那么在公共生活中,政治人的身份自然优先于经济人。政治人的身份,我们称为公民。这个身份赋予每个人平等的政治权利,并承担相应的政治义务。在日常生活中,我们会由于自愿或非自愿的原因,和他人建立不同关系,因而拥有不同身份，这些身份衍生出相应的权利和义务，例如我是某人的儿子、某所学校的毕业生、某家公司的雇员等。但作为政治社群的一员，不管所有别的差异，我们都是平等的公民，并应得到政府的平等对待。当公民身份和其他身份发生冲突时，前者有优先性。例如我们不容许宗教团体限制人们信教和脱教的自由，因为信仰自由是公民的基本权利；我们不容许公司为了成本和经济效益，剥夺公民理应享有的劳工福利；我们甚至不容许政府本身损害宪法赋予公民的基本权利。

有人或会问，人世间充满种种不平等，为什么我们要如此在乎公民平等？这是重要的问题。显然，这是政治意志的结果，非自然而然之事。在奴隶和封建社会，一国之内人民便分为不同等级，并受到差等的对待。因此，这必然是因为公民之间具有某种道德关系。试想象，如果我们都是纯粹的经济人，而社会则是一个非道德化的竞争平台的话，我们很难接受对弱势者有什么道德义务，更不会要求政府为他们做些什么。公民身份体现了这样的道德关怀——作为政治共同体的成员，我们愿意平等相待，并分担彼此的命运。公民权的实质内容，需要政治社群中的公民，透过公开讨论和正当程序，才能确定下来。我这里强调的，是政治社群的道德意涵。我们甚至可以说，任何政治社群都是道德社群，都预设了人与人之间某种非工具性的道德关系。如果香港人不曾自觉到香港是（或可以是）这样一个社群，却继续视这个城市为殖民地的延续，又或一群经济人偶然凑合在一起的利益竞逐之地，那是我们的悲哀。我们有幸活在一起，理应善待自己，善待彼此。

香港要完成这种自我定位的转变，必要条件是香港人培养出积极的公民意识，而这和教育密不可分。教育的场所，不必限于书本和学校，而可以扩展到社会运动和各种形式的公共讨论。教育的目的，是培养公民的价值意识和批判意识，增强他们对政治社群的归属感，并承担起应有的公民责任。但在目前日趋职业化、技术化和市场化的教育环境中，要实践这种理念，实在举步维艰。这和前述的城市想象相关。我们知道，教育有两个基本目的：一、为社会培养人才；二、促进个人福祉。问题的关键是：我们想要怎样的社会？什么构成人的幸福生活？如果香港只是一个单向度的经济社会，那么所期待的人才，自然也是单向度的经济人：务实、讲求效率、重视工具理性、政治冷感，以及维护社会建制等。在这种教育思维中，批判意识和价值意识根本没有位置。同样道理，一旦如此理解人，很容易便将幸福生活和经济地位的高低挂钩，却与公民身份的实践变得毫无关系了。

　　回归十多年，香港尝尽非政治化的苦果。殖民主走了，工具理性再不管用，因为管治者必须要为香港定下新的政治目标，并有责任为这些目标的正当性作公开辩护。管治者需要有自己的政治理念，并告诉我们这些理念为何值得追求。可惜的是，今天的管治阶层，太习惯使用单一的经济思维去理解香港，并有意识地压抑香港人政治意识的发展。问题是：香港人，尤其是年轻一辈的香港人，愈来愈对保守、封闭、不公平的制度不满，并渴望改变。这不是世代之争，不是利益之争，而是价值之争。在种种争论之中，我们开始体会到，整个社会的政治想象其实相当贫乏，甚至没有足够的政治概念和知识结构去理解当下的处境，遑论建构理想的政治图像。就此而言，香港并非如很多人所说的过度政治化，而是政治上尚未成熟。我们早已完成经济现代化，政治现代化却刚起步。也许这种危机同时也是契机，促使我们从观念、制度和个人生活层面，好好反思所谓的"香港经验"，开拓新的想象空间。

出路在哪里？既得利益者会说，继续走非政治化的路吧。只要给香港人面包，维持香港的繁荣安定，人民自然会默默忍受。但我们可以走另一条路，将香港变成民主、公正、自由、开放的城市，让每个人活得自主而有尊严，让生命不同领域各安其位，让下一代不再只做经济人，同时也做政治人、文化人，更做对这片土地有归属感且活得丰盛的平等公民。

五

1998年，我离港赴英，回到伦敦政治经济学院继续我的学术之路。伦敦四年，对我的思想发展有极大影响。在这一节，我先描述一下伦敦的学术环境，以及英美分析政治哲学的一些特点。

伦敦政治经济学院在伦敦市中心，国会、首相府、最高法院、英国广播公司、大英博物馆等徒步可达。它是一所以社会科学为主的研究型学府，研究生占整体学生逾半，全校更有六成学生来自其他国家。初抵学院，我便被它的学术氛围吸引。学校每天有很多公开讲座，讲者大多是学术界和政经界翘楚，吸引很多老师学生前去捧场。当时的校长是著名社会学家纪登斯（Anthony Giddens），每学期都会就某一学术主题作系列演讲，包括探讨第三条路、现代性和全球化等。纪登斯不仅学问了得，口才亦佳，每次站在台上，不用讲稿，便能生动活泼地将很多艰深的学术问题清楚阐述。哲学方面的讲座，更多得听不完，因为伦敦是英国哲学界大本营。除了经济政治学院，还有大学学院（University College London）、英皇学院（King's College London）、伯克学院（Birbeck College）、皇家哲学学会、亚里士多德学会、伦敦大学高等哲学研究所等。林林总总的演讲、研讨会、学术会议、读书会和新书发布会等，长年不断，参与者众。由于研究生课不多，除了读书和写文章，我大部分时间都在听讲座。

支撑伦敦学术氛围的另一只脚，是书店。凡是喜欢书而又到过伦敦的人，都会同意这里是爱书人的天堂。除了Foyles、Waterstone's、Blackwell、Borders这些大型书店，还有数以十计的二手学术书店，散布在查令十字街、大英博物馆和伦敦大学附近的大街小巷。这些书店各有特色，有的以文学为主，有的专卖左翼或女性主义，有的则是出版社仓底货（remainders）的集散地。我生活中最大的乐趣，是每星期骑着自行车，逐家逐家书店闲逛，徜徉于书海，流连而忘返。后来我干脆"下海"，跑去伦敦大学总部那家号称欧洲最大学术书店的Waterstone's做兼职，图的不是每小时六英镑的工资，而是那张员工七折购书卡。这家书店楼高五层，建筑古雅，有书十五万册，俨然是个图书馆的规模。更难得的是内设二手书部，书种多流通快，常有意外收获。我每星期工作两天，工资一到手，眨眼又已全数奉献给书店。我认识几位堪称书痴的哲学同学，大家一见面，例必交流最新的读书购书心得，真是其乐无穷。现在回想，那几年疯狂淘书的日子最大的收获，倒不是书架上添了多少藏书，而是扩阔了知识面，加深了对书的触觉，并培养出自己的阅读品位。我现在回到伦敦，一脚踏入这些书店，人自自然然安静下来，哪里也不想再去。[34]

伦敦政治经济学院的政治哲学，一向集中在政治系，而非哲学系。哲学系由波柏创立，以科学哲学、逻辑及方法学为中心。我在读的时候，政治系有七位政治哲学老师，政治哲学博士生有二十多人。[35] 我们每学期有两个研讨会，一个由同学轮流报告论文，另一个则请外面的哲学家前来演讲，老师一起参与。[36] 讨论完后，大伙儿会去酒吧饮酒，改为谈论轻松一点的题目，例如时政和哲学家的趣闻逸事等。酒吧灯光昏暗，人声嘈杂，大家挤在一起，三杯下肚，很快便熟络。我们一班同学的友谊，都是在酒吧熏出来的。

除此之外，我的老师硕维还专门在他家举办读书会，我们称之为 home seminar，每两星期一次，每次三小时。我们通常带几瓶酒去，老师则提供芝士和饼干。酒酣耳热之际，也是辩论激烈兴起之时。讨论范围很广泛，从卢梭、康德、马克思到罗尔斯都有，因为大家的研究范围不同。有时意犹未尽，我们几位同学还会到酒吧抽一根烟，边喝边聊。我的住所离老师家不远，每次完后，我总是带着醉意，伴着一堆问题，摇摇晃晃骑着单车回家。

硕维早年以研究卢梭闻名，后来兴趣转向当代政治哲学，并在九十年代出版了《伦理社群的理念》一书，尝试进一步修正和完善罗尔斯的契约论，并证成自由主义的平等原则。[37] 我的哲学问题意识，很多受他影响。硕维对我关怀备至，只要我写了什么东西，总会在两星期内改完，然后约我在学院旁边的 Amici 咖啡馆讨论。老师有自己的哲学立场，但他总是鼓励我发展自己的想法。就像石元康先生一样，在硕维面前，我总是畅所欲言，据理力争。我一直以为这是学术圈的常态，后来见识多了，才知道这是我的幸运。老师大约十年前退休，学系为他办了个惜别聚会。那时我已回到香港，据同学转述，他在致辞中提及，最遗憾的是我不能在场。

还有两个哲学家对我影响甚深。第一位是德沃金（Ronald Dworkin, 1931—2013）。德沃金当时刚从牛津的法学讲座教授退下来，分别在纽约大学和伦敦大学主持两个法律和政治哲学研讨会。研讨会的形式很特别，要讨论的文章在两星期前寄给我们，而受邀的哲学家不用做报告，而是由另一位主持华夫（Jonathan Wolff）先将文章作一撮要，接着交由德沃金评论，然后到作者回应，最后听众加入讨论。研讨会长达三小时，吸引很多哲学家和研究生，每次将会室挤得满满，迟来的只能席地而坐。

研讨会有种很特别的气氛，不易形容，勉强要说，是人一到现场，便感受到一种严阵以待的学术张力。德沃金思想之锐利、口才之便捷，在行内早已出名，而他的评论甚少客套之言，总是单刀直入，对文章抽丝剥茧，提出到位的批评。被批评的人自然得打起十二分精神，寸步不让，谨慎应对。至于台下听众，很多来者不善，恨不得在这样高手云集的场合露一露脸，提出一鸣惊人之论。所以一到讨论环节，举手发言的人总是应接不暇。记忆中，受邀出席的哲学家包括拉兹（Joseph Raz）、史简伦（T. M. Scanlon）、谢佛勒（Samuel Scheffler）和威廉斯（Bernard Williams）等当世一流哲学家。

第二位是牛津大学的社会政治理论讲座教授柯亨（G. A. Cohen, 1941—2009）。他那时在牛津开了一门课，专门讨论罗尔斯，用的材料是他后来出版的《拯救正义与平等》的手稿。[38] 我每星期一大早从伦敦维多利亚站坐两小时汽车到牛津旁听。课在全灵学院（All Souls College）旧图书馆上，学生不多，二十人左右。第一天上课，我坐在柯亨旁边，见到他的桌上放了一本《正义论》，是初版牛津本，书面残破不堪。[39]他小心翼翼将书打开，我赫然见到六百页的书全散了，书不成书，每一页均密密麻麻写着笔记。那一刻我简直呆了，从此知道书要这样读。我当时想，连柯亨这个当代分析马克思主义学派的哲学大家，也要以这样的态度研读《正义论》，我如何可以不用功？！柯亨的学问和为人，对我影响甚深。他当时在手稿中，完全否定稳定性问题在罗尔斯理论中的重要性，而这却是我的论文的核心论证，因此我必须回应他的观点。这是一场极艰难也极难忘的知性搏斗，而我在过程中学到很多。[40]

最后，我想谈谈我所感受到的英美政治哲学的治学风格。不过，读者宜留意，这既然是我的感受，自然受限于我的经验，难免有所偏颇。当代英美政治哲学的主流，基本上属于分析政治哲学（analytical political philosophy）。这并不是指这个传统中的哲学家均接受相同的政治立场，而是指他们对于政治哲学的目的和方法，有颇为接近的一些看法。[41]这里我集中谈五点。

一、分析政治哲学十分重视概念的明晰和论证的严谨。它认为哲学的基本工作，是用清楚明白的语言，准确区分和界定政治生活中不同的政治概念，然后在此基础上提出理由证成政治原则，而证成过程必须尽可能以严谨的逻辑推理方式进行，并让读者看到背后的论证结构。换言之，分析政治哲学反对故弄玄虚，反对含混晦涩，反对不必要使用难解的术语，以及反对在未有充分论证下视某些经典和思想为绝对权威。

二、既然道德证成是分析政治哲学的基本任务，那么其性质必然是规范性的。它既不自限于哲学概念的语意分析，亦不像社会科学般只关心实证问题，也不将焦点放在思想史中对不同经典的诠释,而是探究价值伦理的应然问题,追问什么是政治权力的正当性基础、社会资源应该如何分配、个人应该享有什么权利和承担什么义务等。政治哲学关心的是"我们应该如何活在一起"这个根本的道德问题。[42] 这是柏拉图和亚里士多德以降政治哲学的核心问题。而提出问题本身,即意味着我们相信人可以凭着自己的理性和道德能力,对种种政治道德问题做出合理回答。分析政治哲学不会接受"强权即正当"的政治现实主义,也不会接受政治根本无是非对错的道德虚无主义。

三、道德证成是个提出理由的过程。无论我们赞成或反对某种政治原则,均需要有充分的理由支持。分析政治哲学普遍认为,这些理由的性质必须是俗世的,和具体实在的个人的利益相关,而不应诉诸宗教或某种超越的神秘权威。这些理由可以是人的基本需要、欲望的满足、个人自主和尊严、人的理性和道德能力的实现,以至社群生活的价值等。这些理由的共通点,是原则上能够被生活在经验世界中的理性主体感知、理解和接受。

这不表示理性主体不可以有宗教信仰,更不表示这些信仰不应成为个人行动的基础,而是分析哲学有个很深的理论假定:规范人类伦理和政治生活的基本原则,若要得到充分证成,那么诉诸的理由必须要在最低程度上满足交互主体性的(inter-subjectivity)的论证要求。宗教理由很难做到这点,因为它的理论效力总是内在于该宗教的意义体系,但现代社会不同人有不同信仰,宗教理由很难可以成为理性主体普遍接受的公共理由。就此而言,政教分离不仅是制度上的安排,也是道德证成上的要求:政治原则的基础不能诉诸任何宗教,也不能诉诸某种神秘超越的自然秩序,而是必须回到人间,回到人自身,回到我们共同生活的历史文化传统。

四、至于政治哲学的方法学,分析哲学家在他们的著作中一般不多讨论,甚至完全不触及。[43] 但在相当宽泛的意义上,他们基本上接受了罗尔斯提出的"反思均衡法"(reflective equilibrium)。[44] 这个方法的特点,是先假定人们在日常生活中,会形成一些根深蒂固的道德信念。这些信念经得起我们的理性检视,且有广泛深厚的社会基础,从而构成道德证成中"暂时的定点"(provisional fixed points),例如我们普遍认为宗教不宽容、奴隶制和种族歧视是不公正的。但对于这些道德判断背后的理据,以及当不同判断之间出现冲突时如何取舍,却非我们的道德直觉足以应付,因此我们有必要提出不同的道德和政治理论,并和这些暂时的定点进行来回反思对照。一套理论愈能够有效解释我们的道德信念,愈能够在众多判断之间排出合理次序,从而在信念和原则之间达成某种均衡,那么它的证成效力便愈大。

反思的均衡作为一种方法,有不少操作上的困难,例如如何找出这些定点、不同人对定点有不同判断时如何取舍、定点和原则之间出现不一致时应该修改哪一方等,都不是容易解决的问题。但反思的均衡不仅是一种方法,同时反映了某种独特的哲学观。它最大的特点,是认为政治哲学思考应始于生活,却不应终于生活。所谓始于生活,是指所有政治理论证成工作,均须从我们当下的道德经验和人类真实的生存境况出发。道德真理不存在于某个独立于经验的理型界或本体界。政治哲学的任务不是要抽离经验世界,找到一个超越的绝对的立足点,然后在人间建立一个美丽新世界。[45] 我们打出生起,已经活在社群之中,过着某种伦理生活,并对世界应该

跋　行于所当行 | 305

如何有着种种判断。这些"直觉式"的道德信念,实实在在指引着我们的生活,并影响我们看自我和世界的方式。罗尔斯称这些信念为暂时的定点,意味着它们在道德证成中绝非可有可无,而是不可或缺的参照系。但理论思考却不应终于生活,因为这些定点只是暂时的,并非不可修正的绝对真理。人的理性能力和道德意识,使得我们成为自主的反思者,能对生活中既有的信念和欲望,进行后设反省。经不起实践理性检视的信念会被修正,甚至被扬弃。这个反思过程原则上没有止境,因为人类的生存境况会随着历史发展而出现新的问题,这些问题会挑战既有的道德信念,从而促使我们继续思考和探索政治生活的其他可能性。就此而言,哲学没有终结。

五、最后,分析政治哲学具有某种公共哲学(public philosophy)的特点。所谓公共哲学有几个面向。首先,它思考的对象是和公共事务相关的议题;其次,它是在公共领域向所有公民发言,提出的是公共理由,而不是特别为统治者或某个阶层服务。原则上,每个公民均可自由接触这些观点,并就它们的合理性提出意见。再其次,书写哲学的人,并不理解自身为高高在上的精英,而是政治社群的一员,并以平等身份向其他公民发言。他们相信,透过明晰的思考和小心的论证,以及在公共空间的理性对话,可以减少分歧、增进共识,共同改善政治生活的质素。最后,哲学家理解自身具有某种不可推卸的公共责任,这些责任包括以真诚态度书写,对公共事务有基本关注,对人类苦难有切实感受,对不义之事有基本立场。政治哲学是一门实践性的学问,这份责任内在于学问的追求之中。[46]

我认为,以上五点是当代分析政治哲学的一些显著特点。当然,作为概括性的描述,这些特点不是严谨的定义,也不一定为分析哲学所独有。但将这五点放在一起,再和其他哲学传统对照,我们还是可以看到它的独特性。《正义论》出版后,不少论者形容其为当代政治哲学的分水岭,因为它打破了此前英美"政治哲学已死"的局面,并复兴了规范政治哲学的传统。这样的评价大抵持平,因为上述讨论的五方面,都在《正义论》中得到充分体现。其后从事政治哲学的人,虽然很多都不同意罗尔斯的哲学立场,基本上还是在他设下的范式中进行理论思考。这个传统发展到今天仍然充满活力,探索领域也早已从传统的议题,延伸到全球正义和跨代正义、动物权益和少数民族文化权利、绿色政治和基因改造等。这个传统能否在中国生根,并产生一定影响力,是个值得关注的问题。[47]

六

在这部分,我想谈谈罗尔斯理论中的稳定性问题,因为书中有两章与此有关,而这也是我的博士论文题目。但我这里只能将问题意识勾勒出来,方便读者有个基本把握。

稳定性不是一个新问题。在《正义论》第三部分,罗尔斯已花了全书三分之一的篇幅,论证他的正义原则能够满足稳定性的要求。教人诧异的,是在过去四十年汗牛充栋的罗尔斯研究中,这个问题完全被人忽略,对它的讨论更寥寥可数。这个现象连罗尔斯也感意外,因为他认为全书三部分中,这部分最具原创性。在《政治自由主义》的《导论》中,罗尔斯自称他的哲学转向,纯是因为原来的稳定性论证失败了,而稳定性在政治哲学中极为重要,因此他必须大幅修正他的观点。[48]哲学界普遍不接受这个解释,或认为稳定性问题根本没有道德证成的重要性,或认为他的转变只是为了回应社群主义的批评。

要判断哪个说法合理，我们必须回到《正义论》第三部分。

罗尔斯所说的稳定性，很易令人以为谈的是社会稳定，即如何减少社会动荡，并使政体能长期和平维持下去。如果这真是罗尔斯的意思，那么稳定性最多是个应用层面上的实务问题。当社会出现不稳定时，国家大可因应具体情况，采取不同措施（包括武力）处理。但罗尔斯却明白地说，稳定性是道德证成的必要条件。问题于是出现：我们可否想象一个正义但不稳定的社会？当然可以。因为决定一个社会是否正义，和这个社会能否长期稳定，是两个不同的问题。但根据罗尔斯的说法，社会稳定性却是正义原则的必要条件。换言之，一个公正的社会，必然是个稳定的社会。柯亨说这种说法荒谬，因为罗尔斯将两个属于不同范畴的概念混在一起，犯了范畴谬误。[49]这个批评很致命。如果成立，等于说罗尔斯后期的政治自由主义转向根本没有必要。

要回应柯亨的批评，唯一的做法是重新理解稳定性在罗尔斯理论中的意义，并将它和道德证成联系起来。我认为稳定性问题真正关心的，其实是正义感的优先性问题。一套正义原则是稳定的，当且仅当它能够提供充分的理由，使得公民自愿给予正义感优先性。优先于什么呢？优先于公民的理性人生计划中的其他欲望和利益。一旦如此理解稳定性，问题马上变得清晰：这是一个内在于道德证成的实践理性问题。用罗尔斯的术语，稳定性问题要处理的，是提出理由说服持有不同整全性人生观的公民，给予正当优先于"好"是理性之举。如果没有这样的理由，又或理由很弱，人们将没有足够动机服从正义的要求。对罗尔斯来说，正义感的优先性是道德证成的内在要求。

优先性成为问题，是因为正义的要求和个体对美好人生的追求，会出现冲突的可能。罗尔斯的理论有个基本假定，即每个人都有根本的欲望去追求一己的幸福生活。当一个人能很好地实现自己的人生计划时，他是幸福的。对幸福的追求，构成人的"好"。人们愿意走在一起合作，是因为这样做能改善自己的处境。如果这是人行动的唯一动机，道德规范自然难以建立。幸好人同时有正义感，正义感令人能从道德观点去考虑问题，并愿意服从政治原则的要求。这些原则，界定了"正当"的内容。"好"与"正当"是两个独立的观点，同时指导和规范我们的行动。罗尔斯在《正义论》中的解决办法，是尝试提出一套说法，主张在一个公正社会中，正义感其实并非外在于人们福祉的某种动机，而是构成人的福祉的内在的最高价值。正当与"好"的契合，是解决优先性问题的出路。

我认为，只有从这角度，我们才能理解稳定性在罗尔斯前后期理论中的重要性。如果将问题放得阔一点，我们更将发觉，正义感的优先性问题其实早自柏拉图开始，已是政治哲学的核心问题。在《理想国》第二章，柏拉图借格劳孔（Glaucon）的口质问苏格拉底，到底正义有什么内在价值，促使人们心甘情愿选择做个正义的人。如果有人拥有一个能让自己隐形的戒指，因而可以为所欲为，得到世间人人想要的名利权位，他还有什么理由坚持正义？如果正义不仅不能带给人好处，还令人受尽苦头，甚至牺牲生命，正义仍然值得追求吗？[50]

当活得正当和活得幸福不相容时，应该如何取舍？对柏拉图来说，只要我们对人性有真正理解，将发现正当和幸福并非截然对立。相反，一个幸福的人生，必然是道德的人生。活得正直正当，是活得美好的必要条件。就此而言，一个正义的人总是较不正义的人活得好，无论后者在其他方面得到多少好处。[51]罗尔斯在《正义论》中提出的正当与"好"的契合，走的也是这个方向，但他不再那么乐观，认为两者在逻辑上必然彼此涵蕴，而是尝试论证只有生活在他所设想的自由主义的公平社会，并且同时具有强烈正义感的人，德福合一才有可能。

由上可见，契合论成功的前提，是我们已活在正义之邦，并且人人有强烈的道德感。但这是一个理想状态。摆在我们时代的最大挑战，是如何从一个不公正的社会，过渡到较为公正的社会。在这转变过程中，我们一方面要知道改革的方向，了解正义的要求，另一方面也要公民具有正义感，支持改革，甚至愿意放弃在现有制度下所享的利益。两者缺一不可。试想象，如果人人皆是自利者，所有行动均是为了一己之利，那么任何社会改革都将举步维艰，因为改革必将牵涉不同阶层的利益再分配，并要求政府对社会中的弱势阶层给予关怀照顾。如果社会没有足够的改革力量，那么很可能便长期停留在弱肉强食，又或所谓正义即不同利益团体按权力大小分得相应份额资源的格局。改变的力量从哪里来？我们不应将所有希望寄托于一小撮政治和知识精英，而应期望政治社群中的公民，能够培养出良好的公民德性，形成对正义的广泛渴求，积极参与公共事务，并一起逐步建设出一个公正社会。这条路很难行，但却是我们应走的方向。

七

很多年前，我读到伯林的《两种自由的概念》。在文章开首，伯林告诉我们，千万不要轻视观念的力量。回首现代历史，意识形态改变和摧毁了无数人的生命。我们活在观念之中，并受观念支配。这个世界有好的观念,也有疯狂邪恶的观念。观念的力量来自观念本身,因此观念只能被观念击倒,而不能被武力击倒。哲学家的任务,是要善用一己所学,严格检视观念的合理性,努力捍卫人的自由和尊严。[52]伯林这番话对我影响甚深,并在无数黯淡的日子,支撑我对哲学的追求。

这篇文章初稿写到一半时,我重返欧洲,在巴黎的咖啡馆,在火车,在伦敦的旅舍,断断续续在回忆和哲思之间纠缠徘徊。期间,我重访约克大学和伦敦政治经济学院,拜会老师,多谢他们昔日的教导。我也再一次徜徉伦敦书店,在书堆中寻寻觅觅,欲窥旧时身影。某个下雨天,我和我两个正在牛津念书的学生,去了Wolvercote墓园。伯林长眠于此。伯林的墓朴素简洁,碑上刻着"ISAIAH BERLIN, 1907-1997"。墓园静寂,天空澄澈。我在墓前伫立良久,回首来时路,不禁想起苏轼的"常行于所当行,常止于所不可不止"句。行于所当行,是我当下的心境。

是为后记!

【注释】

1. 本文初稿承蒙石元康、钱永祥、曾诚、邓伟生及陈日东诸先生指正,谨此致谢。
2. 除了《正义论》,当时我们要读的文章,均收在一本文集之中。Shlomo Avineri and Avner de-Shalit (eds.), *Communitarianism and Individualism* (New York: Oxford University Press, 1992).
3. 石先生在台湾大学哲学系毕业,加拿大渥太华大学哲学博士,师从著名马克思主义哲学家尼尔逊（Kai Nielsen），博士论文题目是《契约论的限制：罗尔斯的道德方法学和意识形态框架》(*The Limits of Contractarianism: Rawls's Moral Methodology and Ideological Framework*)。中文专著是《洛尔斯》（台北：东大图书，1989），其后由广西师范大学出版社以《罗尔斯》为书名重印（2004）。

4. 石元康，《当代西方自由主义理论》（上海：上海三联书店，2000）。对于现代伦理的困境，亦可参考钱永祥，《纵欲与虚无之上》（北京：生活·读书·新知三联书店，2002）。

5. 石元康，《政治自由主义之中立性原则及其证成》，收在刘擎、关小春编，《自由主义与中国现代性的思考》（香港：中文大学出版社，2002），页 16—20。

6. 收在本书第四章的《自由主义、宽容与虚无主义》，回应的虽然是施特劳斯，其实也在尝试解答自己的困惑。

7. 黄毓民，曾任香港政党社会民主联线主席、立法会议员。

8. 《中大人的气象》，收于拙著《相遇》（香港：牛津大学出版社，2008），页 110—115。

9. John Rawls, *Political Liberalism* (New York: Columbia University Press, 1993; paperback edition, 1996).

10. 除了罗尔斯，还包括 Brian Barry, Ronald Dworkin, Will Kymlicka, Charles Larmore, Alasdair MacIntyre, Thomas Nagel, Joseph Raz, Michael Sandel, George Sher, Charles Taylor, Jeremy Waldron 等。读者宜留意，"中立性"一词充满歧义，不同哲学家有不同诠释，我这里只谈罗尔斯的观点。不过，罗尔斯本人一直避免用这个词来描述他的理论。*Political Liberalism*, p. 191.

11. *Political Liberalism*, pp. 11-15.

12. 详细讨论可参考本书第六章《正义感的优先性与契合论》。

13. Karl Marx, *Selected Writings*, ed. David McLellan (New York: Oxford

University Press, 1977), p. 158. 中文版可见《马克思恩格斯选集》,第一卷(北京:人民出版社,1972),页 19。

14. 对于这一点,可参考 Benjamin Schwartz, *In Search of Power and Wealth: Yen Fu and the West* (Cambridge, Mass.: Harvard University Press, 1964)。

15. "适者生存"首次出现在 1864 年斯宾塞的著作《生物学原理》(*Principles of Biology*) 中。《群学肆言》(*The Study of Sociology*) 中译本在 1903 年由商务印书馆出版,《天演论》(*Evolution and Ethics*) 则在 1905 年出版。

16. Ludwig Feuerbach, *The Essence of Christianity*, trans. George Eliot (New York: Harper and Brothers, 1957), pp. 13-14. 中译本可见费尔巴哈,《基督教的本质》,荣震华译(北京:商务印书馆,1984),页 44。

17. 以下讨论主要得益于 G. A. Cohen, *If You're an Egalitarian, How Come You're so Rich?*(Cambridge, Mass.: Harvard University Press, 2000), pp. 93-100。

18. 马克思对资本主义的批判,以及对自由主义及社会分配的看法,可参考 "On the Jewish Question", "Economic and Philosophical Manuscripts", "Critique of the Gotha Programme" 等文章。这些文章均收在 Karl Marx, *Selected Writings* 一书中。

19. 关于马克思的唯物史观,可看 Karl Marx, "Preface to *A Critique of Political Economy*", in *Selected Writings*, pp. 388-391。

20. Marx, "Preface to *A Critique of Political Economy*", p. 389.

21. 我认为马克思也不太可能接受这种决定论,否则他难以解释他本人如何能够超越身处的时代,对资本主义做出批判。

22. Marx, "Critique of the Gotha Programme", in *Selected Writings*, pp. 564-570.

23. Ibid., p. 569.

24. Ibid.

25. 钱永祥,《社会主义如何参考自由主义:读曹天予》,《思想》,第 10 期

(2008)，页 262。作者也多谢钱先生就此问题的交流。

26. 对于差异原则的详细讨论，可参考本书第二章《道德平等与差异原则》。
27. 我曾写过一篇文章，谈及这方面的经历。《活在香港：一个人的移民史》，《思想》，第 6 期 (2007)，页 211—232。其后收在拙著《相遇》，页 219—250。
28. 我特别强调自己香港人的身份，因为我想表明，文中所有对香港的批评，同时也是自我批评；所有对香港未来的期许，同时也是自我期许。
29. 根据世界银行按 2008 年购买力平价计算，香港人均国民生产总值是 43 960 美元，全球排名第 16 位（http: //siteresources.worldbank.org/DATASTATISTICS/Resources/GNIPC.pdf）。而据《联合国人类发展报告》，以衡量贫富差距的坚尼系数来看，香港是 0.434，比大部分较发达国家为高，亦较亚洲很多发展中国家严重得多（http: //hdrstats.undp.org/indicators/147.html）。
30. 对于"社会想象"（social imaginary）此一概念，可参考 Charles Taylor, *Modern Social Imaginaries* (Durham and London: Duke University Press, 2004), pp. 23-30。
31. 温家宝连任总理后首场记者招待会的讲话，转载自《南风窗》，2008 年第 7 期，页 29。
32. Nozick, *Anarchy, State, and Utopia* (New York: Basic Books, 1974), p. ix.
33. 或许有人以为，凡是市场竞争的结果都是一个人所应得的，这其实是一误解。市场是基本制度的一部分，一个人最后所得多少，是由整个制度来决定的。
34. 写到这部分时，笔者正身在伦敦。
35. 这些老师包括 John Charvet, Janet Coleman, Cecile Fabre, John Gray, David Held, Paul Kelly, Anne Philips。
36. 记忆中，这些哲学家包括 Brian Barry, G. A. Cohen, Steven Lukes,

Susan Mendus, David Miller, Martha Nussbaum, Quentin Skinner, Iris Marion Young 等。

37. John Charvet, *The Idea of an Ethical Community* (Ithaca: Cornell University Press, 1995).

38. G. A. Cohen, *Rescuing Justice and Equality* (Cambridge, Mass.: Harvard University Press, 2008).

39. 《正义论》分别由哈佛和牛津在美国和英国出版，书的大小不同，页码却一样；后来有初版和修订版两个版本。

40. 对于这个问题的讨论，可参考本书第五章《稳定性与正当性》及第六章《正义感的优先性与契合论》。

41. 我这里的讨论受益于米勒和德格的分析。David Miller and Richard Dagger, "Utilitarianism and Beyond: Contemporary Analytic Political Theory", in *Twentieth Century Political Thought*, ed. Terence Ball and Richard Bellamy (Cambridge: Cambridge University Press, 2003), pp. 446-449. 亦可参考 Philip Pettit, "Analytical Philosophy", in *A Companion to Contemporary Political Philosophy*, ed. Robert E. Goodin and Philip Pettit (Oxford: Blackwell, 1993), pp. 7-38。

42. 对于伦理和政治的规范性质，以及与其他实证科学的分别，西季维克做过恰当的讨论。Henry Sidgwick, *The Methods of Ethics* (Indianapolis: Hackett, 7th edition, 1981), pp. 1-2.

43. 这是相当有趣的现象，值得进一步探究。近年有一本书，对此作了专题探讨。David Leopold and Marc Stears, *Political Theory: Methods and Approaches* (Oxford: Oxford University Press, 2008).

44. 我说"宽泛"，是因为罗尔斯的反思均衡法和他的契约论是分不开的，其他哲学家却往往只接受前者，却不一定同时接受后者。例如 Will Kymlicka, *Contemporary Political Philosophy* (New York: Oxford University

Press, 2nd edition, 2002), p. 6。

45. 不少人以为罗尔斯的契约论采纳了这种观点，其实是一种误解。
46. 有人或会说，这些责任不仅适用于政治哲学家，也适用于所有知识分子。我对此并无异议，尽管我认为由于道德和政治哲学的规范性质，更容易和这些责任联系起来。
47. 读者须留意，这个传统有它的优点，也有它的局限。例如它过于重视概念分析，却对政治生活中的历史和社会面向不够重视，在科际整合方面（尤其与社会科学）也有很大的发展空间。我这里无意说因为分析政治哲学是主流，所以是最好的。事实上，一个健康而有活力的学术社群，应该存在不同的哲学传统，也应有良性的对话交流。
48. Rawls, *Political Liberalism*, pp. xvii-xix.
49. Cohen, *Rescuing Justice and Equality*, pp. 327-330.
50. Plato, *The Republic*, trans. Allan Bloom (Basic Books, 1968), pp. 35-40.
51. 内格尔对此问题有精要的讨论。Thomas Nagel, *The View from Nowhere* (New York: Oxford University Press, 1986), pp. 195-200.
52. Isaiah Berlin, *Four Essays on Liberty* (Oxford: Oxford University Press, 1969), pp. 118-119.

附录一　罗尔斯的问题意识

江绪林和谭安奎先生早前在《开放时代》对拙著《自由人的平等政治》提出极具启发的回应，并对我的观点做出批评。[1] 我首先要衷心感谢两位的努力，促使我重新思考自己的立场。这两篇文章集中在两个大问题。第一，契约论在罗尔斯的正义理论中的位置；第二，契合论与古典目的论之间的关系，以及它们能否有效回应多元主义和虚无主义的挑战。两位作者从不同角度出发，对我的立场提出了质疑。就第一个问题，他们认为契约论在罗尔斯的道德证成中，具有不可或缺的角色；就第二个问题，他们认为我所说的契合论要么无法回应多元主义的挑战，要么错误诠释了契合论，从而错误地以为罗尔斯接受了古典目的论。

要回应这两个质疑，我们首先要回答一个更基本的问题：罗尔斯的问题意识是什么？他提出契约论和契合论，到底要处理什么问题？只要弄清楚罗尔斯的问题意识，我相信两位作者的不少批评就会得到澄清或解答。这亦有助于许多未必熟悉罗尔斯或我的著作的读者，能够明白讨论是在怎样一个较广阔的脉络中展开。

一

罗尔斯为自己设定的哲学任务,是要寻找一组政治原则来规范社会的公平合作、决定公民应享的权利义务和社会资源的合理分配。他称这组原则为正义原则。这组原则最重要的特点,是必须体现公平的精神,因此他称他的理论为"公平式的正义"(justice as fairness)。[2] 那怎么样才算公平?罗尔斯认为,这组原则必须是"在一个平等的原初状态中,有志于促进自己利益的自由和理性的人们所能够接受的最基本的合作条款"。[3] 罗尔斯声称,因为这样的平等的契约状态是公平的,因此在这状态下所同意的原则也是公平的,这些原则包括第一条的平等的基本自由原则,以及第二条的公平的平等机会原则和差异原则。[4] 这是罗尔斯整个理论的重点所在,里面有三个关键词:理性、自由和平等。我认为这三个概念,构成罗尔斯理论的三只脚。以下我逐一解释。

首先,罗尔斯假定人作为理性的(rational)个体,有自己的利益和价值追求,渴望规划和实现自己的人生目标,从而活出属于自己的美好人生。这并不表示人是自利主义者,不顾道德,只懂为一己谋私利。罗尔斯要说的是,个体有自己的利益,并希望满足这些利益,这是人的自然处境,也是人们参与社会合作的初始动机。[5] 这个初始动机,罗尔斯称为正义问题出现的主观条件(subjective circumstances)。这个动机使得人们对于在社会合作中应得多少资源,有极为不同甚至冲突的诉求,因此才需要正义原则来解决分配上的争议。[6] 也就是说,这个动机先于正义原则而存在,并对所有原则的证成构成约束。

我称这个初始动机构成的视角为"个人视角"(personal perspective)。[7]这个视角在罗尔斯的理论中,起着几个作用。第一,它帮助我们从理性主体的角度,界定什么是人的利益。如果我们不知道自己想要什么,就不知道为什么要合作,以及从合作中可以得到什么。罗尔斯认为,人最重要的欲望,是要活得好;而活得好的必要条件,是可以有效实现自己理性选择的人生计划。也正因为此,我们都渴望拥有更多的社会基本有用物品(social primary goods)。

第二,它是构成人们实践理性的重要动机来源。这不难理解,因为这个动机的出发点,就是去追求人的根本利益,而根本利益自然为人的行动提供理由。但我们必须留意,不能将这个动机等同于自利动机,因为人的根本利益里面,可以有不同内容,包括对社会正义的追求。[8]这个初始动机反映了罗尔斯一个很深的信念:正义原则的证成,必须以某种方式去回应和容纳这个合作的初始动机,而不能将它置之不理或强压下去,因为它本身具有道德上的合理性。也正因为此,罗尔斯才特别强调正义原则必须体现某种互惠精神,而不应要求一部分人为了成全别人而牺牲自己的根本利益。这样做不公平,因为它没考虑到每个个体都有基于正义的理由而去追求自己合理利益的权利。[9]

第三,个人视角承认和肯定了人的多元性。既然每个个体有不同的价值追求和人生计划,社会自然呈多元之态,存在形形色色的哲学观、宗教观,也存在着林林总总的政治社会学说。[10]这种多元性隐含了另一个重要信念:每个人都是独立分离的个体,拥有自己的人生计划,同时能够充分肯定这些计划对自己的重要性。我们是在这样的基础上,展开公平的社会合作。这是罗尔斯的理论的第一只脚。

其次,罗尔斯假定参与合作的人,都是自由人。他特别强调,自由人由两种道德能力来界定。第一是人有自我反思和规划人生的能力，可以自主地建构、修正和追求自己的人生目标，并对自己的选择负责。第二是人有正义感的能力，因而可以自主地理解、应用和服从正义原则的要求。罗尔斯进一步假定，人们有较高序的旨趣（higher-order interests）去充分发展和实践这两种道德能力。所谓较高序是指由于这些旨趣十分基本和重要，因此在人们的动机系统中，处于更高序列去规约人的思想和行动。[11] 也就是说，罗尔斯肯定每个人有道德自主和个人自主的能力，并视发展这些能力为一己最高的利益。人们虽然有不同的人生计划和价值信仰，"但他们不会视自己必然受绑于、或等同于在任何特定时间对任何特定根本利益的追求，虽然他们渴望拥有促进这些利益的权利。"[12] 相反，自由人视自身为有能力去修正和改变一己终极目标的能动者。

为什么要如此重视发展人的自主能力？罗尔斯前后期的理论，对此有不同解释和论证。[13] 早期的罗尔斯深信，人能自主地选择自己的人生道路，是活得幸福的必要条件，同时体现了人作为理性能动者的本性。而人能自主地接受和服从社会合作的规则，则使得人们能够成为社会合作中的积极成员。[14] 这是罗尔斯理论中的第二只脚。

最后，如果在社会合作中，人人只顾追求自己的利益和自由，却没有任何道德约束，那么最后得出的原则，很可能就是根据每个人的议价能力来决定。[15] 但这样的正义观不公平，因为它违反了人人平等这个道德要求。也就是说，公平必须建基于平等，而平等将约束个体利益的追求。平等的要求，有消极和积极两面。就消极面言，在决定社会最根本的正义原则时，没有人应该由于先天能力和后天环境的差异而影响他们的平等地位。就积极面言，只要人在最低程度上拥有上述正义感和建构美好人生观的能力，就具有相同的道德价值，并享有平等权利去决定规范社会基本结构的原则。就此而言，平等从一开始就界定了人与人之间的关系，并直接影响正义原则的证成。[16] 我称此为罗尔斯理论中的第三只脚。

有了这三只脚，罗尔斯的问题意识就变得清楚："如果我们是自由平等的理性个体，拥有较高序的欲望去实践作为自由人的道德能力，同时有次一序的欲望去追求属于自己的人生计划，那么我们应该选择什么原则来实现公平互惠的社会合作？"

这样的发问本身，其实已包含了罗尔斯许多对公正社会的想象。例如既然人有自主反思的能力且高度重视这些能力，那么要求活在一个基本自由得到充分保障的社会，就是自然不过之事；既然容许人们有选择自由，那么不同个体会根据自己的喜好信念选择不同生活方式，社会呈现多元也是应有之义；既然这些选择是个体的理性决定，那么个体需对自己的决定负上责任，亦在情理之中。又例如既然平等界定了人的合作关系，我们就不会简单地接受弱肉强食的市场竞争逻辑，任何不平等的资源分配也必须得到平等个体的合理接受。

可是罗尔斯却认为，这样的推论过于诉诸直觉，不能达到他心目中道德证成的严谨要求。所以，他为自己设下这样的挑战：如何从上述的问题意识，以严谨合理的程序，推导出一组实质的正义原则，而这组原则体现了他对公平合作的想象。他的想法是，这组原则必须能够被理解为自由平等理性的个体一致同意的结果。

这个程序，就是他所称的著名的原初状态（original position）。原初状态是个假设性契约，其最大特点就是假定人们在决定社会的正义原则时，有一层厚厚的无知之幕（veil of ignorance）将所有立约者的个人资料遮走，包括自然禀赋、家庭背景和社会地位，以及个别的人生观、宗教观等。与此同时，立约者被假定为理性自利者，只会从保障和促进一己利益的角度，策略性去考虑什么样的分配原则，才能令自己得到最多的社会基本有用物品（自由和权利、机会、收入和财富，以及个人自尊的社会基础）。罗尔斯声称，在这样的状态中，立约者会采纳一种保守的"小中取大"（maximin）的博弈策略，一致选择他的两条原则。

现在的问题是，这个原初状态，到底在罗尔斯的理论中扮演什么角色？其性质是什么？而立约者在无知之幕下的理性选择，到底在什么意义上，为罗尔斯的正义原则提供证成上的支持？我在书中指出，虽然罗尔斯声称他是沿用契约论的传统来证成他的原则，但"契约"这一理念本身其实在他的理论中并非不可或缺，因为"公平式的正义的证成基础并不在于理性自利者的同意，而在于规定原初状态的合理的条件上。这些条件背后的理由，才是支持得出两条原则的主要理据"。[17] 原初状态的主要作用是"代表性设计"（device of representation），将罗尔斯对基于自由平等的公平社会合作的理念模塑进去，并建构出他的原则。但江绪林和谭安奎却从不同角度提出批评，认为这样的诠释完全错了，因为"契约"在罗尔斯的理论中具有不可或缺的角色。在下一节，我将回应这个质疑，并进一步将我所理解的罗尔斯的思路说清楚。

二

到底契约论在罗尔斯的理论的道德证成中，具有怎样的位置？我对这个问题的回答，有三点。第一，我指出传统契约论中至为关键的"同意"(consent)此一行为，在罗尔斯的理论中其实不起任何作用；第二，原初状态中自利者的理性选择本身，并非支持罗尔斯的正义原则的真正理由；第三，罗尔斯对原初状态的构想存在某些内在缺陷，而这些缺陷会弱化和模糊他的正义理论的道德吸引力。由此我将得出一个结论：原初状态并非最好的证成公平式的正义的方法。[18]我以下将逐一说明。

先让我们问这样一个问题：到底基于什么理由，使得我们接受罗尔斯的两条原则是公正的？这里的"我们"不是指身在无知之幕的立约者，而是指真实世界中的我们。例如在一个不平等的世界中，为什么人们愿意接受差异原则，并同意只有在对社会中最弱势的人最有利的时候，不平等的资源分配才是正义的？罗尔斯对这个问题的回答，也就是他的理论的核心所在。

首先，罗尔斯不能回答说，因为人们在原初状态中实际上同意了他的原则，所以有理由接受。这是典型的契约论观点："同意"这一行动本身，构成道德证成的必要和充分条件。但罗尔斯自己说得很清楚，原初状态根本不是真实的契约，而只是假设性的理论构造，因此"同意"本身不起任何证成作用。[19]既然如此，罗尔斯的理论在什么意义上仍可称为契约论，就很成疑问。我这里并非否定原初状态在其他方面的重要作用，而只是强调，如果契约的规范力量不是来自人们自我意志的表达，那么假设性契约无论看上去多么吸引，也不是因为立约者的"同意"。正如罗尔斯自己说："人们很自然会问，如果我们从来不曾有过真正的同意，为何还要对得出的原则是否道德感兴趣？答案在于对原初状态的描述背后所包含的那些条件，是我们实际上接受的。"[20]也就是说，这些将原初状态塑造成公平立约环境的条件，才是支持正义原则的理据。这些条件中最重要的，是罗尔斯将人理解为自由平等的道德人。

同样道理，我们也不能说，我们之所以接受罗尔斯的正义原则，是出于自利而做出的理性选择。因为如果这样，人们在离开无知之幕并知道自己的真实身份后，同样可以出于自利动机而不接受正义原则对他们的约束，而这不会出现任何的前后矛盾。但这显然不是罗尔斯的本意，因为他的原则是基于道德理由而得到证成，而他亦假定立约者离开无知之幕后，会有强烈的正义感去服从正义原则的要求，两者的动机是完全不一样的。[21]

但如果是这样，那么公平式的正义似乎有个严重的内在动机上的不一致。罗尔斯的理论，其实有三个视点。第一个视点是真实的你和我。我们有正义感，并基于对自由和平等的坚持，愿意接受他对原初状态的描述。第二个视点是原初状态中的立约者，这些立约者被假定为没有道德动机；唯一推动他们的，是用最理性的方法为自己谋求最大利益。他们在无知之幕下选择差异原则，纯粹是在不确定状态下的自保策略，即免得自己万一成为最弱势一群时得不到最大保障，而不是出于对最弱势者的道德关怀。第三个视点是这些立约者离开无知之幕，并根据得出的正义原则去组建一个良序的公正社会时，他们具有强烈且有效的正义感去服从正义原则的要求，同时充分认可这些原则背后的道德理由。[22]

我们可以见到，第二个视点和第一及第三个视点的动机假设并不一样，而且互相冲突，问题是第二个视点却处在第一和第三个视点中间，并且被视为是推导出两条正义原则的主要动机。问题于是出现：到底我们接受差异原则，是因为第一个视点，还是第二个视点，抑或两者的融合？江绪林和谭安奎似乎认为，那是因为两个观点的融合，而罗尔斯本人也多番提醒我们，千万不要只从第二个视点去看待他的契约观，因为自利的立约者受到无知之幕的限制，而这些限制则包含了第一个视点所代表的道德理据。[23]

但这依然解决不了一个难题：只要第二个视点所代表的理性自利的动机存在，且直接导致差异原则被选择，那么被选择的理由和离开无知之幕后人们接受它的理由，是不相容的；前者出于自利，后者出于对平等的坚持。这个动机的断裂，我认为是罗尔斯理论的一个内在缺陷，因为它模糊了最后得出的正义原则，到底是出于道德考虑，还是出于个人的理性计算。罗尔斯或许会说，在无知之幕的限制下，自利者由于不知道自己的身份，所以他的选择其实不可能只对自己有利。确是如此。但问题不是立约者选择了什么，而是他基于什么理由做出这样的选择。在种种外在规范性限制下的自利选择，从立约者的观点来看，依然是自利选择。

解决这种内在不一致的一种方法，是拿走第二个视点，并直接诉诸道德理由来证成原则。这是我本书第二章《道德平等与差异原则》的尝试。我在该章问了这样一个问题：如果不考虑第二个视点，也即不考虑原初状态中的理性计算，是否可以从第一个视点中包含的道德内涵，直接推导出差异原则？[24] 我认为是可以的。如果我的论证成立，那么第一和第三个视点就会保持一致，因为它们都是源于人们的正义感，而差异原则和道德平等的关系，也就能更清楚地呈现出来。

现在让我来回应江绪林和谭安奎的批评。江绪林认为，自利的经济人的假定，使得对正义原则的推导"具有几何学的严密性"，从而"使得严格的演绎成为可能"。[25] 如果江君的说法成立，这正好说明罗尔斯的理论不可能是契约论,因为如果罗尔斯的原则是从演绎中得出,则结论早已包含在前提当中,那么立约者的所谓讨价还价或理性博弈,根本就不会有任何证成角色。

江绪林又称,"契约论模型也缓和了由道德人直接推演出具体分配原则这种做法过强的道德色彩"。[26] 但作为正义原则,过强的道德色彩有何问题?正如我上面指出,正因为有了第二个视点,反而令罗尔斯面对一个难以处理的理论困局:他不能从理性选择的角度解释正义原则的道德可取性(desirability)。事实上,罗尔斯后来愈来愈意识到这个困难,不仅不再强调他的原则是"理性选择"的结果,更改称其理论为"道德建构主义":"其最重要的理念,是通过一个建构的程序,将一个特定的人的观念和首要的正义原则,以某种适当的方式联系起来。"[27] 这个人的观念,就是他所称的自由平等的道德人。原初状态是个中介程序,作用是将道德人的观念及其他相关因素考虑进去,然后建构出最后的原则。"建构"和"契约"是两个完全不同的哲学概念,前者是哲学家运用一己实践理性的呈现,后者是一群不同的人走在一起议价和达成共识。

谭安奎的批评来得复杂点,他首先认为"理性的自利本来也是道德人的一个方面",因此不应该将两者切割。他由此指出,必须将罗尔斯的契约论中包含的"合情理性"(reasonable)和"理性"(rational)作一整体的解读。因为只有这样,才能同时从"个人"(personal)和"非个人"(impersonal)的观点做出双重辩护。谭安奎最后总结说:"罗尔斯的契约论设计,恰恰就是把所谓的两次辩护、双重辩护一次性完成了,因为它塑造了一种整体性的道德推理方式,或者说是一种新的道德观点。"[28]

这个批评里面有好些误解之处。罗尔斯所说的道德人确实有理性一面，即每个人都有理性能力去建构和追求自己的理想人生（a capacity for a conception of the good）。我在拙著中从没否认这点，而且多番强调人的理性自主是自由人不可或缺的一面。我也不否认一套合理的正义理论，必须考虑个体的个人视角，这也是为什么我在书中要花那么多篇幅去探讨"正当"（right）与"好"（good）的契合问题，因为后者正代表了人的理性利益。

但我的问题是：到底在什么意义上，罗尔斯的正义原则是契约的结果，以及在多大程度上可以诉诸理性自利者的理性选择作为证成理由？谭安奎基本上没有考虑契约的性质问题，而是直接跳到第二个问题，声称自利者的理性选择是不可或缺的。但这个"不可或缺"是什么意思？谭君在文章中引用了罗尔斯的说法，称合情理性支配着理性，而"'支配'当然意味着理性的选择受制于合情理性条件的约束"，这即承认了无知之幕所代表的合情理性（即自由平等的道德人的理念）在论证结构上优先于理性，也就是说道德动机优先于自利动机。既然如此，如果这两种动机发生冲突，同时正义感具有优先性，那么最后得出的正义原则如何能同时体现这两种动机？

当然，在原初状态中，这种冲突并不存在，因为自利者被无知之幕遮盖了特定身份后，他们的动机虽然出于自利，结果却必然反映一种非个人的普遍性观点。但一如前述，问题并不在于结果，而在于动机，因为动机决定了道德证成的理由。只要立约者一旦离开无知之幕，冲突会马上出现，优先性问题仍然必须处理（也就是罗尔斯所称的稳定性问题）。我必须重申一次：我这里不是说要取消或不考虑人的理性利益。我完全同意，如果没有从个人视角去界定什么是人的基本利益，我们不会知道自己想要什么，分配正义也无从谈起。但这并不意味正义原则的道德基础，必须诉诸人的理性自利。

谭安奎可能会马上反驳说，如果不考虑理性自利的观点，即不能满足内格尔所称的双重辩护的要求。而"罗尔斯的契约论设计，恰恰就是把所谓的两次辩护、双重辩护一次性完成了"。[29] 这是一个误解，因为谭安奎将内格尔所称的"个人性的观点"和原初状态中的"理性自利的观点"当作同样的概念了。内格尔认为，政治原则的证成，必须考虑两重观点。第一重是从不偏不倚（impartial）的观点看，给予所有人平等的道德考量，并受到一视同仁的对待。[30] 第二重是从个人的观点看，即从个体的特殊处境、特定角色和心理动机去考虑人所应有的权利和责任。最简单的例子，是我们容许父母对自己的孩子有更多的关爱，而不应要求他们一视同仁地对待所有孩子。内格尔特别强调，这两个观点都是道德的观点，其合理性必须受到具普遍性的论证来确认。[31]

用这个框架来看罗尔斯，无知之幕所要体现的，无疑是第一重观点，因为它保证了所有人都是平等的立约者，并且只能从无偏颇的观点去思考问题。但无知之幕中立约者的理性计算，在什么意义上，反映了第二重观点？很明显，这绝对不是因为他们被假定为"会从个人性的观点出发去追求自己的利益"，[32] 因为内格尔说得很清楚，个人性的观点同样是道德观点，其所产生的差等对待的要求，必须同样出于道德考虑。双重证成不是利他和利己观点的平衡或妥协。[33]

如果我们细心观察，无知之幕中真正和第二重观点相关的，是罗尔斯特别强调的承诺的压力（strains of commitment）和稳定性要求，即当立约者在选择原则时，他们必须考虑到在离开无知之幕、回到真实社会后,是否有充分的理由和足够的正义感去服从正义原则的要求。罗尔斯声称,这个和道德心理学相关的要求,是立约者选择他的原则而不选择效益原则的"主要理据"(main grounds),因为后者可能随时要求个体为了整体利益而牺牲自己的基本权利,而这种要求是不合理的严苛。也就是说,人们缺乏道德动机去服从效益原则——尽管从第一重观点看,它体现了某种无偏无私的精神。

的确,这是非常重要的论证,但罗尔斯似乎没意识到,骨子里这是个道德论证:我们没有动机去服从效益原则,不是因为我们实际上欠缺这种能力,而是因为它在道德上不合理。从个人性的观点看,每个人都有自己的人生计划,都是独立分离的个体,没有人有义务为了整体利益而牺牲自己的自由和人生目标。但按罗尔斯的规定,立约者只容许从自利的观点做出理性选择,却不会以道德理由去支持自己的选择。也就是说,根据我的诠释,即使原初状态反映了内格尔所说的个人性观点,那也和理性自利的观点不相干且不相容。

至此,我已回应江绪林和谭安奎对我做出的第一个批评。重申一次我的观点:契约论所强调的"同意"原则,在罗尔斯的理论中没有证成作用,而引入理性选择理论及其相应的自利动机去为正义原则做出辩护,则为罗尔斯的理论带来内部不一致,且模糊和削弱了他的原则背后真正的道德力量。现在让我们转到第二个批评。

三

第二个批评,主要是针对我在书中对罗尔斯的契合论(congruence)的讨论,并由此引申出古典目的论和现代多元主义所谓的古今之争。江绪林和谭安奎在这部分用了相当多的篇幅,里面有不少有趣的观点，但就对拙著的批评来说，很可惜从一开始就出现一些误读，结果整个讨论和我在书中的论证，变得有点不太相干。

首先，江绪林以为我谈的契合论是"康德式的自主伦理与客观善的目的论的契合"，并以此"直接面对和回答了甘阳的挑战"。[34] 但我在本书第六章已清楚说明，我要探讨的是罗尔斯在《正义论》第三部分中提出的"正当"与"好"的契合问题，并由此寻找罗尔斯后期理论转变的内在原因。契合论的目的是处理稳定性和正义感的优先性问题，而不是回应任何有关多元主义和虚无主义的争论。事实上，在我回应施特劳斯和甘阳的那一章，我完全没有提过"契合论"和"古典目的论"。我在该章主要的工作，是指出自由主义不可能预设或导致价值虚无主义。也就是说，江绪林似乎误解了契合论的意思，同时将两章要处理的问题混淆在一起，结果令批评对错了焦点。谭安奎虽然明白我所说的契合论要旨是从"正义与理性这两种不同的观点出发，要达到相同的结论"，但由于他被江绪林的问题牵着走，同时对契合论的认识有一定偏差，结果讨论也没有真的回应我的核心论证。既然如此，我有必要先将契合论的问题意识说清楚。[35]

契合论主要是用来解决罗尔斯所称的稳定性问题，而一套正义原则的稳定性，主要视乎其能否令生活在其中的人产生足够的正义感，并给予正义绝对的优先性。《正义论》的第三部分，就是要处理这个问题。但为什么这是一个问题？这就回到我在第一节提及的初始动机的问题。罗尔斯承认，从个体理性的观点看，每个人都有基本的欲望去追求自己的人生计划，并实现自己的幸福。这个观点界定了什么是我们生命中的"好"（good），并构成评价和指导人的行动的重要动机。与此同时，人作为道德存有，也能从正当的观点

（right）去规范我们的行动，并有相应的正义感去服从正义的要求。

这两个观点同时存在，并有冲突的可能，因为某个行为可能为个人带来很大好处，却不一定符合正义的要求。罗尔斯要问的是：当冲突真的发生时，理性个体仍然有充分的理由，给予正义优先性吗？这样做仍然是理性之举吗？罗尔斯认为，至少在他的正义原则规范下的良序社会，是有这样的可能，因为在某种特定诠释下，从道德观点看是正当的事情，同时从理性的观点看也是好的。当这两种观点交汇在一起时，就会实现他所说的正当与"好"的契合。正如他说："正义的概念和'好'的概念系于截然不同的原则，契合问题关乎这两组标准的家族，能否很好地结合在一起。"[36] 要做到这点就必须论证，给予正义感在每个人的理性人生计划中最高序的位置是理性（rational）之举，因为正义感本身就是最重要的"好"。[37]

明乎此，谭安奎的不少批评其实是出于对罗尔斯的误读。例如他认为契合论中的"理性"，"显然已经不再独立于正当的理性，而是被赋予了明显的道德含义。"[38] 但谭君似乎没有想到，如果是这样，契合论的整个问题意识就被消解了。谭安奎又说，即使可以想象这样的契合论，结果也是很"薄"的，因为"他们可能在具体的正义观方面形成冲突"。[39] 但罗尔斯从一开始就清楚表明他要处理的，只是在他的两条原则规范下的良序社会，合作者是否有足够理由去视正义感为最高价值。罗尔斯从来不是在一般意义上探讨，正义和幸福如何契合的问题。[40]

那么，正当与"好"的契合如何可能？罗尔斯的论证大致如下：[41]

(1) 人的本性（nature）是自由平等的理性存有。

(2）我们有理由（及相应的欲望）去表现（express）人的本性，因为只有这样，人才能实现真我。

(3）要表现人的本性，就要理性主体选择那些最能表现人的自由平等的本性的正义原则，并根据原则行事。

(4）原初状态及无知之幕设计的目的，正是要建构一个充分体现人作为自由平等的理性存有的契约环境，从而得出相应的正义原则。

(5）当理性主体由正义感推动而公正行事，并给予正义原则最高序的优先性时，他其实是在实现最高的善（good）。因为只有活出本性，人才能真正活得好。

(6）因此，公正和幸福是彼此契合的（congruent）。从理性的观点看，做个公正的人，对这个人同时是最好的。因此，"公正行事的欲望和表达我们作为自由道德人的欲望，出来的结果实际上是同一欲望。当一个人有真实的信念和对正义理论的正确理解后，将发觉这两种欲望以相同的方式引导他的行动"。[42]

我在书中称这个为一个古典目的论式的证成结构，主要是针对罗尔斯所称的以效益主义为代表的现代目的论，即"好"独立于正当而被界定，同时正当被理解为极大化这个独立界定的"好"。[43] 为什么呢？我在书中有这样的评论：

> 它先假定某种对人性的理解，然后认为最正当的原则，是那些最能充分实现和体现人的本性的原则。与此同时，理性主体有最高序的欲望去实现这种人性，因为它界定了人的根本利

益。所以，当我们透过公平的程序找到最能体现这种人性观的原则，并由正义感推动我们做一个正义的人的时候，正当和"好"的要求同时得到满足——它们其实是一块银币的两面。异于现代目的论，在这个论证中，"好"和正当是不分离的。我们不是先独立定义什么是"好"，然后找一套正义原则去约束人们对"好"的追求。相反，"活得正当"从一开始即被理解为活得幸福的必要条件，因为人作为人最重要的"好"，是由体现自由和平等的道德原则来界定。[44]

这个分析如果成立，那么我们将得出一些很重要的、异于主流诠释的结论。例如罗尔斯声称效益主义属目的论，而他的理论属义务论的观点，就变得不再那么没有争议了，因为在论证结构上，他的正义原则的基础，也是奠基在某种人性观及其相关的人类善好（human good）和最高目的之上。同样地，桑德尔那个著名的对罗尔斯的论断，即声称罗尔斯的义务论式的自由主义，其道德证成的基础不诉诸于任何善的观点，也就不再成立，因为实现人作为自由平等的理性存有本身，就是最高的善，而且是支持罗尔斯的正义原则的基础。[45]而在《正义论》的修订版中，罗尔斯也明确表示，原初状态中的立约者，都有实现作为自由人的道德能力的最高序旨趣（interest）。也就是说，这是所有合作者共享的目的。[46]

我对契合论的讨论，主要目的是探究稳定性问题在罗尔斯的理论中的重要性，以及后期他为什么要承认契合论论证出现了严重的内部不一致，并因此促使他做出政治自由主义的转向。严格来说，我在书中并没有为罗尔斯的契合论做出实质辩护，更没有如江绪林所说，要以契合论来回应施特劳斯学派对自由主义的批评。而我在论及古典目的论时，已很清楚指出其对照是罗尔斯所称的效益主义式的现代目的论，同时指出"古典"指的是其"证成结构"而非实质内容。[47] 我在书中这部分的讨论，并没有触及施特劳斯的古今之争和自然正当理论，也没有提过韦伯和伯林的多元主义。所以，江绪林和谭安奎在这方面的许多论点，我就不再一一回应。

四

罗尔斯是当代自由主义的代表，就理论的系统性和复杂程度而言，当代政治哲学恐怕难有出其右者。也正因为此，对于他的理论有种种不同诠释，是正常之事。本文主要目的，是尝试从罗尔斯的基本问题意识出发，考虑他的理论中两个十分重要却又引起许多争议的问题，即他所称的契约论，是否真的起到道德证成的作用，以及他为什么要提出契合论来解决正义感的优先性问题。如果我的论证成立，那么我们对于《正义论》的论证结构就有一个更好的了解，同时对罗尔斯的正义原则背后的道德基础有清楚的认识。

【注释】

1. 江绪林：《正义的康德式诠释》，载《开放时代》2011 年第 4 期，页 135—144；谭安奎：《必要的契约方法和错置的理论战场》，载《开放时代》2011 年第 4 期，页 145—158。以下分别简称"江文"和"谭文"。
2. John Rawls, *A Theory of Justice* (Cambridge, Mass.: Harvard University Press, revised edition, 1999), p. 11.

3. Ibid., p. 10.
4. Ibid., p. 266.
5. "初始动机"（primary motive）是我的提法。见本书第六章《正义感的优先性与契合论》，第四节。
6. Rawls, *A Theory of Justice*, p. 110.
7. 我不称此为"理性视角"，因为这个视角其实有一重道德关怀在后，而不仅仅是工具理性的体现。
8. 罗尔斯因此作了"interests in the self"及"interests of a self"的区分，而这里他强调的是后者，即属于一个人的利益。Rawls, *A Theory of Justice*, p. 110.
9. 所以，我们不要将这个初始动机和原初状态中立约者的动机混淆在一起，因为后者被假定为没有任何道德意涵。
10. Rawls, *A Theory of Justice*, p. 110. 不少人以为罗尔斯直到后期才意识到多元主义这一现实，其实并非如此。
11. Rawls, *A Theory of Justice*, pp. xii–xiii, 131. 亦可见 Rawls, *Political Liberalism* (New York: Columbia University Press, expanded version, 2005), p. 74。《正义论》初版并没有这个观点，直到修订版中才加进去。正如罗尔斯自己所说，这是最根本的改动。在罗尔斯的理论发展中最早出现这个想法，是1980年发表的"Kantian Constructivism in Moral Theory", in Samuel Freeman (ed.), *Rawls: Collected Papers* (Cambridge, Mass.: Harvard University Press, 1999), pp. 303–358。在该文中，他的说法是"最高序的旨趣"（highest-order interest），但意思是一样的。
12. Rawls, *A Theory of Justice*, p. 131.
13. 例如他后期的政治自由主义，就将这种对自由人的理解，收窄为只适用政治领域的一个政治人的观念（political conception of person）。
14. 本书第四章《自由主义、宽容与虚无主义》对此有过深入讨论。
15. 罗尔斯称此为基于互利的正义观（justice as mutual advantage）。Rawls,

Political Liberalism, pp. 16-17.

16. 谭安奎在一处认为，我在诠释罗尔斯两条原则的证成时，"把自由人和平等活生生地区隔开来"，并认为我没有考虑到"第一条原则不仅是在保障基本自由，而且是在保障平等的基本自由"（谭文，页147）。谭君如对全书旨趣有所了解，当知道这不是我的意思。因为我在书中一开首即表明："自由人的理念界定了人的道德身份，平等的理念界定了人的道德关系。如何在平等的基础上，确保个体全面发展成为自由人，是自由主义的目标。"而我也明确指出罗尔斯的问题意识是："如果我们是自由人，处于平等位置，那么通过什么程序，得出怎样的正义原则，并以此规范社会合作，决定人的权利义务和合理的资源分配？"这是全书的基本立论。也就是说，平等从一开始就规限了自由及其他社会基本物品的分配（见本书《自序》）。谭君引用本书第一章《契约、公平与社会正义》中第四节的其中一句来支持其判断，但只要将其放在第一章的脉络中，当清楚见到我一早已说明，原初状态的设计正体现了道德平等，并以此约束立约者的理性选择。

17. 见本书第四章第五节；亦可见第一章第四节、第二章第五节。

18. 第三点我在本书中谈得较少，所以在这里我将作较多说明和论证。但这三点是彼此独立的，例如罗尔斯本人就很可能接受第一及第二点。

19. Rawls, *A Theory of Justice*, p. 11. 最早指出罗尔斯的理论不是契约论的，是德沃金。见 Ronald Dworkin, "The Original Position", in Norman Daniels (ed.), *Reading Rawls* (Stanford, CA: Standford University Press, 1989), pp. 16–52。

20. Rawls, *A Theory of Justice*, pp. 19, 514.

21. Ibid., p. 128.

22. 罗尔斯很清楚地说明过这三个视点的不同。Rawls, *Political Liberalism*, p. 28.

23. Rawls, *A Theory of Justice*, p. 128.

24. 拿走第二个视点，并不表示要放弃"契约"这个理念，而只是说不必要引入自利动机来进行道德证成的工作。史简伦（Thomas Scanlon）和巴利（Brian Barry）后来就是采取这样的进路。Thomas Scanlon, "Contractualism and Utilitarianism", in Amartya Sen and Bernard Williams (eds.), *Utilitarianism and Beyond* (Cambridge: Cambridge University Press, 1982), pp. 103-129; Brian Barry, *Justice as Impartiality* (New York: Oxford University Press, 1995).

25. 江文，页 139。
26. 同上。
27. Rawls, "Kantian Constructivism in Moral Theory", p. 304.
28. 谭文，页 148。
29. 同上。
30. 内格尔有时也称此为"客观"的观点，或"非个人"的观点。
31. Thomas Nagel, *Equality and Partiality* (New York: Oxford University Press, 1991), pp. 30-31.
32. 谭文，页 148。
33. 我这里不考虑"在无知之幕的限制下，立约者实际上不能为自己利益作打算"此一说法。因为这只是从后果上言，而非从动机上说。
34. 江文，页 140。
35. 罗尔斯自己曾认为，他对稳定性及契合论的论证，是全书最有原创性的部分，可惜一直不受到重视。对此问题有兴趣的读者，可细读《正义论》第三部分，及本书第五、六章。
36. Rawls, *A Theory of Justice*, p. 496.
37. 所以第 86 节的标题是"正义感的'好'"（The Good of the Sense of Justice）。
38. 谭文，页 155。
39. 同上。
40. 这些都在《正义论》第三部分有很详细的讨论，尤其是第 86 节。
41. 详细讨论见 Rawls, *A Theory of Justice*, 第 40、86 节。我的分析可参考

本书第六章。

42. Rawls, *A Theory of Justice*, p. 501.
43. Ibid., p. 22.
44. 又见本书第六章第六节。
45. Michael Sandel, *Liberalism and the Limits of Justice* (Cambridge: Cambridge University Press, 1982).
46. Rawls, *A Theory of Justice*, p. 131.
47. 又见本书第六章第六节。

附录二　自由之为好

首先，我要多谢曾瑞明和王邦华君对拙著《自由人的平等政治》提出的尖锐评论，教我获益良多。[1] 依我理解，这两篇文章有个共同的关心点，即在以文化多元主义及价值主观主义为特征的现代社会，自由人的平等政治如何可能。本文将集中讨论此一问题。我会先勾勒出罗尔斯及我的观点，点出我们的异同，然后再做出回应。

一

"自由人的平等政治"是我用来诠释罗尔斯所代表的自由主义左翼的一个名称。它的核心价值是自由和平等，它要在平等的自由人之间建立公平互惠的社会合作。罗尔斯的两条正义原则，体现的是这个理想，例如第一条原则保障每个公民享有平等的基本自由；第二条原则一方面保障每个人享有公平的平等机会，另一方面则要求社会资源的不平等分配必须对最弱势的群体也最为有利。为了证成这组原则，罗尔斯提出了"原初状态"和"无知之幕"的假然契约论，其主要用意就是要将他对自由和平等的特定理解反映在立约环境当中。

具体言之，自由人体现在主体有理性能力去反思和选择自己的人生观，同时有道德能力去证成和服从合理的正义原则。罗尔斯认为，发展这两种能力是人的最高序旨趣。[2]基于此，无知之幕不容许立约者知道他们特定的人生观，从而确保他们会选择平等的基本自由作为最高的正义原则。平等体现在每个人有相同的道德地位去决定社会合作的基本原则，因此不应受到先天能力及后天环境的差异，而影响每个人的议价能力。基于此，无知之幕会遮去这些差异，确保立约者最后会选择一组具平等主义色彩的分配原则。罗尔斯进一步指出，在一个充分实现他主张的原则的良序社会，理性合作者会发展出有效的正义感，自愿服从正义原则的要求，并在有需要时凌驾其他欲望。这样的社会是个真正稳定的社会。罗尔斯认为，稳定性之所以可能，是因为合作者接受了康德式的对人的诠释，视人的本性为自由平等的道德理性存有，并有最高序的欲望去表现（express）人的本性，而表现人的本性最理性的方式，则是努力实践能够体现自由平等的正义原则。[3]

我们可将上述所说，整理为以下论证：

（1）人的本性是自由平等的理性存有。

（2）我们有理由（及相应的欲望）去表现人的本性，因为只有这样，人才能实现真我。

（3）要表现人的本性，就要理性主体选择那些最能表现人的自由平等的本性的正义原则去行动。

（4）原初状态及无知之幕设计的目的，正是要营造一个充分体现人作为自由平等的理性存有的契约环境，从而得出相应的正义原则。

（5）当理性主体由正义感推动而去公正行事，并给予正义原则最高序的优先性时，他同时在实现最高的善（good）。因为只有活出人的本性，人才能真正活得好。在此意义上，公正和幸福是彼此契合的（congruent）。从理性的观点看，做个公正的人，对这个人同时也是好的。

(6) 如果能够实现这种契合，这样的正义原则及社会就是稳定的。[4]

罗尔斯称此为康德式论证，因为它主要受康德的"自主"（autonomy）理念影响。我在自己的书中花了相当篇幅去分析这个论证和稳定性的关系，以及后期罗尔斯为什么放弃了这个论证，并做出重要的政治自由主义转向。曾瑞明和王邦华对罗尔斯和我的批评，也集中在这个论证。他们认为在一个文化及价值多元的现代社会，康德式的契合论不可能成功，也很难为自由人的平等政治找到稳固的证成基础。

二

先表明我的立场。我同样认为罗尔斯的论证有不足之处，但根本原因并不在于他忽略了多元主义这个现象。罗尔斯从来没否认现代社会存在着不同的宗教观和人生观，他也不会仅仅因为社会上存在不接受他的正义原则的人，因此而承认其理论难以证成。政治哲学关心的，不是人们事实接受什么，而是应该接受什么。道德证成的基础，不可能建立在人们的实际共识之上。[5]和所有其他理论一样，如果罗尔斯认为他的理论是合理和正确的，便不需要因为现实上的多元主义而放弃他的观点。他应该说，除非有好的理由证明他的观点为错，否则那些不认同他的理论的人就是不合理的。因此，真正的问题是：到底什么理由使得契合论不能成功？

契合论要解决的，是稳定性问题。具体点说，罗尔斯为自己设定了这样的挑战：从个体理性的（rational）观点看，为什么活在由公平式的正义规范的良序社会的合作者，愿意给予正义感绝对优先性？罗尔斯假定，理性主体都渴望活得好，而活得好就是主体经过慎思理性（deliberative rationality）的计算后，能够有效实现自己选择的理性人生计划。因此对罗尔斯来说，要论证正义感的优先性，就必须论证服从正义本身是理性主体最高序的欲望，即持有不同人生计划的人都有充分理由视正义为最高价值。问题却在于，慎思理性作为工具理性的表现，它并没有能力决定某种欲望的满足是否对所有人都有价值。所以，对于那些并不相信康德式人性观的人，罗尔斯便没有理由批评他们的选择为非理性（irrational）。也就是说，罗尔斯所接受的理性观，无法保证所有人都理性地接受正义感就是他们最高序的福祉。[6] 他的康德式的诠释背后的理性观和他主张的慎思理性之间，出现了矛盾和不一致，而不是多元主义这一事实本身导致其论证的失败。[7]

要修正这个问题，罗尔斯可以有两个选择。一、继续坚持对自由平等的康德式诠释，但放弃对道德稳定性的追求。这样做的好处是，即使社会中不是所有人都接受这种人性观，因而无法达成正当与幸福的契合，因而无法证成正义感的优先性，但至少可避免理论的内部不一致。二、继续坚持稳定性的重要，但放弃康德式诠释，寻求其他进路去证成正义的优先性。

罗尔斯最后选择了第二条路：自由平等的基础，改为诉诸于民主社会的公共政治文化，从而得出一个限于公共领域的政治的正义观念。稳定性则诉诸于"交叠共识"的理念，认为合作者可以从自己不同的整全性人生观出发,基于不同理由而接受正义原则的优先性。

我认为第二条路并不可取,因为政治自由主义到最后并不能真正解决稳定性问题,而且将自由平等的证成诉诸公共文化,不仅欠说服力,且对尚未发展出这种文化的国家来说,就更加不适合。[8] 但第一条路也不可取,因为正如我在书中多番指出,道德稳定性不同于社会稳定性,它是道德证成的内在要求。与此同时,我也同意曾瑞明及王邦华所说,在多元主义时代,诉诸某种形而上的人性观去证成自由平等,会遇到很大的理论困难。[9]

三

我希望走的,是第三条路。我希望证成自由人的平等政治是个值得追求的道德和政治理想,这个理想奠基于自由和平等,但不必诉诸任何先验的形而上人性观,而是立足于人类的历史经验和道德生活。更重要的是,我认为自由和平等不应只应用于政治领域及社会基本结构,而必须同时被理解为值得追求的人生理想,从而在公民的人生观及动机系统中,起到重要作用。所以,我在书中说:"自由主义不应只是一种制度安排,同时也应是一种生活方式。……自由主义有一套完整的政治道德观,坚持自由平等,重视社会正义,主张培养公民德性,并希望每个公民成为自由人。它不可能也不应该在不同价值观之间保持中立。"[10]

我在书中虽然点明我的立场,但却未将整个论证充分展开。尽管如此,罗尔斯的理论本身已包含了许多这方面的资源。我以下试以自由人为例来说明我的思路。罗尔斯认为,自由人最重要的一个特征,是有自我反思和规划人生的能力,因而一方面可以对第一序的欲望做出理性评价，同时可以自主地建构、修正和实践自己的人生目标。我想没有人会否认，在正常环境下成长，我们每个人都能逐步发展出这种理性自主的能力。现在的问题是：为什么发展这种能力如此重要？其中一个答案是：只有主体在最低度上发展及实践这种能力时，他才有可能活出好的人生。既然我们都想活得好，所以我们就有理由去好好发展这种能力，令自己成为自由人。要实现这个目标，需要一系列基本自由以及相应的社会及经济条件。所以在资源分配及制度安排时，必须考虑如何确保每个人的自主能力得到实现。与此同时，如果我们希望活在这个制度下的公民能够真心真意服从它的要求，珍惜一己自由的同时，也尊重他人的自由，那么我们就有必要论证，发展自主能力此一欲望，理应在人们的动机体系中占有十分重要的位置。

以上示范虽然简略，但我们却可以此为例，回应曾瑞明及王邦华的批评。例如曾瑞明认为，自由人的平等政治过于抽象，不知从中可以推出什么实质的政治原则。上述例子正好说明，我们其实可以从自由人的理念，推论出每个公民均应享有一系列基本自由的制度安排。在书中，我也论证过如何从平等的自由推导出社会财富再分配。我们可看到，我们不一定要借用罗尔斯的原初状态来完成这个推论。而当我们论证自由的重要时，我们亦不必诉诸康德式的人性观。

但最重要的批评，还在于质疑整个论证的基本假设：发展人的反思能力和自主能力，真的是美好生活的必要条件吗？例如曾瑞明尝试为某种文化本质论辩护，并借用葛雷（John Gray）的观点，认为自由主义只是在西方某个特定传统偶然形成的产物，只是众多生活方式的其中一种，因此未必适用于中国儒家文化。葛雷的立场，已经接近极端文化相对主义。但讨论如果只停留在"我的文化和你的文化本质上不同,而且仅仅因为这种不同,所以我就有理由不接受你的价值",那是没有说服力的说法。在政治哲学中,我们真正有兴趣知道的,是为什么某个文化传统所实践的价值是对的和好的,同时这些价值如果和个人自由有冲突时,为什么前者可以凌驾后者。试想象在一个封闭、两性极不平等的社会,女性的选择自由受到严重限制,我们是否可以接受"如果要守着自己的文化核心,就不可能、就不应该接受自由主义"此一说法?我这里并非说,在任何情况下,自由都一定凌驾其他价值,而是说我们不能仅仅以"文化差异"为由拒斥自由主义,因为我们总可以问:为什么那个文化承载的价值,较自由主义重视的自由平等,更有助于个体活得幸福、活得有尊严?只有去到这个层次的实质讨论,我们才知道哪个理论较为合理。问题是:只要我们进入这样的讨论,文化本质论也就不成立了。

曾瑞明又引用拉摩尔(Charles Larmore)主张的单薄的政治自由主义,来说明在以合理分歧为标志的现代社会,那种强调个人自主的自由人理念,根本难以得到人们普遍接受。拉摩尔认为,自由主义的原则,应该是理性对话和平等尊重。为什么要平等尊重?拉摩尔直言,那是来自康德的"不应视人只纯为手段,同时也应为目的自身"的理念。我们要将平等尊重作为最高原则,因为规范社会合作的政治原则是强制性的,要尊重每个个体的自主性,这些原则就必须得到每个人的合理接受。[11] 但拉摩尔强调,他的原则虽然来自康德,却远较康德的自主观来得"中立"和"低度"(minimal),因此不同宗教观、人生观的人都可以接受。

这里我要反问两个问题。一、既然合理分歧如此严重,那么根据同样逻辑,如果有人认为"平等尊重"本身也是合理分歧的一部分，那么拉摩尔该如何回应？我想他最后不得不说，"平等尊重"所体现的自由和平等，是他认为最合理的道德价值——无论多少人对此表示异议。二、在实质制度层面，自由主义必须证成一系列公民权利及分配原则，同时要就不同的道德争议做出裁断，而这必然会和许多非自由主义理论产生冲突，那么又单薄又低度的"平等尊重"原则能够为我们提供什么指引？我想如果真的可以有所指引，原则背后所预设的自由和平等，必须厚实到相当程度，从而能将它和其他理论区别开来。也就是说，我不认为政治自由主义真的可以像拉摩尔或晚期罗尔斯想象的那样单薄，同时如果它真的那么单薄，它就难以在现实政治论争中找到自己的位置。

王邦华从另一角度提出质疑，而且更加具体。他借用库卡塔斯（Chandran Kukathas）提及的一个极少反思且不重视选择的穆斯林渔民故事为例子，得出以下结论："那些平凡而没有经过反思的生活，正是代表他的幸福。可能有机会去让他反思自己的人生，反而会使自己烦恼、不知所措，令他失去原本的平凡幸福。因此，对这些人来说，尽管不是一个具反思能力的个体，他们依然活得很幸福。"王邦华是想借此说明，自由和个人幸福没有必然关系，因为在现代世界，幸福完全由个人主观欲望决定，所以要论证"发展人的自由能力是构成幸福人生的必要条件"注定失败。

对此我有以下几点回应。一、到底这个渔民活得很幸福是库卡塔斯或王邦华的判断，还是渔民自己的判断？很明显，判断应该是渔民的，因为按照主观幸福论，只有他自己才知道自己是否活得幸福。但我们要知道，"幸福"是个评价性的概念，渔民必须经过反思，对自己的欲望信仰及人生计划做出价值评估，他才可能分辨什么是好的生活和坏的生活。而当渔民的生活方式受到他人挑战或外在环境出现大变动时，他也必须提出理由为自己的生活方式辩护。所以，从第一身角度来说，不具反思能力却声称活得幸福，本身是个悖论。[12]

二、这并不意味着，我们要接受康德式的人性观，认为只有在充分发展人的自由本性时，个体才能活出真正的幸福，而且也只有这样才是理性的。我们只需要说：活得幸福的必要条件，是主体必须具备理性反思和价值评估的能力，从而能够建构、肯认和追求自己的人生理想。

三、自由作为一种价值，如果它不能以某种方式促进或构成个体的幸福，我们还可以有什么更好的理由来证成自由的重要性？[13]由此引申，如果任何对幸福生活的客观论证在现代都变得不可能，一切只能是个人的主观决断，那么我们还可以诉诸什么客观价值去建立公正的政治秩序？无论这些价值是什么，我们似乎都必须说：这些价值重要，因为它对人重要。为什么对人重要？因为它实现了人的某些根本利益。这些利益不必构成美好人生的全部，但它必须是人活得好的重要元素这个答案是主观幸福论难以提供的。

四

自由人的平等政治是个道德理想，背后是对自由和平等的坚持。所以，它不是一个经验性陈述，更不可能和其他不将自由平等作为核心价值的理论完全兼容。而在一个多元时代，自由主义无论变得多么单薄，也不可能期望得到所有人接受。自由主义应该做的，是努力提出理由，论证自由和平等为什么是值得人类追求的理想。这些理由是否合理，要看它们能否很好地解释及证成我们一些深思熟虑的道德经验，也要看它们能否更好地拓展我们的伦理生活想象，同时更要看在具体的历史处境中，自由主义能否合理地解决冲突并令公民更有尊严地活在一起。这个公共证成的过程，没有止境。

自由主义传入中国已有百年，但中国迄今仍然未能建立起自由民主制。背后原因是什么，值得认真探究。但我们不必过度悲观。台湾早已顺利转型为民主社会，香港公民亦已为争取一人一票全民普选努力多年，自由主义的许多理念在中国大陆更已得到广泛认同。所以，我们不能因为现实政治的诸多阻挠，从而认为中国的文化土壤先天地不适宜自由主义生长。尽管如此，中国自由主义知识分子要做的工作实在太多。无论是西方思想的译介、扎根于中国现实的理论建构、与其他理论展开对话论争、于公共领域就公共事务发表意见，还是积极参与社会行动，都有助于自由平等理念的传播深化，也有助于中国的社会政治转型。《自由人的平等政治》是在这样一种自我期许下完成的。

【注释】

1. 曾瑞明，《评〈自由人的平等政治〉——从稳定性一观念考察》，《政治与社会哲学评论》，第 38 期（2011），页 201—209；王邦华：《论道德人观的基础——评周保松〈自由人的平等政治〉》，同上刊，页 211—224。本文为对此两文的回应，刊于同一期，页 225—235，原来的题目是《如何为〈自由人的平等政治〉辩护》。
2. 这是《正义论》修订版最重要的改动。见 John Rawls, *A Theory of Justice* (Cambridge, Mass.: Harvard University Press, revised edition, 1999), pp. xi–xvi。

3. 我认为，严格来说，"平等"是一种关系，而不是人的一种属性。但罗尔斯的标准表述是"nature as a free and equal rational being"。Rawls, *A Theory of Justice*, p. 222.
4. 罗尔斯对此的详细讨论见 *A Theory of Justice*，第 40、86 节。我的分析可参考本书第五、六章。"原则的稳定"和"社会的稳定"是两个不同的概念，彼此并不互相涵蕴，罗尔斯却一直没将它们做出清楚区分。
5. 即使罗尔斯后期所谈的交叠共识也不是实际共识，而是加设了很多规范性条件后的某种想象。
6. 详细讨论可参考本书第六章。
7. John Rawls, *Political Liberalism* (New York: Columbia University Press, paperback edition, 1996), p. xix. 罗尔斯甚至说，这个稳定性论证的内部不一致，是他后期理论转变的主要原因。
8. 详细讨论见本书《跋》，第二节。
9. 但和他们两位不同，我理解的困难的原因，并不是因为可能有人对这个人性观有所异议这一事实本身，而是关涉到什么性质的理由，才有可能在公共证成过程中具有正当性的问题。
10. 见本书《跋》，第二节末。
11. Charles Larmore, *Morals of Modernity* (Cambridge: Cambridge University Press, 1996), pp. 136–137.
12. 当然，没有反思的人生，一个人依然可能在第一序欲望的意义上，活得很满足很快乐，但这和活得好活得幸福，是两回事。
13. 这里不是说不可以有别的理由，但我相信最自然也最合理的论证，是指出自由的实践对个人福祉的关系。"促进"和"构成"是两个不同的论证，我在本书第四章作过较深入的讨论。

参考书目

Archibugi, Daniele, and David Held (eds.) (1995). *Cosmopolitan Democracy* (Cambridge: Cambridge University Press).

Apel, Karl-Otto (1997). "Kant's 'Toward Perpetual Peace' as Historical Prognosis from the Point of View of Moral Duty", in *Perpetual Peace: Essays on Kant's Cosmopolitan Ideal*, ed. James Bohman and Matthias Lutz-Bachmann (Cambridge, Mass.: MIT Press), pp. 79–112.

Avineri, Shlomo, and Avner de-Shalit (eds.) (1992). *Communitarianism and Individualism* (New York: Oxford University Press).

Barry, Brian (1973). *The Liberal Theory of Justice* (Oxford: Clarendon Press).

——(1989). *Theories of Justice* (California: University of California Press).

——(1990). *Political Argument: A Reissue with a New Introduction* (Berkeley and LA: University of California Press).

——(1995a). "John Rawls and the Search for Stability", *Ethics* 105, pp. 874–915.

——(1995b). *Justice as Impartiality* (Oxford: Clarendon Press).

Beetham, David (1991). *The Legitimation of Power* (New York: Palgrave).

Beitz, Charles R. (1979). *Political Theory and International Relations* (Princeton, NJ: Princeton University Press).

Berlin, Isaiah (1969). *Four Essays on Liberty* (Oxford: Clarendon Press).

——(1998). *The Proper Study of Mankind* (London: Pimlico).

Bloom, Allan (1975). "Justice: John Rawls vs. the Tradition of Political Philosophy", *The American Political Science Review* 69, pp. 648-662.

Bodin, Jean (1992). *On Sovereignty: Four Chapters from the Six Books of the Commonwealth*, ed. Julian H. Franklin (Cambridge: Cambridge University Press).

Bohman, James, and Matthias Lutz-Bachmann (eds.) (1997). *Perpetual Peace: Essays on Kant's Cosmopolitan Ideal* (Cambridge, Mass.: MIT Press).

Chan, Joseph (2000). "Legitimacy, Unanimity, and Perfectionism", *Philosophy and Public Affairs* 29, pp. 5-42.

Charvet, John (1995). *The Idea of an Ethical Community* (Ithaca: Cornell University Press).

Cohen, G. A. (1991). "Capitalism, Freedom and the Proletariat", in *Liberty*, ed. D. Miller (New York: Oxford University Press), pp. 163-182.

——(1995). "Incentives, Inequality, and Community", in *Equal Freedom*, ed. S. Darwall (Ann Arbor: The University of Michigan Press), pp. 331-397.

——(2000). *If You're an Egalitarian, How Come You're So Rich?* (Cambridge, Mass.: Harvard University Press).

——(2003). "Facts and Principles", *Philosophy and Public Affairs* 31, no. 3, pp. 211-245.

——(2008). *Rescuing Justice and Equality* (Cambridge, Mass.: Harvard University Press).

Connolly, William (ed.) (1984). *Legitimacy and the State* (New York: New York University Press).

Copp, David (1996). "Pluralism and Stability in Liberal Theory", *The Journal of Political Philosophy* 4, pp. 191-206.

Crosby, Donald (1988). *The Specter of the Absurd: Sources and Criticisms of Modern Nihilism* (Albany: State University of New York Press).

Daniels, Norman (ed.) (1975). *Reading Rawls* (Stanford, California: Stanford University Press).

Doyle, Michael W. (1983). "Kant, Liberal Legacies, and Foreign Affairs", *Philosophy and Public Affairs* 12, no. 3, pp. 205–235; no. 4, pp. 323–353.

Dworkin, Ronald (1975). "The Original Position", in *Reading Rawls*, ed. Norman Daniels (Stanford, California: Stanford University Press), pp. 16–53.

——(1977). *Taking Rights Seriously* (London: Duckworth).

——(1978). "Liberalism", in *Public and Private Morality*, ed. Stuart Hampshire (Cambridge: Cambridge University Press), pp. 113–143.

——(1985). *A Matter of Principle* (Oxford: Clarendon Press).

——(2000). *Sovereign Virtue: The Theory and Practice of Equality* (Cambridge, Mass.: Harvard University Press).

Feinberg, Joel (1970). *Doing and Deserving* (Princeton, NJ: Princeton University Press).

——(1973). *Social Philosophy* (Englewood Cliffs, NJ: Prentice Hall).

Feuerbach, Ludwig (1957). *The Essence of Christianity*, trans. George Eliot (New York: Harper and Brothers).

Foot, Philippa (1981). *Virtues and Vices* (Oxford: Basil Blackwell).

Frankena, William (1973). *Ethics* (Englewood Cliffs, NJ: Prentice Hall).

Frankfurt, Harry (1988). *The Importance of What We Care About* (Cambridge: Cambridge University Press).

Freeman, Samuel (1991). "Contractualism, Moral Motivation, and Practical Reason", *The Journal of Philosophy* 88, pp. 281–303.

——(1994). "Political Liberalism and the Possibility of a Just Democratic

Constitution", *Chicago-Kent Law Review* 69, pp. 619-668.

——(ed.) (2003a). *The Cambridge Companion to Rawls* (Cambridge: Cambridge University Press).

——(2003b). "Congruence and the Good of Justice", in *The Cambridge Companion to Rawls*, pp. 277-315.

Friedman, Milton (1962). *Capitalism and Freedom* (Chicago: University of Chicago Press).

Fukuyama, Francis (1989). "The End of History?", *The National Interest* (Summer), pp. 3-18.

——(1999). "Second Thought: The Last Man in a Bottle", *The National Interest* (Summer), pp. 16-33.

Gunnell, John (1987). "Political Theory and Politics: The Case of Leo Strauss and Liberal Democracy", in *The Crisis of Liberal Democracy: A Straussian Perspective*, ed. Kenneth Deutsch and Walter Soffer (New York: State University of New York Press), pp. 69-75.

Habermas, Jürgen (1995). "Reconciliation through the Public Use of Reason: Remarks on John Rawls's Political Liberalism", *The Journal of Philosophy* 92, pp. 109-131.

——(1997). "Kant's Idea of Perpetual Peace, with the Benefit of Two Hundred Years' Hindsight", in *Perpetual Peace: Essays on Kant's Cosmopolitan Ideal*, pp. 113-154.

Hampton, Jean (1989). "Should Political Liberalism Be Done without Metaphysics?", *Ethics* 99, pp. 791-814.

——(1993). "The Moral Commitments of Liberalism", in *The Idea of Democracy*, ed. D. Copp, J. Hampton, and J. Roemer (Cambridge: Cambridge University Press), pp. 292-313.

——(1994). "The Common Faith of Liberalism", *Pacific Philosophical Quarterly* 75, pp. 186–216.

Hart, H. L. A. (1975). "Rawls on Liberty and its Priority", in *Reading Rawls*, ed. Norman Daniels (Stanford, California: Stanford University Press), pp. 230–252.

Hayek, Friedrich (1960). *The Constitution of Liberty* (Chicago: University of Chicago Press).

——([1944] 1994). *The Road to Serfdom* (Chicago: University of Chicago Press).

Hegel, G. W. F. (1952). *Philosophy of Right*, trans. T. M. Knox (Oxford: Oxford University Press).

Hill, Thomas (1994). "The Stability Problem in *Political Liberalism*", *Pacific Philosophical Quarterly* 75, pp. 333–352.

Hobbes, Thomas (1991). *Leviathan*, ed. Richard Tuck (Cambridge: Cambridge University Press).

Holmes, Stephen (1993). *The Anatomy of Antiliberalism* (Cambridge, Mass.: Harvard University Press).

Horton, John (1996). "Toleration as a Virtue", in *Toleration: An Elusive Virtue*, ed. David Heyd (Princeton, NJ: Princeton University Press).

Hospers, John (2002). "What Libertarianism Is", in *Social Ethics*, ed. T. Mappes and J. Zembaty (McGraw Hill, 6th edition), pp. 319–326.

Kant, Immanuel (1970). *Political Writings*, trans. H. B. Nisbet (Cambridge: Cambridge University Press).

——(1996a). *Groundwork of the Metaphysics of Morals*, collected in *Practical Philosophy*, trans. and ed. Mary J. Gregor (Cambridge: Cambridge University Press).

——(1996b). *Practical Philosophy*, trans. and ed. Mary J. Gregor (Cambridge:

Cambridge University Press).

Klosko, George (1994). "Rawls's Argument from Political Stability", *Columbia Law Review* 94, pp. 1882-1897.

Korsgaard, Christine M. (1996a). *The Sources of Normativity*, ed. Onora O' Neill (Cambridge: Cambridge University Press).

——(1996b). *Creating the Kingdom of Ends* (Cambridge: Cambridge University Press).

——(1998). "Teleological Ethics", in *Routledge Encyclopedia of Philosophy*, ed. Edward Craig (London: Routledge), retrieved from http: //www.rep.routledge.com/article/L103.

Kraut, Richard (2007). *What is Good and Why: The Ethics of Well-Being* (Cambridge, Mass.: Harvard University Press).

Kukathas, Chandran (ed.) (2003). *John Rawls: Critical Assessment of Leading Political Philosophers*, 4 vols. (London and New York: Routledge).

Kukathas, Chandran, and Philip Pettit (1990). *Rawls: A Theory of Justice and its Critics* (Cambridge: Polity Press).

Kymlicka, Will (1988). "Rawls on Teleology and Deontology", *Philosophy and Public Affairs* 17, pp. 173-190.

——(1989). *Liberalism, Community and Culture* (Oxford: Clarendon Press).

——(1992). "Liberal Individualism and Liberal Neutrality", in *Communitarianism and Individualism*, ed. S. Avineri and A. De-Shalit (Oxford University Press).

——(2002). *Contemporary Political Philosophy* (New York: Oxford University Press, 2nd edition).

Ladenson, R. (1990). "In Defense of a Hobbesian Conception of Law", in *Authority*, ed. Joseph Raz (New York: New York University Press), pp. 32-55.

Larmore, Charles (1987). *Patterns of Moral Complexity* (Cambridge: Cambridge

University Press).

——(1996). *The Morals of Modernity* (Cambridge: Cambridge University Press).

Laslett, Peter (ed.) (1956). *Philosophy, Politics and Society* (Oxford: Blackwell).

Leopold, David, and Marc Stears (eds.) (2008). *Political Theory: Methods and Approaches* (Oxford: Oxford University Press).

Lipset, Seymour Martin (1984). "Social Conflict, Legitimacy, and Democracy", in *Legitimacy and the State*, ed. William Connolly (New York: New York University Press), pp. 63–87.

Locke, John (1991). *A Letter Concerning Toleration in Focus*, ed. J. Horton and S. Mendus (London: Routledge).

MacCallum, Jr., Gerald C. (1991). "Negative and Positive Freedom", in *Liberty*, ed. David Miller (New York: Oxford University Press), pp. 100–122.

MacIntyre, Alasdair (1981). *After Virtue* (London: Duckworth).

Marx, Karl (1977). *Selected Writings*, ed. David McLellan (New York: Oxford University Press).

Mendus, Susan (1989). *Toleration and the Limits of Liberalism* (London: Macmillan).

Mill, J. S. (1956). *On Liberty* (New York: Macmillan).

——(1962). *Utilitarianism* (London: Fontana).

Miller, David (1976). *Social Justice* (Oxford: Clarendon Press).

Miller, David, and Richard Dagger (2003). "Utilitarianism and Beyond: Contemporary Analytic Political Theory", in *Twentieth Century Political Thought*, ed. Terence Ball and Richard Bellamy (Cambridge: Cambridge University Press), pp. 446–469.

Mises, Ludwig von (2005). *Liberalism: The Classical Tradition* (Indianapolis: Liberty Fund; first published in German in 1927).

Mulhall, Stephen, and Adam Swift (1992). *Liberals and Communitarians* (Oxford: Blackwell).

Nagel, Thomas (1979). *Mortal Questions* (Cambridge: Cambridge University Press).

——(1982). "Libertarianism without Foundations", in *Reading Nozick*, ed. Jeffrey Paul (Oxford: Basil Blackwell), pp. 191–205.

——(1986). *The View from Nowhere* (New York: Oxford University Press).

——(1991). *Equality and Partiality* (Oxford University Press).

Nielsen, Kai (1985). *Equality and Liberty* (Totowa: Rowman and Allenheld).

Nozick, Robert (1974). *Anarchy, State, and Utopia* (New York: Basic Books).

Nussbaum, Martha C. (1997). "Kant and Cosmopolitanism", in *Perpetual Peace: Essays on Kant's Cosmopolitan Ideal*, pp. 25–58.

Oakeshott, Michael (1991). *Rationalism in Politics and Other Essays* (Indianapolis: Liberty Fund, 1991).

O' Neill, Onora (1996). *Towards Justice and Virtue* (Cambridge: Cambridge University Press).

Pearce, Nick, and Will Paxton (eds.) (2005). *Social Justice: Building a Fairer Britain* (London: Politico's).

Pettit, Philip (1993). "The Contribution of Analytic Philosophy", in *A Companion to Political Philosophy*, ed. Robert Goodin and Philip Pettit (Oxford: Blackwell), pp. 7–38.

Plato (1968). *The Republic*, trans. Allan Bloom (Basic Books).

Pogge, Thomas (1989). *Realizing Rawls* (Ithaca: Cornell University Press).

——(2007). *John Rawls: His Life and Theory of Justice*, trans. Michelle Kosch (New York: Oxford University Press).

Pojman, Louis (1997). "On Equal Human Worth: a Critique of Contemporary Egalitarianism", in *Equality: Selected Writings*, ed. L. Pojman and R.

Westmoreland (New York: Oxford University Press), pp. 282–299.

Rawls, John (1971). *A Theory of Justice* (Oxford: Oxford University Press).

——(1995). "50 Years after Hiroshima", *Dissent* 42, pp. 323–327.

——(1999a). *A Theory of Justice* (Oxford: Oxford University Press, revised edition).

——(1999b). *Collected Papers*, ed. Samuel Freeman (Cambridge, Mass.: Harvard University Press).

——(1999c). *The Law of Peoples* (Cambridge, Mass.: Harvard University Press).

——(2000). *Lectures on the History of Moral Philosophy* (Cambridge, Mass.: Harvard University Press).

——(2001). *Justice as Fairness: A Restatement*, ed. Erin Kelly (Cambridge, Mass.: Harvard University Press).

——(2005). *Political Liberalism* (New York: Columbia University Press, expanded edition).

——(2007). *Lectures on the History of Political Philosophy*, ed. Samuel Freeman (Cambridge, Mass.: Harvard University Press).

Raz, Joseph (1986). *The Morality of Freedom* (Oxford: Clarendon Press).

——(1988). "Autonomy, Toleration and the Harm Principle", in *Justifying Toleration*, ed. Susan Mendus (Cambridge: Cambridge University Press).

Richardson, Henry, and Paul Weithman (eds.) (1999). *The Philosophy of Rawls: A Collection of Essays*, 5 vols. (New York and London: Garland).

Riley, Patrick (1983). *Kant's Political Philosophy* (Totowa, NJ: Rowman and Littlefield).

Ross, W. D. (1930). *The Right and the Good* (Indiana: Hackett).

Rousseau, Jean-Jacques (1973). *The Social Contract and the Discourses*, trans. G. D. H. Cole (London: Everyman's Library).

Sandel, Michael (1982). *Liberalism and the Limits of Justice* (Cambridge: Cambridge University Press).

Schaar, John H. (1984). "Legitimacy in the Modern State", in *Legitimacy and the State*, ed. William Connolly (New York: New York University Press), pp. 104–133.

Schwartz, Benjamin (1964). *In Search of Power and Wealth: Yen Fu and the West* (Cambridge, Mass.: Harvard University Press).

Shell, Susan (1995). "Kant's Idea of History", in *History and the Idea of Progress*, ed. Arthur M. Melzer, Jerry Weinberger, and M. Richard Zinman (Ithaca: Cornell University Press), pp. 75–96.

Sidgwick, Henry (1981). *The Methods of Ethics* (Indianapolis: Hackett, 7th edition).

Simmons, A. John (2001). *Justification and Legitimacy* (Cambridge: Cambridge University Press).

Strauss, Leo (1953). *Natural Right and History* (Chicago: University of Chicago Press).

——(1959). *What is Political Philosophy?* (Chicago: University of Chicago Press).

——(1964). *City and Man* (Chicago: Rand McNally).

——(1988). *What is Political Philosophy? And Other Studies* (Chicago: University of Chicago Press).

——(1989). "The Three Waves of Modernity", in *An Introduction to Political Philosophy: Ten Essays by Leo Strauss*, ed. Hilall Gildin (Detroit: Wayne State University Press).

Taylor, Charles (1985). *Philosophical Papers, Vol. 2: Philosophy and the Human Sciences* (Cambridge: Cambridge University Press).

——(1994). "The Politics of Recognition", in *Multiculturalism*, ed. A. Gutmann

(Princeton, NJ: Princeton University Press), pp. 25–73.

——(2004). *Modern Social Imaginaries* (Durham and London: Duke University Press).

Tocqueville, Alexis de (2000). *Democracy in America*, trans. H. Mansfield and D. Winthrop (Chicago: Chicago University Press).

Tuck, Richard (1988). "Scepticism and Toleration in the Seventeenth Century", in *Justifying Toleration*, ed. Susan Mendus (Cambridge: Cambridge University Press), pp. 21–35.

Waldron, Jeremy (1991). "Locke: Toleration and the Rationality of Persecution", in *John Locke: A Letter Concerning Toleration in Focus*, pp. 98–124.

——(1993). *Liberal Rights* (Cambridge: Cambridge University Press).

Watson, Gary (2004). *Agency and Answerability* (Oxford: Clarendon Press).

Weart, Spencer (1998). *Never at War: Why Democracies Will Not Fight One Another* (New Haven: Yale University Press).

Weber, Max (1948). "Politics as a Vocation", in *From Max Weber: Essays in Sociology*, ed. H. H. Gerth and C. W. Mills (London: Routledge), pp. 77–128.

——(1978). *Economy and Society*, ed. G. Roth and C. Wittich (Berkeley and LA: University of California Press).

Williams, Bernard (1973a). "A Critique of Utilitarianism", in *Utilitarianism: For and Against*, ed. J. J. C. Smart and B. Williams (Cambridge: Cambridge University Press).

——(1973b). "The Idea of Equality", in *Problems of the Self* (Cambridge: Cambridge University Press), pp. 230–249.

——(1996). "Toleration: An Impossible Virtue?", in *Toleration: An Elusive Virtue*, ed. David Heyd (NJ: Princeton University Press).

Wolff, Jonathan (1991). *Robert Nozick: Property, Justice and the Minimal State* (Stanford, California: Stanford University Press).

甘阳（2003），《政治哲人施特劳斯》（香港：牛津大学出版社）。

石元康（1999），《从中国文化到现代性》（台北：东大图书）。

——（2000），《当代西方自由主义理论》（上海：上海三联书店）。

——（2004），《罗尔斯》（桂林：广西师范大学出版社）。

周保松（2008），《相遇》（香港：牛津大学出版社）。

——（2008），《自由主义的理念》，《思想》，第 8 期，页 213—224。

金观涛、刘青峰（2008），《观念史研究：中国现代重要政治术语的形成》（香港：香港中文大学中国文化研究所）。

施特劳斯（2003），《自然权利与历史》，彭刚译（北京：生活·读书·新知三联书店）。

洛克（1996），《论宗教宽容》，吴云贵译（北京：商务印书馆）。

马克思、恩格斯（1972），《马克思恩格斯选集》，第一卷（北京：人民出版社）。

陈弘毅（1999），《主权和人权的历史和法理学反思》，《二十一世纪》，第 55 期，页 18—29。

费尔巴哈（1984），《基督教的本质》，荣震华译（北京：商务印书馆）。

穆勒（1930），《群己权界论》，严复译（上海：商务印书馆）。

钱永祥（2002），《纵欲与虚无之上》（北京：生活·读书·新知三联书店）。

——（2008），《社会主义如何参考自由主义：读曹天予》，《思想》，第 10 期，页 253—267。

罗尔斯（1988），《正义论》，何怀宏、何包钢、廖申白译（北京：中国社会科学出版社）。

本书文章曾刊于以下刊物，但作了不同程度的修改订正，文中不再一一注明。作者在此感谢这些刊物容许本书收入这些文章。

《重视社会正义》,《开放时代》,第 209 期(2009),页 155—158。

《契约、公平与社会正义》(此文是特别为《正义论》修订版中译本所写的导读),见罗尔斯,《正义论》,李少军等译(台北:桂冠图书,2003),页 17—50。

《自由主义、平等与差异原则》,《政治与社会哲学评论》,第 8 期(2004 年 3 月),页 121—179。

《资本主义最能促进自由吗?》,《开放时代》,第 190 期(2007),页 73—86。

《自由主义、宽容与虚无主义》,《中国学术》,第 22 期(2006),页 1—39。

《稳定性与正当性》,《开放时代》,第 198 期(2008),页 53—69。

《正义感的优先性与契合论》,《政治与社会哲学评论》,第 30 期(2009),页 165—202。

《康德、永久和平与主权》,《社会理论学报》,第 2 期(2000),页 97—123。

《什么是自由主义》,《读书》,第 12 期(2009),页 71—77。

《行于所当行——我的哲学之路》,《思想》,第 14 期(2009),页 279—316。

《罗尔斯的问题意识》,《开放时代》,第 234 期(2011),页 129—139。

《自由之为好》,《政治与社会哲学评论》,第 38 期(2011),页 225—235。